三國原來是這樣
歷史中國
西元184～西元280
下卷
姜狼著
曹
曹

目錄

滾滾長江東逝水（代序）

民間有句老話：少不看水滸，老不看三國。

「少不看水滸」，是說年輕人讀了《水滸傳》，容易激發過剩的雄性荷爾蒙，跑上梁山做「替天行道」的買賣。「老不看三國」，是說《三國演義》這部小說中到處充斥著詭詐與欺騙，成年人讀了會變成曹操那樣的老奸巨猾。

《水滸傳》和《三國演義》同是中國文學史上的絕世雙璧，《水滸傳》走的是底層路線，寫得是江湖俠客，以及仕途上的落魄不得志者。《水滸》雖然寫的是北宋末年的宋江農民起義，但內容多屬虛造，九分虛一分真。

與《水滸》同時代問世的《三國演義》走的則是高層路線，依託漢末三國的歷史架構，寫的是諸侯逐鹿，縱橫捭闔，氣勢磅礴，讓人心折！自《三國演義》問世以來，社會影響極其深遠，三國這段歷史也藉著羅貫中的那支妙筆，成為中國人最熟悉，也最親切的時代。曹阿瞞是個白臉奸雄，諸葛軍師是個半仙，周都督賠了夫人又折兵，關二爺仁義忠孝，劉皇叔哭過鼻子、摔過孩子……

因為《三國演義》的名氣響得嚇死牛，西晉史家陳壽嘔心瀝血編撰的正史《三國志》反倒不太為人熟知，更遑論南朝宋史家裴松之《三國志注》了。

《三國演義》被羅貫中寫得花團錦簇，炫爛奪目，但畢竟是一部文學作品，文學作品是允許虛構的。清人章學誠將三國演義的歷史真實度（參照正史）比為七分實，三分虛，確實很有灼見。

有個問題一直縈繞心中：同樣是大統一王朝崩潰後出現的亂世，三國和五代十國的歷史軌跡極為相似，雖然這兩段歷史羅貫中都寫了，但為什麼羅貫中要詳寫三國而略寫五代？《三國演義》是羅貫中的嘔心瀝血之作，而《殘唐五代史演義》卻寫得七零八落，不成片斷。

其實客觀來說，羅貫中的選擇無疑是正確的，五代十國（羅貫中只寫五代）雖然承盛唐之後，卻顯得暮氣沉沉，欺世盜名者如過江之鯽。正如元朝人張鳴善在《水仙子・譏時》所諷刺「說英雄誰是英雄？五眼雞岐山鳴鳳，兩頭蛇南陽臥龍，三腳貓渭水飛熊」。

五代十國能稱得上英雄者寥寥數人而已，多是一些狗熊在窮折騰。好容易出了一個英雄柴榮，卻如流星般劃過了歷史的天空，而羅貫中《殘唐五代史演義》也不過用三言兩語就帶過了柴榮。五代十國的故事雖然夠精彩，和明星如雲的三國相比，似乎少了一層「商業價值」。

三國時代從東漢末年算起，長不過百年，卻英雄紛起，豪傑遍地，「商業價值」極高。一代風流才子蘇東坡迎風高唱：「大江東去，浪淘盡，千古風流人物。」

三國和五代十國就像是一條拋物線的兩個點，三國是「往上拋」，而五代十國則是「往下掉」。自安史之亂後，中國正處在一個歷史大轉型時期，由粗豪奔放進入了縝密嚴細，五代十國自然不討人歡喜。五代十國雖然上繼盛唐，下承隆宋，但宋朝人對五代十國多半沒什麼好感，尤其是歐陽修，將五代十國罵得幾乎一無是處。

雖然三國是漢末唐初三百年天下大亂的開始，但畢竟就整個歷史發展階段而言，三國處在了歷史上升時期。三國是亂世，不過卻亂得精彩，肉麻一點說，「亂出了藝術」，三國熱自然就長久不衰。

三國熱實際上並不是從羅貫中開始的，早在隋唐時期，三國的故事就已經家喻戶曉，「得之於道路，傳之於眾口」。別的不說，三國的那些明星大腕們都有自己的「粉絲」團，最典型的是諸葛亮，他的「粉絲」遍及古今。曹操也有大量的「粉絲」擁躉。

明星不是衡量一部戲或一個團隊優秀與否的唯一標準，但卻是非常的重要標準。曹操、諸葛亮、劉備、孫策、孫權、關羽、張飛、趙雲、荀彧、呂布、馬超、周瑜、司馬懿，哪個單挑出來都是能壓住場的一線明星。誰不喜歡星光燦爛的陣容？見了明星我們一樣會尖叫，螢光棒滿天飛。我們可以理直氣壯地說，我們花錢就是要來看明星的！

當然明星紮堆容易造成劇情被弱化，但三國顯然沒有受到這個定律的影響，三國的人物層次分配得非常合理，一、二、三線都有，還有大量跑龍套的群眾演員。我們不但記住了活躍在三國舞臺的各路明星，也記住了精彩的三國故事，一張票看兩路戲，賺了。

也許是受到了《三國演義》的影響，我們心中的那個近乎完美的三國，更多的是指西元一八四年東漢黃巾起義以來，到西元二三四年諸葛亮病逝五丈原，這五十年的精彩歷史。尤其是東漢末年那二十多年時間，幾乎包攬了三國歷史最精華的部分。比如孫策平江東、官渡之戰、三顧茅廬、赤壁之戰、借荊州、馬超復仇、劉備入蜀、失荊州、失空斬、星落五丈原等。

其實要從嚴格意義上來講，三國真正開始於西元二二〇年曹丕代漢稱帝，曹操、孫策、袁紹、呂布、劉表、荀彧、荀攸、龐統、法正、郭嘉、周瑜、魯肅、呂蒙、關羽都是東漢人。

不過正因為三國的精華部分都在東漢末年，所以陳壽寫《三國志》時，也沒有嚴格拘泥於時代分界線，直接把東漢末年劃進三國時代。就比如我們現在講春秋、戰國，這兩個偉大時代實際上都應該稱為東周，可大家都習慣了春秋戰國，沒人再計較什麼東周了。

我們有幸處在舊曆史階段的終點和新歷史階段的起點，曾經的金戈鐵馬、廟堂謀略、兒女情長，都被我們收攬眼底。「以銅為鏡，可以正衣冠；以史為鏡，可以知興亡；以人為鏡，可以明得失」。用現在時髦的話說，歷史是一個大課堂，我們能從中學到許多有益的東西。

站在歷史面前，每個人都會感覺到渺小，我們應該充滿敬畏地去審視歷史。一千個觀眾就有一千個哈姆雷特，歷史也有許多角度和側面，供我們切入，去尋找自己心中的那一份感動。

我們站在歷史的新高度往回看，那一個個熟悉的身影，那一段段精彩的片段，總會在夜深人靜的時候，悄悄地走近我們的內心深處，繼續上演著他們的經典。

三國之氣勢，足以傾倒古今，嘗臨江邊，沐浩蕩之風煙，歎一身之微渺；慕鳥魚之暢情，悲物事之牽錮。滾滾長江東逝水，浪花淘盡英雄……

青山依舊在，幾度夕陽紅，不由得心潮慨然。最喜斜倚水邊樹，飲水上風，聽水中語，頓有不知今夕何夕之癡。

「幾度東風吹世換，千年往事隨潮去」，三國之事，三國之人，已越千八百載而直抵今人之前，卻無半點疏隔之感，謝陳承祚乎？謝羅貫中乎？或是謝曹劉關孫、諸葛司馬乎？天知道。

「湯湯川流，中有行舟。隨波轉薄，有似客遊。策我良馬，被我輕裘。載馳載驅，聊以忘憂」。

是為序。

一、司馬懿的忍功

曹操前面我們講過了，曹操是一代英雄豪傑，在群雄逐鹿的險惡歷史環境中，從一無所有，到建立威名赫赫的大魏帝國，不是能力過人，是做不到的。

曹操在政治上最大的特點，就是恪守自己的政治紅線，絕不越雷池半步，終身不稱帝，篡人家國的罵名留給兒孫們背吧。在歷史上與曹操相似的人物有很多，比如南北朝的宇文泰、高歡、五代十國的徐溫，他們都是實際上的皇帝，但都終身稱臣，只要實利，不要虛名。

其實要說與曹操軌跡最為相似的，並不是宇文泰、高歡們，而是曹操的手下小弟，被當時的超級名士崔琰稱為「聰亮明允，剛斷英特」的司馬懿。從人生軌跡來看，司馬懿幾乎就是和曹操一個模子裏刻出來的，曹操在政壇經歷過的大風大浪，司馬懿也基本經歷過。

他們都是魏、晉帝國實際的創造者，他們都沒有稱帝，他們都非常的狡猾，玩權術的高手。要說不同點，曹操是自己拉起隊伍打天下的，司馬懿是藉著魏國這個政治平臺發展起來的，但司馬懿通過在關中和諸葛亮的對抗，其實已經積攢了許多軍界威望。

在歷史上，曹操和司馬懿並稱，最著名的就是後趙梟雄石勒那句：「大丈夫行事當磊磊落落，如日月皎然，終不能如曹孟德、司馬仲達父子，欺他孤兒寡婦，狐媚以取天下也。」

司馬懿得天下，其實並沒有石勒說的那麼容易，要知道當時的魏國老大曹爽已經把刀架在了老司馬的脖子上。這份生與死的折磨，石勒也不是沒有經歷過，典型的嘲笑別人沒穿褲子，卻忘記了自己在大街上裸奔……

司馬氏建立的晉朝，從法理意義來說，共存在了一百五十六年，即西元二六五年建立，西元四二〇年滅亡。實際上司馬氏的統治時間還要再加上十五年，西元二四九年，司馬懿殺曹爽奪權，這才是晉朝真正意義上的開始。這麼講，沒有司馬懿，就沒有晉朝，如同沒有曹操就沒有魏國一樣。

司馬懿的天下到底是怎麼來的，有許多種不同的切入角度，比如通過戰爭或者通過政變，最離譜的就是人心所向。大而泛之地講，晉朝的天下，其實是司馬懿裝傻裝出來的。在司馬懿七十一年的人生中，裝傻這條主線貫穿始終，從頭裝到尾，所以司馬懿最終成功了。

裝傻本來並不是一個高難度的技術活，隨便誰都可以裝傻，但裝得像不像，那就是另一個概念了。說得更明白一些，裝傻的本質就是一個字：忍！在形勢不利的時候，放下臉面裝孫子，要學貓叫，喵喵——要學狗叫，汪汪——絕對沒有難為情，張口就來，這就是藝術。

前面我們講過，自古做大爺易，裝孫子難。人都是有自尊心的，在別人面前拼命地羞辱自己的人格，對一個男人來說，是非常丟面子的。韓信當年在屠夫胯下爬過去的時候，所有人都鄙夷地大笑，這份屈辱絕不是常人能忍受得了的。

老話講得好：忍人所不能忍，方能為人所不能為，將忍功發揮到極致的，往往能成就大事。在歷史上比較知名的裝傻成功範例中，有許多是我們非常熟悉的名字：勾踐、劉邦、韓信、劉秀、劉備、孫策、慕容超、蕭道成、楊堅、安祿山、趙構、朱棣等等，當然還有司馬懿。

縱觀司馬懿轟轟烈烈、卻不太波瀾壯闊的一生，他的忍功已經達到了出神入化的境界，做人忍到了這個份上，恐怕曹操未必有司馬懿這般厚黑。在三國歷史上，如果說還有誰的忍功在司馬懿之上，答案只有一個：劉備！

從性格上來看，司馬懿是曹操和劉備的結合體，他既有曹操卓越的政治才能，又有劉備的狡猾厚黑，這兩種性格的結合，決定了司馬懿的前途不可限量。

司馬懿出生於漢靈帝光和二年（一七九），祖籍河內溫縣（今河南溫縣），家世顯貴，河內司馬氏在當時是一等的清流名門。司馬懿的家教甚好，史稱「博學洽聞，伏膺儒教」。雖略有誇張，但河內司馬氏的子弟，家學自然是不會差的。

司馬懿的哥哥司馬朗在曹操手下做事，曹操可能是通過司馬朗的介紹，知道了司馬懿是個可造之才。愛才心切的曹操在建安六年（二〇一），給司馬懿發了一張求賢帖，請司馬懿出山為他做事。

《晉書．宣帝紀》說司馬懿「知漢運方微，不欲屈節曹氏，辭以風痹」。像司馬懿這等鷹視狼顧的人物，怎麼可能甘心為即將沉沒的大漢帝國殉葬？楊彪這麼做還差不多，司馬懿這應該是有意給自己抬身價的。

曹操沒有司馬懿那麼多花花腸子，見司馬小弟這麼不給面子，派人去請司馬懿，行前告訴使者：「這小子再磨磨蹭蹭，大鏈子給我銬過來。」司馬懿知道惹毛了曹操，會有什麼樣的嚴重後果，戲也演得差不多了，司馬懿背著包袱捲子，滿面春風地來找曹操混飯吃了。

司馬懿天生就是混官場一線的，雖然曹操對司馬懿的能力有所顧忌，但司馬懿還是憑藉自己的真本事在官場博得了一席之地。司馬懿從政早期最精彩的故事就是在關羽北伐，曹操喪魂落魄時，司馬懿敏銳地看到孫劉聯盟的脆弱性，勸曹操聯合孫權，結果讓曹操逃過了關羽這一劫。

不過終曹操之世，司馬懿沒有受到重用，司馬懿真正飛黃騰達是曹丕和曹叡時代。作為曹丕的嫡系，司馬懿被委以重任，在曹丕南征孫權期間，司馬懿成為魏國的代理皇帝，總管朝政。在曹丕時代打下的政治基礎，是日後司馬懿翻盤的關鍵，在官場混，沒有人脈，是萬萬不能的。

曹操始終對司馬懿抱有成見，而司馬懿卻安之若素，這份從容隱忍不是輕易可以學來的。不過最能體現司馬懿一流忍功的，有兩件事，一是給諸葛亮裝孫子，二是給曹爽裝孫子。這兩次裝傻充愣，司馬懿都笑到了最後。

魏青龍二年（蜀漢建興十二年，西元二三四年），諸葛亮為了報劉備三顧之恩，拖著疲憊的身體最後一次北伐，諸葛亮的老對手是司馬懿。諸葛亮這次帶了十萬精銳，意圖和司馬懿決戰，諸葛亮知道他已經沒有多少時間了。面對諸葛亮屢次挑戰，司馬懿才不會被諸葛亮牽著鼻子走，諸葛亮想速戰速決，司馬懿偏不給他這個機會。諸葛亮被逼急了，也放下了千古一相的架子，派人送了一套女人衣服給司馬老兄，譏諷司馬懿沒有男人氣概。

諸葛亮的言外之意就是：司馬仲達，如果你還算是個男人的話，就出來和我決一死戰，否則你就穿上這套婦人裝回家吧，別在這耗了。司馬懿是什麼樣的修行？諸葛亮這麼幼稚的激將法對付呂布這號傻大或許能成功，但司馬懿這種老油條，怎麼會輕易上諸葛亮的鉤。

司馬懿是個男人，面對諸葛亮突破男人尊嚴的羞辱，司馬懿也會怒髮衝冠，這是男人本能的反應。但諸葛亮卻找錯了對手，司馬懿的道行極深，感情上再受傷害，但那份淡定的理智還是有的，司馬懿任憑諸葛亮叫罵，就是不出戰，最終耗死了諸葛亮，也成全了諸葛亮的一世英名。

對於司馬懿的這一忍，宋人何去非評論得非常精彩：「仲達之所求者，克敵而已。今以一辱，不待其可戰之機，乃悻然輕用其眾為忿憤之師，安足為仲達也？」這話說得很到位，如果司馬懿被諸葛亮逼急了，紅頭漲臉地拎著菜刀找諸葛亮玩命，那還是司馬懿嗎？

何去非認為司馬懿能剋死諸葛亮，取勝的關鍵就一個字：忍！何去非借用東晉將軍朱序在淝水之戰後的一句話概括了司馬懿的勝字訣：「人不能忍，而我能忍，是以勝之。」忍字怎麼寫？心字頭上一把刀！嘴上誰都會說忍，但真正做的時候，恐怕就沒那麼容易了。

不過耗死諸葛亮並不算是司馬懿隱忍道路上最閃亮的路標，真正讓司馬懿揚名立萬的，是在十多年後，司馬懿死魚翻身，一舉掀掉了魏國頭號權臣曹爽，開創了有晉一百五十六年的天下。在這個翻盤過程中，司馬懿的忍功真正達到了爐火純青的地步，裝傻藝術，被司馬懿發揮到了極致。

魏景初三年（二三九）春，魏國皇帝曹叡病情惡化，看樣子沒幾天活頭了。在彌留之際，曹叡特意從千里之外將司馬懿從遼東召回洛陽，付以後事。司馬懿作為魏國官場的頭牌，不出意外地成為幼主曹芳的顧命大臣，官拜侍中，都督中外諸軍事，總理朝政。

雖然曹叡在臨死前學了一把劉備托孤，讓曹芳抱住了司馬懿，把司馬懿感動得淚流滿面，但司馬懿並不是唯一的托孤大臣。司馬懿再受曹叡的信任，畢竟是外姓，為了防範司馬懿有異志，曹叡又拉來了宗室曹爽，與司馬懿同輔朝政。

從實際權力分配來看，曹爽的地位還在司馬懿之上，曹爽除了兼任司馬懿的職務外，還是魏國大將軍。《晉書·宣帝紀》記載：「（司馬懿）與大將軍曹爽並受遺詔輔少主。」一個「與」字，說明曹叡心中真正的「盜版諸葛亮」，是曹爽，而不是司馬懿。司馬懿的地位，更接近於蜀漢的李嚴。

曹爽是魏國重臣曹真的兒子，曹真又是曹操的養子，曹真父子與曹魏皇室的關係非同一般，而且曹爽本人又和曹叡是從小光屁股玩大的髮小。正是因為這層關係，所以曹叡才放心地把天下交給曹爽打理，畢竟一筆寫不出兩個曹字。

換句話講，曹爽是魏國首席輔政大臣，司馬懿是次席輔政大臣。不過司馬懿在江湖上的地位遠不同初出茅廬的曹爽可以比的，司馬懿是魏國官場德高望重的老前輩，所以在早期的合作中，曹爽對司馬大叔還是非常尊敬的，「爽以懿年位素高，常公事之，每事諮訪，不敢專行」。

但不知道從什麼時候開始，曹爽身邊多了一夥清尚浮華的士人，比如鄧颺、畢軌、李勝、何晏、丁謐等人。這些人雖然都是飽學之士，卻貪圖富貴。當初曹叡看不上這夥人，沒有重用他們，而曹爽卻和他們關係甚密。所以曹爽當政後，就把他們視為心腹智囊。

這夥浮浪士人知道他們下半輩子的富貴實際上都繫在了曹爽的身上，但現在問題是司馬懿分了曹爽的權力。為了自己的富貴，他們必須鼓動曹爽踢掉司馬懿，單獨執政，這樣他們才能發橫財。

何晏等人開始成群結夥在曹爽耳邊聒噪，說什麼權力是老婆，只能單獨 make love，不能和人玩 3P。曹爽是個豬頭，沒什麼主見，漸漸地被這夥人給說動了，作起了單獨執政的春秋大夢，開始對司馬懿下手了。

本來司馬懿有帶三千精兵進皇宮宿衛的權力，這對幻想單獨執政的曹爽來說是非常危險的，在曹叡死後的第二月，曹爽就打著小皇帝曹芳的旗號，公開奪去了司馬懿的軍權。然後曹爽塞給司馬懿一個「太傅」的冷窩頭，老棺材瓤子，回家慢慢啃吧。

表面上曹爽依然把司馬懿當乾爹一樣供著，實際上提前終結了司馬懿的政治生命。司馬懿還沒明白過來是怎麼回事，就被曹爽搞成了一個政治花瓶。隨後曹爽大肆安插親信，他的幾個弟弟全都手握重兵，曹芳的天下，變成了秦爽的天下（曹爽本姓秦）。

司馬懿莫名其妙地丟掉了權力，雖然太傅一職極為尊崇，但畢竟只有虛名而無實權。面對曹爽的攻擊，人生閱歷豐富的司馬懿並沒有在曹爽面前露出一絲的不滿和憤怒，而是微笑著接受了曹爽的賞賜，在同朝老友的歎息聲中，有滋有味地啃起了這個冷窩頭。

不過曹爽還算是個聰明人，他知道自己的軍事能力有限，面對吳蜀兩國咄咄逼人的進攻架勢，關鍵時刻還得請老司馬出山幫忙。魏正始二年（二四一）五月，吳兵大舉進犯，司馬懿請纓作戰，得到了曹爽的允許。

一頭白髮的司馬懿率兵南下，沒費什麼力氣就趕跑了吳人，大獲戰爭紅利。司馬懿作為魏朝頭號國寶級老臣的地位，已經牢牢不可動搖，對於這一點，曹爽心裏明白，卻無可奈何。

從景初二年（二三九）到正始九年（二四八）這十年間，司馬懿也經常參加魏國最高層的軍事決策，或者直接率軍出征，不過魏國軍事的最高指揮權始終牢牢控制在曹爽手上。

司馬懿對這樣的命運安排肯定不甘心，但司馬懿知道現在還不是和曹爽攤牌的時候，他現在唯一能做的就是忍。在這些年裏，司馬懿從來沒有觸犯曹爽的虎威，只要曹爽不殺他，任由曹爽怎麼安排，司馬懿都安之若素。沒有那份淡定和隱忍，是很難定下心來忍受的。

由於沒有了來自司馬懿的威脅，曹爽的膽子越來越大，成天和手下那夥不三不四的人物胡吃海喝，朝政被搞得一塌糊塗。更讓人難以容忍的是，曹爽在政治上的野心也急驟膨脹，甚至準備廢掉曹芳，另開爐灶。

一旦曹爽突破了魏朝官場默認的政治紅線，以司馬懿為代表的老臣肯定是受害者，司馬懿也密切注意曹爽的動向。曹爽要想換塊政治招牌，司馬懿這塊又臭又硬的礙腳石是必須搬掉的，曹爽一夥人也關注司馬懿的情況，看這個老傢伙是否還能爬得動。

這時的司馬懿處境非常危險，如果一旦讓曹爽發現他功力不減當年，曹爽必然會對他下手，這把老骨頭非被曹爽給拆散架了不可。司馬懿為了自保，現在要做的，就是裝傻，製造自己行將就木、無力和曹爽爭權的假象，干擾曹爽的判斷。

接下來的故事我們非常熟悉了，曹爽為了近距離刺探司馬懿的情況，藉黨羽李勝出任荊州刺史的機會，派李勝前來「拜別」司馬懿，實際上是觀察司馬懿的動靜。對於曹爽肚裏有幾條蛔蟲，司馬懿再清楚不過了，一場裝傻充愣的好戲讓後人過足了戲癮。

在李勝即將進府之前，司馬懿已經將劇本寫好了，各部門配合滴水不露。當李勝滿懷鬼胎地進內宅後，立刻瞪圓了牛眼，他看到了什麼：

鬍鬚花白的司馬懿躺在榻上，一臉苦相，不停地咳嗽。兩個侍女坐在榻邊，端著粥湯，小心翼翼地餵著司馬懿。司馬懿現在老得連粥都喝不動了，稍不小心，粥溢了一身，鬍鬚上全是肉末子。

這年的司馬懿已經七十一歲了，人生七十古來稀，在古代的生存條件下，七十歲已經即將走到人生的盡頭。李勝沒想到幾天沒見，司馬懿居然老成了這個模樣，心中不禁竊笑。李勝既然來了，總要和老太傅說幾句官話，好歹人家也是官場老前輩。

李勝假惺惺地問候司馬懿：「前不久聽說太傅偶有小恙，怎麼會這麼嚴重？」司馬懿是有名的老戲骨，大風大浪見多了，很「艱難」地告訴李勝：「嗚呼！吾老矣！老胳膊老腿也不聽使喚了，沒幾年活頭了。對了，李公這次去并州，一定要小心，北方胡人都不是善與之輩。」

司馬懿又乾咳了幾聲，拉著李勝的手，老淚縱橫：「今日一別，恐不復與李公再見。吾有二子，長司馬師、次司馬昭，皆少不更事，請李公念與老朽同僚之誼，以後多照顧他們哥倆，老朽地下有知，感激不盡。」說完，司馬懿又是一番號啕痛哭，站在旁邊看老爹演戲的司馬師哥倆心裏那個難受……

李勝看到司馬懿這副老棺材樣，心情放鬆了許多，這老傢伙眼花耳聾，果真沒幾天好活了。李勝等司馬懿說完，立刻糾正：「太傅聽錯了，我是去荊州，不是去并州。」司馬懿繼續裝聾：「哦，我真老糊塗了，原來李公剛從并州回來啊，一路辛苦。」

李勝這個彆扭！從來沒和誰說話這麼費勁過，李勝坐在榻邊，附著司馬懿的耳朵邊大喊：「太傅，我是去荊州！荊州！」司馬懿真能裝大頭蒜，這回「聽」清楚了，又是乾咳幾聲，滿面慚色地向李勝道歉：「讓李公見笑了，我這耳朵不聽使喚了。李公衣錦還鄉（李勝是南陽人，屬荊州），吾心甚慰。荊州地近吳人，孫權那老小子不是善茬，李公努力，為國建功立業！」

瞧司馬懿這演技！薑還是老的辣，不服不行！司馬懿連哄帶騙加忽悠，把李勝玩得團團轉。成功迷惑了李勝，並不是司馬懿的目的，司馬懿裝傻的終極目標是通過李勝對自己的印象，干擾曹爽的政治判斷。

司馬懿的目標達到了，李勝前腳剛出司馬家的宅子，後腳就竄到了曹爽府上，歡天喜地的向曹爽彙報情況：「老傢伙已經撐不了幾天了，大將軍可以無視這個老傢伙，我們可以動手做我們的事了。」曹爽大喜，「爽等不復設備」，繼續胡作非為。

司馬懿忽悠李勝，並不是為了自保，而是麻痺敵人，然後反擊，奪取最高權力。在政治鬥爭中，最忌諱的就是輕敵，敵人的機會，往往都是自己過於輕敵造成的。曹爽在盤算什麼時候給司馬懿送葬，而司馬懿已經開始準備替曹爽辦喪事了……

魏嘉平元年（二四九）正月初，小皇帝曹芳要去位於洛陽城南的高平陵拜謁父皇曹叡，曹爽帶著自家兄弟伴駕。曹爽現在沒有任何心理負擔，老司馬已經快完了，曹爽的心情非常爽。

曹爽到底是隻嫩雞，政治經驗嚴重欠缺，哪裏是老鴨子司馬懿的對手？司馬懿早就在暗中布置了一切，就等著曹爽出城了。曹爽前腳剛走，司馬懿立刻動手，司馬懿在官場上有超強的人脈關係，許多老臣比如太尉蔣濟、司徒高柔等人都站在了司馬懿這邊。在官場上混，人脈關係硬不硬往往是取勝的關鍵。

司馬懿迅速控制了京師要塞，最重要的是控制了皇太后郭氏，就封建官場的性質來說，皇太后的政治含金量甚至要大於皇帝。司馬懿打著皇太后的旗號辦事，在道義上牢牢佔據主動，曹爽手上雖然有曹芳這張牌，但二王是打不過大王的。

司馬懿給曹爽頭上扣了頂「背棄顧命，敗亂國典」的大帽子，率兵來圍剿曹爽。其實曹爽本來是有機會虎口脫險的，司農桓範勸曹爽帶著曹芳撤到許昌，打著皇帝旗號和司馬懿對抗，未必沒有勝算。

曹爽這個人有膽無量，他之所以能爬到這麼高的位置，一是曹叡出於遏制司馬懿權力的考慮，二是他身邊那幫浮浪士人給架上去的。看到司馬懿在自己面前耀武揚威，才知道被這個老傢伙給耍了，那份後悔就別提了。但現在如果讓曹爽放開了和司馬懿對決，他沒有這個膽量。

司馬懿是個兵油子，他懂得「不戰而屈人之兵」的道理，為了促使曹爽放棄抵抗，司馬懿給曹爽畫了一張空心大餅：「只要你放棄權力，我保你後半世的榮華富貴。」同時司馬懿還指著洛河發毒誓：如果我說話不算數，出門讓狗咬。

由於平時司馬懿裝老實人裝出名聲來了，《晉書》說司馬懿「內忌而外寬」，所以曹爽很容易的被司馬懿釣上了鉤，美滋滋地吃著司馬懿送來的香餌。

曹爽最終打消了武力反抗司馬懿的念頭，說什麼仍不失做富家翁耳。曹爽身邊首席智囊桓範對司馬懿的脾氣再了解不過了，信司馬懿的鬼話，還不如相信西邊出太陽呢。

桓範見曹爽如此不爭氣，氣得直哭：「曹子丹（即曹真）也算是一代豪傑，怎麼生下了這個豬狗不如的兒子！可憐我們滿門老小都要陪他下地獄！」桓範想逃，可他早就上了司馬懿的黑名單，很快就掉進了司馬懿的大網中。

等到司馬懿徹底控制了最高權力後，他背棄了自己的諾言，開始對曹爽等人進行清理。實際上司馬懿從來就沒想過要信守承諾，如果說曹操很有理想主義色彩，司馬懿則絕對沒有，他從開始到結束，他的理想就是為利益而存在。

隨後司馬懿打著皇帝的旗號，給曹爽集團定了一個「大逆不道」的罪名，謀逆罪在古代是百分百的死罪，半點活路沒有。曹爽和幾個弟弟曹羲、曹訓、曹彥，以及集團主要人物何晏、鄧颺、畢軌、丁謐、張當、桓範每人吃碗刀頭麵上路，家屬全部陪葬，「男女無少長，姑姊妹女子之適人者皆殺之」。

當初被司馬懿狠狠忽悠的李勝也跟著曹爽下了地獄，不知道李勝在被殺前想什麼，他一定非常後悔。如果他能識破司馬懿是在演戲，勸曹爽早做準備，也不至於落得如此下場。如果？歷史沒有如果。

除掉了曹爽這個大傻瓜，當年曹操積三十年之功開創的大魏帝國，輕易地落入了司馬懿的口袋。據《晉書》記載，曹操曾經夢過三馬同食一槽，懷疑司馬懿父子有不臣之心。曹操告誡曹丕要當心司馬懿，這小子絕不是個安分的人，將來恐毀我基業。曹丕正信任司馬懿，不聽。

西元二四九年，才是晉帝國的真正開始，而西元二六五年司馬炎廢魏稱帝，只不過瓜熟蒂落而已。晉和魏在創建過程中有兩個區別：

一、曹操以一人之力開創有魏基業，而晉朝是司馬懿和兒子司馬師、司馬昭積兩代人之力，辛苦經營天下十五年，這才有了司馬炎的終成正果。

二、魏國是曹操通過不斷的軍事行動打下來的，而晉朝的建立則是通過政變建立的。

在家天下時代的權力交接中，歷來都是老子種樹，兒子乘涼，鮮有例外。如果沒有司馬懿，憑師、昭兄弟的能力和人望，恐怕是別想作奪權的春秋大夢。同理，如果沒有師、昭兄弟在刀山火海中守住這份家業，司馬炎當皇帝？別扯了。

通過軍事手段建立政權的，對其開創者的主要歷史考核標準是軍事能力。通過政變建立政權的，其開創者往往都是權術高手，政治適應能力較強，通俗點講就是非常能隱忍。這方面比較有名的人物是王莽、蕭道成、楊堅、武則天、李昪、趙匡胤等，再加上個權術大師司馬懿，以及不算是開創者的勾踐。

這些開國帝王們（某種意義上講包括王莽和武則天）在形勢對自己不利的時候，非常會善於通過政治偽裝來干擾最高統治者對自己政治可靠性的判斷。他們都是隱忍高手，裝瘋賣傻扮可憐，沒他們不敢演的戲。最終他們都是時代的勝利者，除了王莽。

老話說得好，「小不忍則亂大謀」，不論是時代精英還是市井草根，都會在人生道路上遇到坎坷挫折。在困難面前，能不能控制住情緒非常的關鍵。林則徐曾經手書兩個大字「制怒」，每當林則徐怒火上撞的時候，都會看「制怒」二字，火氣消了，事情就好辦了。

拋開司馬懿的厚黑和功利，他的隱忍可以給我們很多的人生啟迪。忍一時風平浪靜，退一步海闊天空，這個「忍」和「退」不是結果，而是過程，是我們在追求結果時必然要經歷的過程。

做人要知進知退，說得再通俗一些，就是要知道自己有幾斤幾兩重。司馬懿如果在被奪權伊始就和曹爽火拼，未必沒有勝算，但當時爽強懿弱，拿雞蛋往石頭上碰，勇氣固然可嘉，結果又如何？

二、司馬師時代的血與火

繼續司馬懿父子的話題。

在魏晉時代，有一個很有趣的歷史重複現象，司馬懿幾乎就是曹操的盜版，開創了帝國基業，而司馬炎完全是曹丕的盜版，直接繼承了天下。不過魏和晉之間有一個區別，曹丕是直接從曹操手上接過權杖的，而司馬炎則是從父親司馬昭那裏接班的。

法理意義的晉朝總共有十五個皇帝，但從實際權力的角度看，應該有十八個皇帝，還包括當過最高執政官的司馬懿、司馬師、司馬昭。或者說，司馬懿父子三人實際上共同擔當了曹操的角色。

從西晉的帝系傳承角度看，西晉皇帝自司馬炎以下皆出自宣帝司馬懿、文帝司馬昭這一脈，下面把西晉的世系做一個列表：

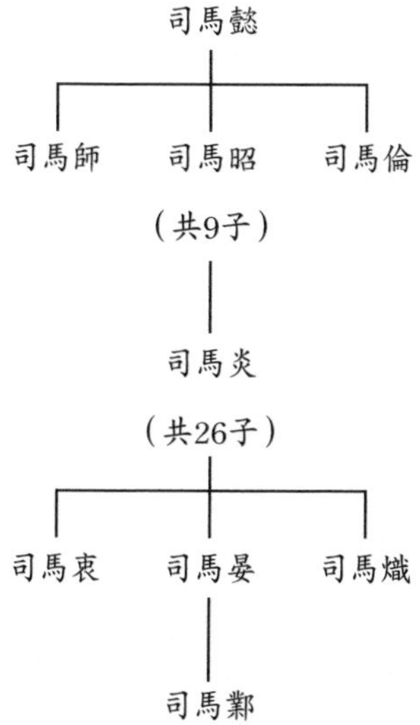

從這個列表中我們可以看出，司馬昭子孫茂盛，而他的哥哥司馬師卻有根無脈，孤伶伶懸在半山腰。最高統治者將權杖傳給弟弟的例子並不少見，比如禿髮烏孤、趙匡胤、完顏阿骨打等人。不過這些帝王都是有兒子的，他們都是因為各種原因（主要是亂世貪立長君），把皇位傳給了弟弟。而司馬師雖然活了四十八歲，卻沒有生育兒子，後來司馬昭把自己的二兒子司馬攸過繼在了亡兄名下，算是給司馬師傳了香火。

司馬師所處的時代，從時間上來看屬於三國後期，確切些說，是從三國中期到後期的過渡階段。司馬師共統治了魏國五年（西元二五一年至二五五年），遠不如其後司馬昭統治了十年，但司馬師這五年權臣生涯卻是從刀山火海中走出來的。司馬師在政治上和軍事上的努力，為日後晉朝的建立起到了奠基的作用。西晉的建立，可以分為四個階段：

一、開創：司馬懿時代（西元二四九—二五一年）

二、奠基：司馬師時代（西元二五一—二五五年）

三、鞏固：司馬昭時代（西元二五五—二六五年）

四、正名：司馬炎時代（西元二六五—）

司馬懿在嘉平元年（二四九）發動軍事政變。將執政的曹爽集團一網打盡，孑遺不留。晉朝司馬氏一百七十年的統治就此發端，但此年的司馬懿已經是七十一歲的耄耋老翁，體力、精力大不如前。司馬懿折騰了不到兩年，就油盡燈枯，赴九泉之下找曹操給自己做無罪辯護去了。

司馬懿總共有九個兒子，排行最長的就是司馬師，所以司馬懿死後，司馬師不出意料地接了班。雖然司馬懿和司馬師的母親張春華的感情幾近破裂，但司馬懿還是很寵愛長子的。

司馬師生於東漢建安十三年（二〇八），他的性格非常沉穩，史稱「沉毅有大略」，這種性格最適合在非戰爭性質的政變中出彩。事實也是如此，司馬懿在奪權過程中，司馬師起到了決定性的作用。

不知道出於什麼原因，在發動政變時，司馬懿並沒有讓司馬昭參與，司馬師全程參加了政變，並且出謀劃策，建立了奇功。司馬懿在確定第二代接班人的問題上，沒有任何迴旋餘地，非立司馬師不可，不然何以服人？

亂世立儲君有個特點，凡是立性格優柔的，多半不成事，比如石弘、姚泓、陳伯宗、李煜；而如果是性格雄悍的，多半能成大事，比如曹丕、司馬紹、蕭賾、高澄。司馬師的性格優勢決定了他最合適在亂世中接班，時間也證明了司馬師的上臺，對晉朝建立所起到的關鍵作用。

司馬師在魏國官場的正式職務是大將軍，都督中外諸軍，錄尚書事，軍政大權一把抓，魏國官場的頭牌大哥。自從司馬懿奪權後，天下人心裏都跟明鏡似的，這江山早晚要改朝換代姓司馬。司馬師的上臺，更讓官場中人堅信了這一點。

當然，世事萬變，司馬師能不能將最高權力順利在司馬家內部傳承，現在還是個未知數。人在江湖上混，難免有下臭棋的時候，如果司馬師一步走錯，那也有可能滿盤皆輸。人生就是一場賭局，所有人都想笑到最後，司馬師想獨吞肥肉，就看他有沒有這個本事了。

在司馬師的五年執政生涯中，他經歷了兩場著名的賭局，一是司馬師和保皇派的政治鬥爭，一是和保皇派毌丘儉的軍事鬥爭。在這兩場賭局中，司馬師都笑到了最後，直接保障司馬氏政權的延續。如果司馬師輸掉了兩場賭局中的任何一場，他和整個司馬家族都將人頭落地。

其實魏國保皇派反對司馬氏專權的鬥爭，早在司馬懿健在的時候就已經開始了。司馬懿奪權後，依然打著幼主曹芳的政治旗號，司馬懿不會幹廢立這等臭自己名聲的事情。

但太尉王凌卻瞧不起曹芳這個毛頭娃娃，打算立年長的楚王曹彪做皇帝。王凌走這步險棋，實際上是打掉司馬懿的政治資源，因為司馬懿是曹芳的政治恩人（殺曹爽），所以如果能立曹彪為帝，司馬懿的位子就是王凌的。

王凌有賊心有賊膽，但能力實在不怎麼樣，司馬懿一直不鬆口。王凌無奈，只好在外鎮發動軍事叛亂，結果可想而知，這場叛亂被司馬懿輕易地撲滅，王凌自殺，曹彪被賜死。

王凌只是保皇派的重要成員之一，他的死不影響保皇派繼續在政壇上和司馬師搏殺。當然這些保皇派並不在乎皇帝是誰，他們只是不甘心權力被司馬氏一家獨吞，權力的分配不均，往往是爆發大規模政治鬥爭的前兆。

當時主要保皇派成員計有：

太常　夏侯玄（名將夏侯淵族孫，父夏侯尚是曹丕親信，魏晉名士）

中書令　李豐

光祿大夫　張緝（曹芳岳父）

兗州刺史　李翼（李豐弟）

鎮東將軍　毌丘儉（揚州刺史　文欽，並駐淮南）

中領軍　許允
黃門監　蘇鑠
冗從僕射　劉賢（《晉書》作劉寶賢）

這些保皇派大多數都是前曹爽集團的重要成員，可以說是嘉平政變的漏網之魚，因為各種原因，司馬懿沒有對他們下手。在這些保皇派中，無疑以夏侯玄的名聲最為響亮，是魏國士林中的頂尖名流。

嘉平政變後，夏侯玄的族叔、右將軍夏侯霸害怕司馬懿對他進行定點清除，叛逃入蜀。夏侯霸想拉夏侯玄一起西逃，夏侯玄沒有去。可能因為這個原因，司馬懿沒忍心幹掉夏侯玄，只是奪權廢置。

由於夏侯玄在官場上的超高名望，保皇派心照不宣地將夏侯玄視作本集團的旗幟性人物，意欲推出夏侯玄和司馬師對抗。他們的如意算盤是尋找機會踢掉司馬師，扶夏侯玄上臺。保皇派和司馬師是兩個不同的利益集團，司馬師在臺上一日，保皇派就別想吃香喝辣的。

別看保皇派對司馬師恨之入骨，但在表面上，他們還是積極配合司馬師開展各項工作的。比如保皇派的骨幹李豐就非常受司馬師的信任，夏侯玄、張緝、毌丘儉等人都是司馬師內閣的重要成員。

保皇派能參與內閣事務，並不是說司馬師眼拙看不出來他們腦後有反骨，而是保皇派本身就是一個勢力很大的政治集團，司馬師不會輕易動他們的。李豐經常往宮裏跑，雖然司馬師不知道李豐都和曹芳說了什麼，但司馬師知道肯定和自己有關，他也密切關注保皇派的動靜。

李豐等人也不是沒有察覺到司馬師開始懷疑他們，在官場上搞權力鬥爭，最忌諱的就是「等明天」的心理。總覺得政敵不會這麼快對自己下手，存在僥倖心理，「等明天再說」，拖來拖去，最終把自己拖下了深淵。

司馬師是個非常難纏的對手，保皇派對此早有心理準備。前幾年司馬懿準備奪權時，司馬師為了確保政變萬無一失，就暗中在江湖上散養了三千名敢死士，官場上對此無所察覺。等到司馬師用到這些人的時候，敢死士們全都從地下冒了出來，震驚官場。

司馬師牢牢控制著京師兵權，在洛陽的保皇派手上無兵，最穩妥的辦法就是從外鎮調兵進京，尋找下手。李豐本來是打算讓時任兗州刺史的弟弟李翼率兗州兵入朝，但李翼的入朝申請被司馬師給駁了回去。司馬師不是傻子，當然知道外藩帶兵入京的危害性，比如當年的董卓……

一計不成，李豐又生一計。曹芳準備在嘉平六年（二五四）的二月舉行冊封貴人的典禮，李豐看到了機會。李豐的計畫是在殿上埋伏一票人馬，然後誘司馬師上殿，擊殺之。

這次政變策劃，李豐並沒有事先徵求曹芳的意見，在李豐眼中，曹芳也就是個沒有生命力的政治木偶，告訴他幹嘛？黃門監蘇鑠還擔心萬一到時曹芳下了軟蛋，事情就無法收場了。李豐對曹芳已經做了準備，一旦曹芳有變，就劫曹芳出城，有可能投奔淮南找毌丘儉。

這個計畫不可謂不周密，皇帝冊封貴人，大將軍司馬師於情於理都要參加典禮的。只要司馬師來了，明年的今天就是他的祭日……

不過李豐太小看司馬師的政治偵察能力了，司馬師一直懷疑李豐的政治可靠性，早在李豐身邊安插了自己的耳目。雖然這個線人並沒有完全打探到李豐的政變計畫，但線人懷疑李豐最近要搞出一些大動靜，提前告訴了司馬師要小心。

司馬師因為沒有得到有關李豐等人準備對他下手的確切證據，沒有立刻和李豐決裂，而是派舍人王羕將李豐請到了大將軍府，說是有要事商議。王羕是個強人，他料定李豐迫於司馬師的權勢，必定來府探視形勢。

王羕夠狠，他說如果李豐膽敢不來，我王某人將他擒到大將軍府！不知道王羕對李豐說了些什麼，李豐「見劫迫」，只好硬著頭皮坐上司馬師特意撥派的豪華小車，忐忑不安地來見司馬師。

司馬師見到李豐後說了什麼，史無明載，只有一句「大將軍責豐」，估計是譴責李豐等保皇派破壞穩定局面的那些話。司馬師的語氣應該不太嚴厲，但司馬師向來陰險，他越是沉靜如水，他的敵人就越危險。

不過李豐沒能沉住氣，見司馬師罵他，以為自己的計畫外洩，李豐的眼前一黑，心中泛起一陣悲涼：完了！李豐還算是條血性漢子，在自知末日來到的情況下，他沒有向命運低頭，而是痛罵司馬師專權禍國。

李豐罵司馬師的話非常悲壯：「卿父子懷奸，將傾社稷，惜吾力劣，不能相禽滅耳！」司馬師本來並沒有立刻殺掉李豐的計畫，只是叫李豐過來，套套李豐的心思。

沒想到李豐居然這麼早就亮出底牌了，這讓司馬師非常開心。但李豐罵他的那些話卻讓司馬師無法容忍，司馬師的脾氣本就不好，李豐這番自尋死路的話，果然激怒了司馬師。暴怒的司馬師喝令站立兩旁的武士拿下李豐，當場格殺！

李豐的衝動徹底將保皇派的政治傾向暴露在了光天化日之下，司馬師不可能饒過他們，放過敵人就是對自己的背叛。隨後司馬師派出大批武士，將在京師的保皇派所有成員一網打盡，夏侯玄、張緝、蘇鑠等人一個都沒漏網。

至於保皇派的罪名，司馬師的馬仔、廷尉鍾毓給定成了「迫脅至尊，擅誅塚宰，大逆無道」。其實定什麼罪名都不重要，重要的是司馬師必須剷除政敵，這是官場的潛規則，欲加其罪，何患無辭！

這些反對司馬師專權的保皇派徹底賭輸了，夏侯玄、張輯等保皇派骨幹成員被押到東市斬首，同時陪葬的還有所有保皇派的三族！

願賭服輸，毫無怨言。

在這場權力賭局中，最大的贏家是司馬師，這毫無疑問。但最大的輸家還不是李豐、夏侯玄他們，而是皇帝曹芳。

自青龍三年（二四九）曹芳繼位以來，到李豐出事這一年，曹芳已經當了十六年的皇帝。曹芳在三國歷史舞臺上的角色，有些類似於劉禪，他們早期都是不諳世事的懵懂少年，由權臣代替他們執政。

劉禪的運氣要比曹芳好，諸葛亮自不必說，代諸葛亮執政的蔣琬、費禕都是比較弱勢的執政官，他們對劉禪還是非常尊敬的，有事必先上奏。而曹芳就慘多了，他皇帝生涯中的三個執政官，一個比一個囂張跋扈。

雖然司馬懿非常尊重曹芳，但不過是種表面現象，對於實權，司馬懿是從來不放手的。當然，司馬懿的這種虛偽尊重總比司馬師要好，司馬師連場面話都不說了，他心裏根本瞧不起曹芳，假以時日，即使沒有李豐事件，司馬師也不會讓曹芳過好日子的。

司馬師的專權跋扈，讓曹芳感到非常的不滿，即使是普通人也不想任人隨意擺弄，何況是本應掌控最高權力的帝王。為了扳倒司馬師，曹芳也費了不少心思，李豐等人制訂的政變計畫，曹芳是知情的，《晉書》甚至稱曹芳參與其中。

以司馬師在朝廷中獲取情報的能力，曹芳都幹了些什麼，司馬師心中應該是有數的。所以李豐失敗後，曹芳就成了司馬師的眼中釘，不論曹芳是否參與針對司馬師的清除計畫，司馬師都必須拿掉曹芳。原因有兩個：

一、曹芳是保皇派最重要的政治資源，如果不否定曹芳的政治地位，那保皇派策劃的這場政變就能佔據法理高地。無論以後司馬師對曹芳有多尊重，都洗不掉欺君的惡名。與其這樣，不如廢掉曹芳，另立符合司馬師利益的皇帝，保證司馬氏政權的順利存在。

二、曹芳的皇后是保皇派骨幹張緝的女兒，司馬師是斷然不會讓張皇后繼續留在宮中的，這和當年曹操殺伏完後又弒伏皇后是一個道理。再者，就算司馬師再給曹芳立個皇后，但司馬師和曹芳的仇恨算是結下了。留著曹芳當皇帝，對司馬師百害而無一利。

雖然在當年（二五四）三月，司馬師殺掉了張皇后，為曹芳改立了奉車都尉王夔的女兒為后，但曹芳恨透了司馬師，二人的決裂不可避免。司馬師廢曹芳的決心是不可改變的，只是出於穩定國內形勢的考慮，在清除保皇派七個月之後，司馬師才開始拿曹芳開刀。

魏嘉平六年（二五四）九月，司馬師打著皇太后郭氏的旗號，以「荒淫無度，褻近倡優」的罪名，廢掉了曹芳。事實上司馬師根本就沒有得到皇太后的允許，而是矯詔廢帝。在司馬師看來，郭太后不過是個橡皮圖章，蓋了紅戳就完事了，沒有必要和她商量什麼。

郭太后對司馬師擅自廢帝的行為非常不滿，這也太不把人當腕了。司馬師的狗腿子郭芝面對郭太后的憤怒，鄙夷地告訴侄女（郭芝是郭太后的叔父），皇帝有今日，全是皇太后教育不當，能怪得了誰？

同時郭芝還警告：大將軍廢帝決心已定，殿下即有精兵，今天必須完成任務，否則大家都得難看！這年頭親情實在算不了什麼，在權力和利益面前，親情的力量實在不值一提，比如南北朝那夥殺兄屠弟、欺母霸嫂的變態皇帝。

這樣的場景，我們非常的熟悉，當年曹操怎麼對付漢獻帝的，現在司馬師就怎麼對他的後人。華歆奉曹操的意旨，牽伏皇后的頭髮下殿，曹操心中何其快意！可哪知道天道好還，報應還在子孫身上，真是造化弄人，何苦！

曹芳雖然滿腹委屈，滿心悽楚，但在權力和利益面前，眼淚是一文不值的。在司馬師叔父、太尉司馬孚的號啕痛哭聲中，曹芳面無表情地離開了皇宮，揣著齊王的印綬，乘坐小車緩緩馳去……曹芳的運氣不錯，雖然被廢掉了，但依然富貴終身，直到二十年後，也就是晉泰始十年（二七四），曹芳壽終正寢，時年四十三歲。

如果從曹丕開始算起，曹芳是魏國第三任皇帝，曹芳被廢之後，被拎上臺充當提線木偶的是曹髦。

曹髦是曹丕的孫子，東海定王曹霖之子，登基前的爵位是高貴鄉公。論法理輩分，曹髦和曹芳是同祖父的堂兄弟，曹芳被廢那年，曹髦十四歲。之所以選擇曹髦為帝，表面上是郭太后喜歡曹髦，但背後究竟有什麼黑幕不得而知，很難說司馬師沒在其中發揮自己的影響力。

其實不論是誰為帝，哪怕是立長的彭城王曹據，在司馬師控制軍政權力的背景下，都將是個虛位君主。雖然世人都知道司馬氏早晚要取代曹氏，但至少不是現在，司馬師做事穩健，不會心急地去吃熱豆腐。

歷代通過「禪讓」建立的新政權，在取代舊政權時都會有一個緩進的過程。曹操從迎漢獻帝至許都，到曹丕廢漢稱帝，用了二十五年；劉裕從廢晉（滅桓玄）到建宋用了十五年，等等。

無論新政權取代舊政權用了多少時間，他們都有一個共同點，就是在他們取代最高權力之後，或即將取得最高權力之前，都會撲滅反對他們的藩鎮勢力。這樣才能掃清針對自己的軍事威脅，然後順利建立新政權。

曹操幹掉了袁紹；劉裕幹掉了桓玄；蕭道成幹掉了沈攸之；陳霸先幹掉了王僧辯；楊堅幹掉了尉遲迥；朱溫幹掉了秦宗權、朱瑄，打殘了李克用。只有趙匡胤是個例外，他是在通過發動準備了半年的軍事政變篡位上臺後，消滅了反對他的李筠、李重進勢力。

司馬氏也面臨著這個問題，當初司馬懿剛上臺，王淩就給司馬懿一個下馬威。司馬師心裏也清楚，司馬氏的專權是魏國官場利益的重新分配，必然會得罪一些實權派，王淩就是一個很好地警示。

接過王淩「反對司馬氏專權接力棒」的是鎮東將軍毌丘儉和揚州刺史文欽，他們繼王淩之後，舉起了手上的馬刀，向司馬氏發起了挑戰。

毌丘儉和文欽從樹林裏跳出來，其實並不出司馬師的意外。在幹掉李豐等京城保皇派的時候，司馬師心裏就應該有預感，那些外鎮的保皇派遲早要鬧事的。

司馬師應該知道毌丘儉和文欽是保皇派的骨幹成員，之所以二人成了漏網之魚，當然是因為他們鎮守外藩，司馬師暫時夠不到他們。文欽和前執政官曹爽是老鄉，私交很好，在曹爽時代，文欽混得風生水起。

自從曹爽栽在司馬懿手裏後，文欽的噩夢就來了，司馬懿父子自然不會重用曹爽系人馬，文欽雖然屢立戰功，但「多不見許」，比當年李廣混得還差勁。文欽脾氣火爆，是個粗人，見司馬父子有意壓制自己，心中那個惱火！

毌丘儉和文欽的情況差不多，毌丘儉其實和司馬懿的交情不錯，早年跟著司馬懿平定了遼東公孫淵叛亂。由於毌丘儉和李豐、夏侯玄私交甚密，李豐等人被殺，直接導致了毌丘儉對司馬師的不信任，「亦不自安」。

在官場上混，總要講究一個「嫡庶有別」的潛規則，先不論能力優劣，嫡系和雜牌軍的待遇就是不一樣。毌丘儉和文欽雖然都是魏國官場的一線人物，但他們出身於曹爽政治集團。即使他們有意投靠司馬師，也不可能成為嫡系，只能做個雜牌軍，這是心高氣傲的他們無法接受的。

毌丘儉非常了解司馬懿父子，這爺倆都是鷹視狼顧的人物，外寬內忌，根本容不得反對派的存在。自己是曹爽、李豐系的重要成員，司馬師斷然不會饒過自己。就算司馬師不殺他，但把他變相囚禁在京師，仰人鼻息苟活，這和死了有什麼區別？

李豐一出事，毌丘儉就已經做好了武力反對司馬師的準備，富貴險中求，人都應該有點冒險精神的。毌丘儉和文欽足足準備了十個月，在正元二年（二五五）的春天，毌丘儉在淮南公然樹起了反對司馬師專權的旗幟。

至於政治藉口，毌丘儉和司馬師一樣，都打著皇太后郭氏的旗號，甚至都捏造偽詔。毌丘儉雖然是個武夫，但他在官場上混久了，也是個玩政治的高手。

毌丘儉的矛頭只針對司馬師，並不針對整個司馬家族，這種戰略就是我們常說的「團結大多數人，孤立極少數人」。毌丘儉此舉用心非常險惡，他如果針對司馬家族，那麼司馬家族就會團結在司馬師旗下。

現在只針對司馬師，毌丘儉甚至要求朝廷廢掉人品惡劣的司馬師，改任司馬昭為首輔，並請司馬師的叔父司馬孚等司馬家族重要成員出任要職。這麼做就容易分化司馬家族的團結係數，造成其家族內部權力矛盾，或者引發內亂。只有這樣，毌丘儉才能渾水摸魚。

由於毌丘儉出招過於狠毒，這回真把司馬師逼急了。他倒不是怕把權力交給弟弟，而是如果不殺掉毌丘儉，自己的一世英名將毀於一旦，男人最怕什麼？丟面子。

這時的司馬師內外交困，更嚴重的是司馬師的身體情況非常糟糕，司馬師患有眼疾，前不久剛做了眼瘤割除手術，正需要安心靜養。可現在的局勢，司馬師能安心嗎？

有人勸司馬師留在京師養病，派幾員將軍去撲滅毌丘儉就行了，司馬師有些動心，但尚書傅嘏卻認為此戰司馬師必須親自前往。傅嘏的理由非常充分：現在局勢微妙，人心不穩，一旦前線戰敗，必然會出現多米諾骨牌效應，到時人心一散，再不可收拾了。

聽完傅嘏的話，司馬師如夢方醒，在軍事鬥爭中，最可怕的不是戰事崩盤，而是人心崩盤。司馬師絕對輸不起這場賭局，不為司馬家族的利益，也為自己的利益，司馬師也必然親征，不然他承擔不起賭輸的代價。

其實這場淮南之戰倒沒什麼值得大書特書之處，就雙方形勢而言，司馬師處在絕對的優勢地位。最要命的是淮南兵的家屬都在北方，淮南兵毫無鬥志，還有就是吳軍已經北上，準備偷襲壽春。

淮南人心不穩的致命弱點被司馬師敏銳地抓住，司馬師在不斷勒緊毌丘儉脖子上絞索的同時，避免和淮南軍決戰。司馬師眼疾越來越厲害，他經不起太大的折騰，只能通過「拖」字戰術，來拖跨淮南兵的鬥志，不戰而屈人之兵。

毌丘儉進不得進，後又失據，淮南兵的軍心很快就亂了，局勢正朝著司馬師設定的方向發展。綜合各方面條件來看，毌丘儉起兵是典型的「速食型戰爭」，他必須速戰速決，但司馬師就不給他這個機會，當年司馬懿就是這樣拖死諸葛亮的。

不過現在局勢有了朝毌丘儉有利的局勢發展的趨勢，司馬師的病情嚴重惡化，一隻眼睛已經迸出，看樣子司馬師沒幾天好活了。司馬師的侍從尹大目暗中通款文欽，暗示他再堅持幾天，等司馬師一死，淮南兵就能翻船。文欽是個蠢貨，不但沒悟出尹大目的話外音，反而大罵尹大目無恥。

毌丘儉翻盤的機會就這麼不經意間溜走了，文欽在魏軍的壓力下向南撤退，結果導致毌丘儉主力部隊人心大亂，弟兄們見毌丘儉要壞事了，一哄而散。這種速食型戰爭最忌諱的就是前線軍心崩盤，淝水之戰就是一個非常有名的例子。

收拾殘破河山易，收拾散亂人心難！士氣的崩盤後果往往都是災難性的。毌丘儉兵敗如山倒，局勢不可收拾，不久被人殺掉，獻首京師。倒是文欽運氣好，帶著兒子文鴦投降了吳國，勉強保住了性命。

毌丘儉賭輸了一切，自然要承受歷史的懲罰，毌丘儉的三族被司馬師殺得精光。歷史很殘酷，但歷史也是公平的，司馬師要完蛋了，司馬家族一個都別想活。

司馬師賭贏了這一局，他當然有資格享受賭局紅利，魏國頭號權臣的位子穩如泰山，司馬家族在取代曹氏家族的血光道路上又前進了一步。不過這一切已經和司馬師沒有關係了，正元二年（二五五）正月底，司馬師死於許昌。

三、司馬昭的權力之路

司馬師倒了下去，司馬昭適時而出，接過亡兄的大旗，繼續帶領司馬家族在血雨腥風中逆行……

早在司馬師上臺之初，司馬昭就成為了司馬家族下一任的舵手，這是天下公認的。司馬師沒有兒子，而且亂世中幼主的下場盡人皆知，所以司馬師必須找一個年長的接班人。司馬昭比司馬師小三歲，而且又與司馬師同母，能力又出眾，不選司馬昭，還能選誰？

司馬昭和司馬師的性格差不多，雄悍剛毅，做事心狠手辣。司馬昭的上臺，也意味著司馬氏對權力的控制得到了加強。司馬懿、司馬師經營魏國已經六年多了，先後剷除了許多股反對勢力，尤其是消滅保皇派集團後，司馬氏在京師權力圈的地位可謂穩如泰山。

司馬昭的歷史任務很簡單，就是繼續對內鞏固核心權力，對外掃清反對司馬氏的武裝勢力（暫時不包括吳蜀）。前不久毌丘儉、文欽叛亂事件給司馬昭敲響了警鐘，司馬昭很可能已經意識到了，他現在面對著最大的挑戰，不是內部權力鬥爭，而是外部的軍事鬥爭。

其實司馬昭在他執政的這十年中，遇到的問題和父親司馬懿、哥哥司馬師幾乎如出一轍：

姓名	內部反對勢力	外部反對勢力
司馬懿	曹爽等人	王凌、令狐愚

司馬師	李豐等人	毌丘儉、文欽
司馬昭	曹髦等人	諸葛誕

不過就內部反對派的實力來看，司馬昭後來遇到的曹髦是最弱的，曹髦手下不過幾十個老蒼頭而已。在對付曹髦的過程中，司馬昭承擔的不是軍事壓力，而是政治壓力，畢竟曹髦是皇帝。至於外部反對派，說來好笑，司馬氏父子三人遇到的外部反對派全部來自淮南，也就是魏國的揚州。

在撲滅內外反對勢力的過程中，司馬氏父子三人的情況不太一樣，司馬懿和司馬師都是先平定內部反對派，然後再平定外部反對派。司馬懿先滅曹爽，後滅王淩；司馬師先滅李豐，後滅毌丘儉。而司馬昭則相反，他先是消滅了諸葛誕集團，然後再拿掉曹髦。

諸葛誕的出身很不簡單，諸葛誕和千古名相諸葛亮都是西漢司隸校尉諸葛豐之後。三國時代的諸葛家族非常顯赫，諸葛亮仕蜀，諸葛瑾仕吳，諸葛誕仕魏，外加一個諸葛恪，都是官場一線人物。《世說新語》把諸葛三兄弟分仕三國比喻成「蜀得其龍，吳得其虎，魏得其狗」。

雖然諸葛誕只當了「狗」，名聲遠遜諸葛亮和諸葛瑾，但在魏國官場的分量卻遠大於毌丘儉等輩，與當時魏國一線名士夏侯玄齊名。諸葛誕也是在士林中混大的，名聲自然響亮，正因為諸葛誕為人浮華，魏明帝曹叡瞧不上他，一直不予重用。諸葛誕真正的發跡，是在曹爽執政之後，曹叡剛死不久，諸葛誕就爬上了揚州刺史的高位。諸葛誕和曹爽集團的骨幹成員夏侯玄、鄧颺等人是鐵哥兒們，穿過一條褲子。從這個角度來看，諸葛誕也算是曹爽集團的重要人物。

司馬懿當年打掉了曹爽，並沒有徹底清除曹爽集團的所有成員，這也是出於穩定大局的考慮。諸葛誕是個聰明人，在形勢不利的時候，他不會強出頭裝大爺，老老實實地給司馬父子賣命，深得信任。

前不久毌丘儉發動叛亂時，曾經派人來找時任豫州刺史的諸葛誕，要求聯合反對司馬師。諸葛誕沒有同意，反而殺掉來使，向天下公布了毌丘儉造反的消息。在消滅毌丘儉的過程中，諸葛誕是出了大力的，這讓司馬師非常感動。

當然，諸葛誕討好司馬氏，並不是說司馬懿父子有多大的人格魅力，而是司馬懿父子做事過於心狠手辣，諸葛誕不得已才低頭的。但正因為司馬懿父子心狠手辣，恰恰對諸葛誕造成了很大的心理震撼，一旦惹毛了司馬師，自己的下場比毌丘儉還不如。

司馬懿父子是典型的政治機器，冰冷得沒有人情味，對待政敵下手極狠。從殺曹爽開始，凡是反對司馬父子專權被殺的，下場全部是滅三族。客觀來說，諸葛誕雖然也是曹爽集團的漏網之魚，但諸葛誕並沒有反心，他和毌丘儉不同，他想得到的，只是一個安全的保證。

出於這種考慮，諸葛誕在主政淮南期間，大施仁政，收買人心，同時收養死士數千人，以備時變。諸葛誕最大的心願其實只是想保住淮南，給自己留個安穩的窩，並沒有想取司馬氏而代之的野心。

但諸葛誕這麼做，依然觸犯了司馬氏的利益，司馬昭不可能容忍在自己的勢力範圍內出現一個獨立的軍政集團，換了誰也不能容忍。南唐後主李煜拼著命給趙匡胤裝孫子，結果趙匡胤一句話：「臥榻之側，豈容他人酣睡！」全盤否定了李煜的存在。

司馬昭開始懷疑諸葛誕的忠誠，但又不敢把諸葛誕逼得太急。按司馬昭的意思，他打算把諸葛誕召回京師，解除他的兵權，從而恢復司馬氏對淮南的統治。在甘露二年（二五七）的五月，詔書一下來，就逼反了諸葛誕，諸葛誕殺掉揚州刺史樂琳，正式向司馬昭發起了挑戰。

司馬昭要解除諸葛誕兵權，觸犯了諸葛誕的利益，自然得不償失。但如果我們從另外一個角度看，難說不存在這樣一種可能：司馬昭早就瞧諸葛誕不順眼了，論實力他不怕諸葛誕，就是缺少一個討伐諸葛誕的名分。司馬昭希望能逼反諸葛誕，然後光明正大地滅掉諸葛誕。

諸葛誕的造反，很大程度上是被司馬氏父子逼出來的，也許司馬昭要的就是這個效果。司馬昭剛剛當上首輔，威望遠不如哥哥，如果他不能獲得一場戰爭的勝利，在亂世中的威望是很難提高的，司馬昭需要一場由他親征的戰爭！

因為司馬昭在朝中的威望尚淺，他擔心他走後，有反對派利用皇帝曹髦的身分在後院放火，司馬昭乾脆挾持曹髦和皇太后一起「親征」。只有這樣，司馬昭才能放心地去敲打諸葛誕。

從軍事角度看，諸葛誕的實力並不比司馬昭弱，他除了控制十多萬淮南兵，還新招五六萬人馬。再加上吳國的援軍三萬人，諸葛誕有足夠的本錢和南下的司馬昭軍二十六萬人抗衡，何況他的最高目標只是打退司馬昭，而不是消滅。

但司馬昭的最高目標則是徹底消滅諸葛誕，他確信自己有這個實力。隨司馬昭南征的都是魏國官場頂級精英，比如鍾會、王基、石苞、州泰、胡烈，再加上司馬昭本人的軍事應變能力非常強，這場戰爭從一開始就朝著對司馬昭有利的方向發展。

在戰爭開始階段，真正和魏軍交鋒的不是淮南軍，而是遠道而來的吳軍。魏軍的戰鬥力並沒有因為國內政局出現動盪而有所下降，吳軍被魏軍打得頭破血流，損兵折將，好不狼狽。

吳國頭號權臣孫綝為了推卸責任，殺掉了名將朱異，導致軍心大亂。這本是吳國內政，但司馬昭卻敏銳地發現了孫綝殺朱異的另外一層目的，就是通過此舉向被困壽陽的諸葛誕發出信號，希望諸葛誕能頂住司馬昭的進攻，給吳軍反擊爭取時間差。

司馬昭真夠狠的，他想到了一條毒計，他先是派人給淮南軍放出風聲，說吳國援軍即將趕來，而且魏軍缺糧，撐不了多久。諸葛誕的糧食不太多，但聽說魏軍也沒糧了，就敞開肚皮吃糧。結果等淮南軍糧食吃光了，吳軍也沒來，魏軍也沒有撤，諸葛誕這才知道上了當。

魏國這麼強大的經濟實力，怎麼可能會缺糧？反正司馬昭有糧吃，就和諸葛誕對耗，一直耗到了甘露三年（二五八）的春天。形勢對諸葛誕越來越不利，最要命的是淮南軍高級將領不斷投降魏軍，諸葛誕和吳國派來增援的文欽產生了矛盾。

諸葛誕一怒之下殺了文欽，將壽春城中的兩派矛盾徹底激化，文欽的兩個兒子文鴦、文虎逃出城投降了司馬昭。司馬昭是個玩弄權術的高手，他不同意部下殺掉文鴦兄弟，反而特赦文家兄弟，封為將軍。

司馬昭這麼做是告訴淮南叛軍：文欽當年叛魏，罪不容誅，文鴦兄弟按律也當斬，可我卻重用他們。叛臣之子我都可以既往不究，何況你們？司馬昭此舉徹底瓦解了淮南軍的鬥志，「城內皆喜」，除了諸葛誕的嫡系部隊，其他人都沒心思再給諸葛誕賣命了。

司馬昭見總攻時機到了，下令攻城，魏軍很快攻進壽春，諸葛誕見勢不妙想逃，被魏軍當場幹掉，夷三族。倒是諸葛誕養的那些死士很有氣節，寧死不降，他們被司馬昭一個一個地殺掉，最終沒有一個人投降，可見諸葛誕平時養人之德。

鬧得沸沸揚揚的諸葛誕叛亂被司馬昭平定了，司馬昭發現了王凌、毌丘儉、諸葛誕接連在淮南發動叛亂的原因，就是他們全是曹爽餘黨，在政治上極端不可靠。司馬昭改派心腹王基主政淮南，從而消除了來自淮南（勾結吳國）造成的隱患。

淮南橫在吳國和魏國之中，戰略地位非常重要，司馬昭徹底控制淮南，對日後其子司馬炎滅吳起到了橋頭堡的作用，價值不可估量。

司馬昭滅掉諸葛誕，他收穫的絕不僅是戰爭紅利，同時收穫的還有一個政治上的大紅包。亂世中要樹立威望，首先是軍功，有了軍功，才有可能在政治上大撈一把。

司馬父子三人通過三次對淮南的征服，基本打消了外藩武力反抗的念頭，誰也不想落得和王淩、毌丘儉、諸葛誕一樣滅三族的悲慘下場。外部形勢的穩定也必然能鞏固司馬昭在政治上的地位，曹氏天下早晚必為司馬氏取代，這已經成為天下人的共識。

司馬昭雖然拒絕了皇帝曹髦封他做晉公的詔命，「九讓乃止」，但這不過是個緩衝時期，司馬昭想要什麼，只有傻子才看不出來。曹魏帝國的權力基礎，被司馬懿父子一點點地掏空，到了司馬昭時代，只剩下一副龐大的空殼。

看到祖宗辛辛苦苦打下來的江山即將易主，傀儡皇帝曹髦心如刀絞。客觀來說，曹髦的資質非常好，早在他登基之初，鍾會就告訴司馬師：「（曹髦）才同陳思（曹植），武類太祖（曹操）。」這不是鍾會吹牛，曹髦當得起這樣的評價。

但現在的問題是曹髦無權，老話說得好：形勢比人強，如果將漢文帝劉恒和漢獻帝劉協調換過來，誰能保證劉恒能做得比劉協更好？說到底還是生不逢時，這樣的倒楣帝王還有很多：司馬德文、元善見、蕭綱、李曄、朱友貞、完顏守緒、崇禎、光緒……

曹髦不甘心成為司馬昭的提線木偶，他希望能有機會幹掉司馬昭，恢復曹氏對魏國的統治。現在的形勢對曹髦非常不利，司馬昭的勢力遍及朝廷內外，無論是外藩還是京官，一線人物幾乎都是司馬昭的人馬。曹髦想翻盤？可能性實在是微乎其微。

曹髦的血性是日漸萎靡的曹魏宗室中難得一見的風景，有次曹髦召見大臣，當眾斥責司馬昭，說了句千古名言：「司馬昭之心，路人所知也！」這時的曹髦對司馬昭專權已經忍無可忍，雖然他手上沒有兵，但他依然選擇了用雞蛋碰石頭，決定要和司馬昭拼個魚死網破。

曹髦現在頭腦發熱，已經管不了這麼多，他鼓動大臣們和他一起討伐司馬昭。尚書王經知道曹髦沒有絲毫的勝算，勸曹髦不要意氣用事，該裝孫子的時候，一定不能裝大爺，因為你沒這個本錢。

但現在的曹髦依然對戰勝司馬昭抱有一絲幻想：「行之決矣！正是死何懼，況不必死邪！」曹髦的骨頭讓人感歎，但現實就是如此冰冷殘酷，雞蛋碰石頭不會有好下場。看到皇帝瘋了，那些親司馬昭的大臣，比如侍中王沈、散騎常侍王業等人，立刻撒開腳丫子找司馬昭報信去了。

曹髦手上沒兵，他只有召集了在宮中宿衛的幾百個老蒼頭，甚至還有小太監。這支奇怪的軍隊拿著武器，高喊打倒司馬昭的口號，悲壯地衝出宮去，找司馬昭決一死戰。

不知道司馬昭聽到這個消息後是什麼反應，很可能是鄙夷地大笑，這小子真是活膩了，敢在老虎頭上撓癢癢！如果說對付諸葛誕這樣的實力派軍閥需要司馬昭親征的話，對付曹髦根本用不著司馬昭出面，派幾個小弟兄就能擺平曹髦。

替司馬昭出面的是他的頭號狗腿子賈充，以及太子舍人成濟。賈充是文官，讓他殺雞估計都難，真正動手的是成濟。看到曹髦的「部隊」怒吼著衝過來，賈充只是鄙薄地向成濟發出命令：「司馬公平時不是白養你的，動手吧！」

成濟唯司馬昭命是從，既然主人發話了，那就動手吧，史稱「成濟即前刺帝，刃出於背，殞於車下」。年僅二十歲的曹髦就這樣悲壯而悲哀的結束了自己有血性的生命。男人要有尊嚴地活著，即使是死，也要死得有尊嚴。

司馬昭是個演戲的高手，聽說成濟殺掉了曹髦，立刻趕到出事地點，抱著曹髦的屍體號啕痛哭。司馬昭心裏那個痛快：叫你小子不聽話，這就是你的下場！

從大歷史的角度來看曹髦之死，刻薄些說有些不值一提，死了一個傀儡，再立一個就行了。但司馬昭還是要拼命洗去自己的罪惡，首要問題是找個替罪羊，替自己頂包。

尚書左僕射陳泰建議司馬昭將賈充拎出來頂罪，但賈充是司馬昭的頭號心腹，司馬昭當然捨不得。算來算去，只有成濟是個小蝦米，拿他開刀最合適不過了。

惡毒的司馬昭把殺皇帝的罪名扣在可憐的成濟頭上，「夷三族」。在權力場上，小蝦米的下場往往是可悲的，他們沒有自己的存在價值，當他們替主人完成滔天罪惡後，他們的剩餘價值也被榨乾了，除了被主人拋棄，沒有第二條路。

成濟是親手殺了曹髦不假，但沒有司馬昭的指令，給成濟一百個膽子，他也不敢殺皇帝。司馬昭殺了人，卻喊冤道：「人不是我殺的，是刀殺的！」何其可笑！當天下人都是傻瓜嗎？

但不管怎麼樣，曹髦的死，絲毫沒有改變魏國被司馬氏全盤掏空的事實，換招牌是遲早的事情。司馬昭也在加快改朝換代的步伐，在新皇帝曹奐（曹操之孫）繼位後不久，也就是曹髦被殺一個月後，司馬昭被封為晉公，加九錫，正式上演了「禪讓」醜劇的第一集。

在中國中古時代的政治易代過程中，「禪讓」是一個常見的方式，最典型的是魏、晉、宋、齊、梁、陳這六朝，他們都是通過「禪讓」三步曲來完成改朝換代的。比如曹操先封魏公，後封魏王，最終由曹丕完成篡位。

司馬昭也是這樣，天下人都知道，所謂的「晉公」不過是司馬昭將來篡位的前奏，即使司馬昭本人不篡位，天下也是司馬家的私物。經過司馬氏父子三人十多年的苦心經營，基本滅絕了魏國境內的大小反對派，沒人敢在虎頭上拔毛。

內憂外患，在解除了內部（以國家為單位）隱患外，統治者往往都會關注來自外部的威脅，尤其是軍事威脅。當時天下魏蜀吳三分鼎立，就實力來說，依次是魏、吳、蜀，但這幾十年來，魏國的主要對手則是蜀漢，而且對魏國來說最危險的對手也是蜀漢。

蜀漢自劉備開始，就堅定地奉行北伐曹魏的立國方針毫不動搖，雖然蜀漢表現出的血性讓人敬佩，但蜀漢的國力實在過於弱小，在和魏國近五十年的拉鋸戰中，國力消耗極大。其實硬體的消耗還在其次，最要命的是蜀漢君昏臣佞，只有一個老姜維還在拼命，蜀漢事，已不可為矣！

雖然姜維的部隊還有相當的戰鬥力，但蜀漢政權已經從內部腐爛掉了，這讓司馬昭看到了統一的希望。司馬昭也確實有資格來統一天下，一方面魏國的實力有了顯著的提升，而蜀漢的國力卻下降非常明顯，這一升一降，蜀漢被司馬昭第一個開刀，也就在情理之中了。

魏國滅蜀，魏景元四年（二六三）的春天，已經準備數年的司馬昭終於下達了滅蜀令。替司馬昭出面收拾劉阿斗的，是魏國末年名將雙璧——鄧艾、鍾會。關於鄧艾和鍾會，我們會在以後的章節專門進行講解。

這次魏國滅蜀，過程基本上還算是順利，鄧艾通過偷渡陰平，奇襲成都，迫使劉禪舉國投降。蜀漢的滅亡，拉開了司馬氏統一戰爭的大幕，雖然司馬昭在名義上還是魏國大臣，但誰又能把曹操發動的赤壁之戰看成是漢獻帝劉協的呢？天下，早就成司馬家的囊中物了。

通過滅蜀戰爭，司馬昭的個人威望達到了頂點，尤其是在敲打掉鍾會在成都發動的叛亂之後，普天之下，再無人敢挑戰司馬昭至高無上的權威。司馬昭覺得改朝換代的時機已經成熟，在魏咸熙元年（二六四）的三月，司馬昭又自稱晉王，離帝位只差一步了。

不過當上晉王的司馬昭已經五十四歲了，精力大不如前，而且一旦背上篡位惡名，本來就不好的名聲將會一臭到底。與其這樣，不如學學曹操，拎出曹丕來背黑鍋，自己落了個乾淨清爽。

其實自己要不要這個皇帝名分都無所謂，關鍵的問題是司馬氏能否控制住最高權力。納虛名而受實禍，是非常愚蠢的，司馬昭相信自己的智商不會比曹操低。司馬昭已經有了繼承人的人選，就是長子司馬炎。

其實在立儲問題上，司馬昭也走上了曹操的老路，他非常喜歡性格溫潤如玉的次子司馬攸，對司馬炎不太感冒。但司馬昭肯定知道袁紹、劉表廢長立幼的下場是什麼，雖然司馬攸在名義上是司馬師的嗣子。

何曾等人勸司馬昭立司馬炎為嗣的時候，說過什麼司馬炎聰明神武，非人臣之相，恐怕只是順著司馬昭遞出的杆子往上爬的。司馬昭是三國著名的演戲高手，此公心胸狹窄，比司馬師還不如，指望他念哥哥舊情，傳位給司馬攸？別開玩笑了。

當然從司馬氏基業傳承的角度看，不論是司馬炎上臺，還是司馬攸上臺，由司馬氏完成天下大一統的局勢已經不可逆轉，唯一不確定的因素只是到底需要多少年能滅掉吳國。

司馬懿、司馬師、司馬昭父子三人，用了十六年的時間，基本完成了中原政權權力的交接。司馬炎要比曹丕幸運，曹丕面對的是一個不確定的時代，當時的三國尚處在均勢，難說誰能吃掉誰。司馬炎上臺後，他需要做的，只是做好成為大一統皇帝的準備。

老子種樹，兒子乘涼，在家天下時代的傳承意識中是天經地義的。

四、三國的酒肉江湖

老話說得好，無酒不成席。這年頭無論是操辦紅白事，還是親友聚會，總是要擺上幾瓶好酒的，喝多喝少，盡興就好。不過酒是穿腸毒藥，酒喝多了對身體有害無益，人體許多疾病都是貪酒慣下來的。小醉怡情，大醉傷身，這話半點不假。

說到喝酒，可以說這是除了愛情之外，人類另外一個熱鬧的話題。自從酒出現以來，就再也沒有離開過人類的世界，估計也永遠不會離開了。

不要說普通人愛喝幾杯，就是歷史上那些大名鼎鼎的風流人物，絕大多數都能和酒扯上關係，有的還是著名酒鬼。

比如劉邦，在歌風臺上持杯高唱：大風起兮雲飛揚……

比如霍去病，灑酒於泉，與十萬鐵血將士舉杯共飲。

比如杜甫，白日放歌須縱酒，青春作伴好還鄉。

比如李清照，嘗記溪亭日暮，沉醉不知歸路。

比如萬曆，被雒于仁好一頓痛罵：陛下貪酒好色，是個財迷。

西晉的吏部郎畢卓喜歡偷酒喝，醉倒在酒甕旁，岳飛在熱血沸騰的少年時期還是有名的酒鬼。老杜那首酒史名篇《醉中八仙歌》，將賀知章、李白、張旭、李適之、崔宗之等八個大號酒鬼一網打盡。

具體說到三國時代，三國的著名酒鬼不算特別多，似乎不如西晉那幫竹林酒徒喝出了藝術，但三國酒史還是非常精彩的。三國的酒肉江湖，因為那些巨星大腕的加入，人聲鼎沸，非常的熱鬧。

三國的酒史，大致來說，可以分為以下幾種類型：

一、正式宴會型

二、外交酒會型

三、私人酒會型

四、借酒澆愁型

五、喝酒誤事型

先說正式宴會型，三國比較著名的正式宴會，記得有如下幾場：

董卓在郿塢舉辦宴會，邀請滿朝文武入宴，一邊喝酒，一邊看他殺人取樂，慘號聲震天。許多人嚇得戰慄觳觫，這哪是喝酒，簡直就是受罪。

劉備進成都後，大擺酒席，犒賞有功將士們，瓜分了蜀中財物。弟兄們給你賣命，你做老大的不放點血，以後誰還跟你混？做人不能學小氣的項羽，那號鐵公雞琉璃貓，成不了大事。

孫權舉辦大型酒會，和群臣聯歡，結果被刺頭虞翻生生攪了局，氣得孫權拔劍要殺虞翻。你丫在眾人面前故意損我面子，太不拿本大王當腕了，丫的你會做人不？

吳後主孫皓大宴群臣，常侍王蕃不想陪這瘋子喝酒，有意學虞翻裝醉。不過孫皓的度量遠遠不及他爺爺孫權，孫皓一怒之下，殺了王蕃。虞翻的命好，他遇上的是孫權，如果他要攤上孫皓，十條小命也沒了。

其實這種類型是沒什麼故事可講的，喝不出多少樂趣。無非是皇帝舉杯，群臣伏地三呼萬歲，然後大家按官場禮儀老老實實地喝酒。在這種場合下，誰都不能荒腔走板，亂了規矩。

不過萬事皆非絕對，有的正式場合的宴會還是能喝出精彩來的，最著名的一次，應該是劉備和龐統那場著名的仁義辯。劉備打著替劉璋防禦漢中張魯的旗號，大搖大擺進入了益州。讓劉備防禦張魯？除了劉璋這個純潔的傻子，所有人都知道這是不可能的。

建安十七年（二一二）底，因為劉備潛伏在劉璋身邊的臥底張松事發，劉璋這才知道劉備的陰謀，二劉的關係徹底破裂。反正劉備早就做好了軍事準備，隨後劉備偷襲涪關得手，拉開了武裝佔領益州的序幕。

劉備拿下涪關後非常高興，擺下幾桌上等酒菜，邀請弟兄們入席吃喝，算是犒賞。之前的劉備一直是仁義君子的形象，不過因為這次劉備實在太興奮，不小心把狐狸尾巴露了出來。

劉備在酒宴上張牙舞爪，大呼小叫，高調地慶祝這場偉大的軍事勝利。劉備在席間轉悠，看到了悶頭喝酒的前線首席軍師龐統，劉備揪住龐統大笑：「麻雀，我們偷襲成功了，你今天高興不？」

龐統一看劉備這張狂架勢，很著急，劉備好不容易積攢的良好口碑，可不能因為這場酒給毀了。好名聲樹立起來非常難，但毀掉實在太容易了，這年頭攢點人品不容易。

龐統覺得該給劉備潑幾盆涼水，讓他醒醒了。龐統敲打劉備：「主公，咱別這麼高調好不好？本來攻劉璋咱就不佔理，現在又這麼大肆慶祝，傳出來恐怕有諱於主公的仁義名聲，咱還是低調些吧。」

劉備喝高了，沒能領悟龐統的意思，一看龐統不給他面子，劉備撕下了仁義的偽裝。劉備豎著大尾巴，搖頭晃腦地指著龐統大罵：「你懂個毛！當年周武王伐紂，照樣大吃大喝，還有舞蹈助興。周武王能做，我為什麼做不得！麻雀你喝醉了，回去洗洗睡吧。」

龐統見劉備已經開始說胡話了，知道他已經不省人事了，和醉鬼是說不通道理的。龐統苦笑著離席，回屋蒙頭睡覺了。不過等劉備酒醒之後，回味龐統的那些箴言，這才發現事情的嚴重性。劉備行走江湖，靠的就是他辛辛苦苦打造起來的仁義形象，前不久他還對龐統自吹自擂：「操以暴，吾以仁；操以譎，吾以忠。」如果這事要傳到江湖上，對劉備的名聲是非常不利的。

劉備立刻派人把龐統從熱呼呼的被窩裏拽回來，劉備又擺了一桌酒席，向龐統賠不是。龐統本身就是個酒鬼，估計剛才那場沒怎麼喝酒，這回趕緊補回來。

龐統一邊啃著豬蹄子灌酒，一邊聽劉備在他耳邊絮絮叨叨。劉備和龐統的私交很好，二人不知不覺間又喝多了，手舞足蹈地談心，一直喝到下半夜，這才盡歡而散。不過劉備得到了龐統的原諒，卻被東晉著名的親劉備派史家習鑿齒好一頓數落，甚至說劉備自比周武王，毫無愧色，足見厚黑功力之深。

接下來我們講第二種類型，也就是外交宴會型。說到外交宴會，有幾次非常著名的酒場，第一個我們想到的，應該是關羽那場青史留名的單刀赴會。

劉備在西取蜀川的過程中，關羽作為劉備手下頭號名將，坐鎮荊州，看家護院，和東吳坐鎮益陽的大都督魯肅正好隔江相望。因為劉備取蜀之後，一直賴著荊州不還，一根毛都不想拔。魯肅又不好和關羽刀兵相見，就發了個英雄帖，請關將軍過江相會，我們談談。

有種說法認為關羽並沒有去東吳的地盤，而是魯肅和關羽約了一個中立地點，雙方共同赴會。雖然史料沒提到管飯的事情，但不管誰做東道主，總要擺上一桌席面的，這是外交禮儀。不要求弄來山珍海味，奇獸名禽，總要端上七碟八碗的，起碼也要弄倆硬菜。

其實像這樣雙方情緒對立時的外交酒會，也喝不出什麼味道，雙方劍拔弩張，恨不得吃掉對方，哪還有心思喝酒。這和鴻門宴的氣氛差不多，劉邦在項羽的刀口下只想著如何逃命，喝的什麼酒，老劉差不多都忘記了。

不過同盟國的外交酒會，氣氛相對溫和一些，誰也不會特別給誰難堪。比如蜀漢鄧艾、宗預出使東吳，東吳沈珩、趙諮出使魏國，魏國邢貞出使東吳，東吳張溫、薛瑩出使蜀漢。東道主按外交慣例，都要擺酒給使臣接風的，然後在酒宴上談正事。

在這些外交酒會中，張溫出使蜀漢那次是比較著名的。為了維繫吳蜀之間本就脆弱的同盟局面，張溫來訪時，諸葛亮給足了張溫面子。要不是張溫狂妄自負，問蜀中名士秦宓有沒有學問，惹毛了秦宓，秦宓也不會當眾給張溫穿小鞋，讓張溫折盡了面子。

如果要說三國外交酒會中最有意思的一場，應該算是蜀漢名臣費禕出使東吳的那次，過程非常搞笑。我們都知道費禕性格外向，善於交際，所以他和同樣是猴子性格的孫權特別投脾氣。每次費禕出使東吳，孫權都好吃好喝好招待，二人勾肩搭背，好不親熱。

不過孫權這人沒安好心，他特別想出費禕的洋相，每次費禕來，孫權都想法子把費禕灌醉，然後派出他手下一幫名士如諸葛恪、羊衜，輪流上陣，向費禕發難，天南海北胡扯一通。費禕貪杯，但頭腦還是非常清醒的，每次都有詞堵住諸葛恪這幫狂人的嘴。

這次並不算很搞，最搞的是有次費禕來東吳，孫權按慣例自然要大擺酒宴，東吳所有一線名臣盡皆到場。以前孫權沒能看到費禕出洋相，這次他不會錯過機會。

在費禕還沒有來到酒場之前，孫權提前給手下弟兄們打了招呼：「等會兒費文偉來的時候，你們不要放下筷子，盡情地吃，咱們這次好好地出他的洋相。」群臣大笑。

等一會兒費禕來的時候，孫權還是禮貌的放下筷子，行注目禮，請費禕入席。而東吳群臣則低頭大吃大喝，聲音震天價響，偶爾在席間還能聽到竊笑聲。費禕是個人精子，他一看這陣勢，就知道這是孫權出的餿點子，想拿他尋開心的。孫權是皇帝，如果沒有孫權的默許，江東那幫好漢哪個敢在孫權面前不敬？

費禕從來就不是個省油的燈，想佔他便宜？門都沒有。費禕乾笑兩聲，突然自言自語：「有鳳凰來兮，麒麟都知道吐出食物恭迎鳳凰，而有一群驢，也有可能是一群騾子，不認識鳳凰，依然低頭吃食。」費禕罵江東那幫精英是驢，真夠狠的。

雖然費禕沒罵孫權，但孫權的臉上非常掛不住，如果孫權手下都是一群驢，那孫權又是什麼？驢幫頭目？不過還沒等孫權吹鬍子瞪綠眼，坐中的東吳騎都尉諸葛恪沉不住氣了，跳出來向費禕發起反擊。

諸葛恪號稱東吳第一神童，最是聰明伶俐的，平時自視甚高。沒想到費禕不識天高地厚，居然罵他是驢，諸葛恪越想越窩火。丫的什麼眼神？世界上有這麼英俊帥氣、才華橫溢的驢嗎？

諸葛恪冷冰冰地看著費禕，回了一句：「江東有的是梧桐樹，但這是留給鳳凰棲居的。這是從哪裏飛來的野鳥，敢自稱鳳凰？」費禕似笑非笑看著諸葛恪，他當然知道諸葛恪是誰，他的上司諸葛亮的親侄子嘛。

諸葛恪罵費禕是野鳥，讓費禕非常不爽，心裏想：你丫不就會在驢臉上寫字嗎？牛哄什麼！費禕也是個眼睛長在腦門上的主兒，不輕易服誰的。費禕找孫權要來了紙筆，當眾寫了一篇《麥賦》，向在座的東吳精英們炫耀。瞧瞧，什麼是才子？爺爺就是！

看到費禕顯擺文才，諸葛恪並不示弱，也要來紙筆，寫了一篇《磨賦》。言下之意是告訴費禕：你丫不就是麥子嗎？爺爺是磨盤。沒爺這磨盤，你這麥子只是能看不能吃的觀賞植物。

其實像這種同盟國之間的酒間辯難，不過是嘴上風暴，文字遊戲，認真不得的。雙方都有共同的戰略目標，所以在互相交往的過程中，都會很好地拿捏住分寸，誰也不會讓對方特別丟面子。雖然費禕和諸葛恪鬥眼雞似的掐了一陣，但事後照樣把酒言歡，大家都是頂級精英，應該惺惺相惜才是，何必傷了和氣。

外交酒會型就講到這裏，下面講一下私人宴會型。這樣的宴會在三國非常的著名，我們張口就能說出：青梅煮酒論英雄。這件事發生在建安四年（一九九），曹操在派劉備出兵征討袁術之前，擺了一場酒局，和劉備喝了幾盅。

雖然各家史料均沒有提到「酒」字，不過都提到了「先主（劉備）方食」這幾個字。曹操總不可能闖進劉備的公寓，一邊看著劉備啃豬蹄，一邊慷慨激昂：「天下英雄，唯使君與操耳。」曹操也沒這麼小氣，一場酒能花幾塊大頭銀子？

劉備在這之前已經和董承等反曹派建立了秘密同盟，尋機幹掉曹操。但劉備生活在曹操的控制之下，成天提心吊膽，生怕哪天事情敗露。劉備心裏有鬼，聽說曹操把他看成英雄，嚇得勺子掉在地上。要不是劉備反應迅速，拿雷陣雨當遮掩，說不定真讓曹操看出他的馬腳，那麻煩就大了。

借酒澆愁型的，這類人物在三國不算多，最有名的一個，應該是蔣琬。蔣琬雖然跟隨劉備的時間比較早，但當時的蔣琬資歷甚淺，還算不上是荊州系的一線人馬。劉備打下益州之後，只是賞給蔣琬一個縣令，踢到廣都當起了搖頭大老爺。

古代的縣不比現在，那時縣的面積雖然都不算小，但人口普遍不多，一般都在萬人上下。按制度，縣人口過萬，長官稱為縣長，不過萬的稱為縣令。過去的縣長官其實沒多少公務要處理，主要是完成上級分配的賦稅任務，然後就管一些雞毛蒜皮的小事。

蔣琬自負才計無雙，他希望自己能像龐統那樣，在更大的歷史舞臺上展現自己的才華。可劉備這廝不識貨，明明我是一匹千里馬，你這老傢伙卻讓我拉磨，人才不是被你這麼糟蹋的。

不過蔣琬在朝中無人，他小胳膊擰不過劉備的粗大腿，只好垂頭喪氣地去廣都赴任了。到任之後，蔣琬對縣裏的工作毫無興趣，什麼都不管，每天躲在宅子裏，喝得爛醉如泥，不省人事。

廣都離成都非常近，幾步地就到了，有次劉備來到廣都視察工作。剛進縣裏，就發現縣裏的事情一片混亂，滿大街都是爛菜葉子。劉備來到縣衙一看，好傢伙，蔣縣令正在抱著酒罎子東倒西歪地跳舞呢，劉備氣得老臉都變形了。

劉備越想越惱火，老爺讓你來當縣令，是讓你造福一方百姓的，不是讓你捏著鼻子灌貓尿的。如果各地的地方官都像蔣琬這副德性，劉備的天下還怎麼治理？劉備一怒之下，要殺蔣琬，以儆效尤。

還是旁邊的諸葛亮瞭了蔣琬的才幹，站出來替蔣琬求情，說蔣琬是社稷大才，讓他當縣令確實是大才小用。人才難得，即使有些小錯，也不值得殺頭。

劉備向來買諸葛亮的面子，諸葛軍師發話了，這個面子不能不給，不然諸葛亮以後就沒法在官場混了。但劉備雖然饒了蔣琬，但依然沒有重用，甚至還摘掉了蔣琬頭上的烏紗帽。蔣琬成為蜀漢官場一線，還是諸葛亮主政之後的事情。

至於第五種喝酒誤事型，最典型的人物就是曹植，要不是他臨場貪杯，誤了南救襄陽的軍事行動，太子位指不定是誰的。關於曹植醉酒的事情，在第十九章《曹魏的宮廷鬥爭》中具體講過了，不再重複。

曹植的情商遠遠低於他的智商，他也不動腦子想想，在這個爭儲的關鍵時刻，曹丕請他喝酒，能安好心嗎？他居然敢去，更讓人不可思議的是，他居然敢喝得酩酊大醉。

曹操本來還是對曹植抱有最後一絲希望，一看曹植醉成這樣，曹操的心徹底涼了。給你機會你不爭取，做事不經大腦，曹操絕對不敢冒險把江山交給這個沒心沒肺的兒子。

曹植被哥哥灌醉，這樣的事情在歷史上還有一例，就是唐太宗李世民在玄武門之變前，被大哥李建成叫去喝酒，中了毒，險些喪命。不過李世民是清楚李建成肚裏有幾條蛔蟲的，他是硬著頭皮去的。而曹植卻興高彩烈地去赴鴻門宴，曹植的失敗是不可避免的。

要說喝酒，曹操本身也是一個著名酒鬼，三國酒史上少不了他這號人物。曹操一會請劉備喝酒，一會在私人宴會上喝得爛醉如泥，張牙舞爪地洋相百出。

雖然曹操向來不太注重小節，但在大事上，曹操是絕對不糊塗的。喝酒歸喝酒，政治歸政治，兩碼事。有些歷史人物把喝酒當成政治，把政治當成喝酒，結果只能是誤人誤己誤天下。

曹操很愛酒，不過曹操從來不是酒的奴隸，曹操還曾經下令禁過酒。東漢末年，天下連年戰亂，糧食歉收，為了保障境內的社會穩定，曹操毫不猶豫地在境內實行禁酒令。民以食為天，不以酒為天，這個道理曹操當然懂。

曹操在官場上有個著名的敵人，就是大才子孔融。孔融在三國酒史上也是個大號酒鬼，此公向來愛酒如命。孔融有句名言：「座上客常滿，樽中酒不空。」

孔融聽說曹操要禁酒，當時就惱了，背地裏沒少罵曹操：你不讓我喝酒，還讓不讓我活了！孔融和曹操不一樣，曹操是統治者，他要考慮統治者的利益。而孔融只是個清閒的散官，他才不管什麼天下事，每天有酒喝就行了。曹操不讓他喝酒，孔融自然不答應。

孔融給曹操寫了一封書信，公開反對禁酒，這就是酒史上有名的《難曹公表制酒禁書》。孔融在這封書信中，對曹操極力挖苦諷刺，真是缺德帶冒煙。孔融在信中公開為酒作無罪辯護，說堯帝不喝酒，不能致太平；孔子不喝酒，就不是聖人；樊噲不喝酒，如何救劉邦出鴻門；劉邦不喝酒，就沒有力氣斬殺白蛇。

孔融天花亂墜一通胡扯，什麼酈食其、屈原、漢景帝、袁盎、趙充國等人全都出場，替孔融反對禁酒令搖旗吶喊。信的最後，孔融酸不溜丟地來了一句：「由是觀之，酒何負於治者哉！」不過曹操根本不甩孔融，你丫的就會搗亂，哪涼快哪待著去。

除了以上五種喝酒類型外，還有幾種類型，不太好分開，在這裏一併講了。我們都知道喝酒是要花錢買的，不過還有一種辦法不花錢也能喝到酒，那就是偷酒喝。偷著了沒被抓算有本事，偷不著反而落網，只能怪自己修行不夠了。

當然偷別人的酒喝是不對的，但如果是偷自家的酒呢？呵呵，這個就不說好了。說到偷酒，《世說新語．言語篇》記載了兩則偷酒的小故事，是兩對小兄弟。一對是孔融的寶貝兒子，一對是鍾繇的寶貝兒子鍾毓、鍾會。

懷疑是不是劉義慶等人寫錯了，這兩則偷酒的故事情節基本雷同，難道世上真有這麼巧的事情？因為鍾毓兄弟這則故事的記載較多，就說說這對頑皮的小兄弟偷酒的趣事。

鍾毓兄弟在很小的時候，有次趁父親鍾繇睡午覺的時候，躡手躡腳地進父親的臥室偷酒。他們知道那裏有瓶上等好藥酒，估計和現在的保健酒差不多。老爹平時肯定不讓他們喝酒，否則他們也不至於淪落到做樑上君子的地步。

當二人溜進屋裏，打開酒塞子，剛要解饞的時候，鍾繇已經被驚醒了。鍾繇看到兩個淘氣小子偷酒喝，覺得很有趣，就眯著眼睛看著兒子們。

鍾毓兄弟見老爹醒了，知道偷是偷不成了，只好憨笑著抱起酒罈子喝酒，鍾繇在旁邊笑得非常開心。天倫之樂，不過如此。其實鍾毓兄弟的行為根本算不上偷，只不過是小孩子的意趣天真，這事沒人認真。酒雖然是好東西，但喝多了總是不好的，小孩子喝醉沒人笑話，如果我們要喝高了，恐怕就要出洋相了。前面我們也講了，酒喝多了容易誤事，實際上不僅是誤事，醉酒的時候，還容易得罪人。

下面我們再講一個喝酒得罪人的故事，非常搞笑，憋了半天，還是忍不住笑出聲來。魏國名臣蔣濟曾經任過揚州治中，當時曹操控制下的揚州有一個壽春縣，時任壽春縣令是時苗。

時苗有一次去拜見蔣濟，名義上是彙報工作，實際上是想攀上蔣濟這棵大樹。畢竟蔣濟是天下名士，如果能和蔣濟扯上關係，以後的仕途就不用發愁了。

時苗這次來得不巧，正趕上蔣大人在府上喝酒，已經喝得爛醉如泥，不省人事，不能出來接見時苗了。不過時苗卻認為這是蔣濟有意喝醉，躲著不見他。時苗站在府外，恨得咬牙切齒。

時苗這人實在太有意思了，他氣咻咻地回到府上，找來一塊大木頭，用刀刻上蔣濟的名字，然後在這個木頭板蔣濟身上寫下四個大字：「酒鬼蔣濟。」

時苗把這個木頭板蔣濟靠在牆上，取出弓箭，成天對準這個木頭板蔣濟，一邊射一邊罵：「讓你丫的灌貓尿，讓你丫的不見爺爺，爺爺天天射死你……」不知道蔣濟後來知不知道時苗這件趣事，如果知道了，估計蔣濟能氣得吐血，有這麼糟蹋人的嗎？

三國酒史上還有許多有趣的酒故事，比如諸葛恪在酒席上逼張昭喝酒，簡雍用酒具婉轉地勸劉備用法寬鬆，阮籍醉哭兵家女等，因篇幅有限，這些酒故事將放在他們的專論中講解。

三國的酒故事，先講到這裏。

五、魏國武將群像

在第三篇《曹操的智庫》中，我們詳細講解曹操手下那幫頂級謀士的事情，比如荀彧、荀攸、郭嘉、程昱、劉曄，號稱曹操帳下的五大智謀天王，他們為曹操最終統一北方立下了汗馬功勞。可以這麼說，如果沒有這些謀士，曹操能不能最終戰勝袁紹都是個問題。

不過話說回來，僅靠文臣打天下成功的事情，誰見過？沒有鐵血武將群在前面灑汗流血，是打不來天下的。曹操也是一樣，如果讓荀彧拎刀上陣和呂布玩命，郭嘉扛槍找高順單挑，不被打趴下才怪。

亂世，不僅是謀士們的天堂，同樣也是武夫們的天堂。不得不承認，軍人的主要價值是在戰爭中體現的，沒有戰爭，軍人的存在價值是不完整的。

曹操手下那幫強悍的武夫，是曹操能夠成就大事業的另一個保證，沒有他們，曹操什麼都不是，劉備、孫權也一樣。說得通俗一點，就是兩手都要抓，兩手都要硬，一手曰文，一手曰武，少了哪手都辦不成大事。

曹操的武將群，大致可以分為三類。第一類是原從親屬集團，比如夏侯惇、夏侯淵、曹仁、曹洪、曹休這夥強人。說到夏侯諸曹，倒有一個問題需要講一下，就是曹操到底姓什麼？

關於曹操的姓，歷來有這麼幾種說法：

的。

一、本就姓曹，西漢開國名相曹參之後，估計這和劉備攀上漢景帝劉啟是一個路數，給自己臉上貼金

二、本姓夏侯，曹操的父親曹嵩是夏侯氏之後，後來被大太監曹騰收為養子，改姓曹，所以曹操和夏侯惇是同族兄弟。

三、有可能姓秦，曹操的族子曹真本姓秦，那曹操也有可能姓秦。

四、不知道姓什麼，「莫能審其生出本末」。

曹操的姓，是一樁歷史公案，根本糾纏不清。所以曹操既和夏侯惇、夏侯淵是同族兄弟，又和曹仁、曹洪是同族兄弟，再加上曹真，曹操兩隻腳踏三條船，真不知道曹操是怎麼玩轉的，呵呵。

其實曹操姓什麼並不重要，和誰是親戚也不重要，重要的是有共同的利益需求，或者說是共同的價值取向。劉備自稱是漢景帝閣下玄孫，也沒見有誰搭理他，也就是一個綠豆販子和一個殺豬的能看得起劉備。

夏侯惇和曹仁他們雖然和曹操有五花八門的親戚關係，但他們之所以能在亂世殺出一片天空，那也是靠自己的真本事搏殺出來的。同是頂級名將的張遼、徐晃他們和曹操半點親戚不沾，照樣是曹操的心腹重將。還是那句老話：有本事吃肉，沒本事看人吃肉。

曹仁在諸曹夏侯中是比較特殊的，因為其他人都是直接跟著曹操打天下，而曹仁不一樣，在投奔堂兄曹操之前，曹仁就拉起過自己的人馬。曹仁帶著一千多個小兄弟在江淮之間橫衝直撞，四處刮銀子，類似於北宋末年的大盜宋江。

像曹仁這種闖蕩模式，注定是做不成大事的，曹仁需要一個更大的發展平臺，或者說，需要一架梯

子。曹仁和曹操是親戚，曹操發達了，曹仁很自然地就跟了曹操，他們可是一筆寫不出兩個曹字。

曹仁跟著曹操打天下，立下無數汗馬功勞，是曹操手下的一線重將。和許多名將一樣，曹仁也是個傳奇的將軍，尤其是他在敵軍萬馬軍中勇救自己的小弟兄，可謂英雄虎膽。

這件事發生在曹操兵敗赤壁後，數萬吳軍在大都督周瑜的率領下，風捲殘雲般的殺到了江陵城下。守江陵的曹仁知道周瑜為人心高氣傲，就想先殺殺周瑜的銳氣。

曹仁派大將牛金帶著三百弟兄出城先敲打一下周瑜，沒想到吳軍實在太多了，一眨眼的工夫，這小股魏軍被吳軍團團圍住，眼看就要被吳軍吃掉。曹仁為人很講江湖義氣，他不能眼睜睜看著自己派出的弟兄戰死。曹仁不顧荊州長史陳矯的反對，披甲上馬，帶著手下幾十個親兵閃電一般衝進吳軍陣中。

曹仁是個練家子，功夫不錯，他先是救出了牛金，可其他幾百弟兄還陷在重圍。曹仁再次殺進重圍，東闖西突，又成功地將幾百弟兄救出。懷疑羅貫中在寫趙雲的長阪坡戰之中，是不是受到了曹仁江陵救圍的啟發。

當曹仁帶著幾百弟兄驕傲地回到江陵時，城中將士們震天地歡呼！場面非常地壯觀。當曹操知道這件事後，不禁擊案叫好，弟弟在前線中了彩頭，當大哥的自然臉上有光。

和曹仁相比，另一位同族系名將夏侯惇的軍旅生涯相對比較平淡。夏侯惇除了早期上戰場拔刀砍過人，中後期夏侯惇的軍事職務在一定程度上朝著文職方向轉變。夏侯惇在鎮守陳留郡期間，參與地方治務，興修水利、帶領部隊從事農業生產，深受當地百姓好評。

曹操讓夏侯惇當地方官，並不見得就是懷疑夏侯惇的軍事能力，有些名將是基本不用上陣拔刀砍人的，比如周瑜、魯肅。從曹操對夏侯惇的安排來看，曹操還是非常器重夏侯惇，在夏侯惇治理地方期間，曹操授予他臨時決策的權力，自己看著辦。

這樣的待遇可不是人人都有的，雖然曹操不是皇帝，但夏侯惇的這種職權和「假節」差不多。不是特別重大的事情，夏侯惇不必上報曹操，可以自行處理。曹操要是不信任夏侯惇，敢給夏侯惇放權嗎？

曹操不讓夏侯惇上戰場，還有一個可能性，就是要保護夏侯惇。夏侯惇曾經在和呂布的作戰中，被流箭射瞎了左眼，曹操再也不敢讓夏侯惇輕易冒險。萬一右眼再被射了，這對曹操和夏侯惇來說，都是承受不起的打擊。反正曹操手下有的是能上場殺人的名將，不在乎夏侯惇一個。

曹操是非常器重夏侯惇的，曾經邀請夏侯惇和他同乘一輛車，以示尊榮。能享受到這種待遇的，夏侯惇是獨一份。曹操這麼做，實際上就是樹立夏侯惇在曹魏軍界頭牌武將的地位，類似於蜀漢的關羽、東吳的周瑜。

歷史上許多朝代都有自己的頭牌武將，比如西漢的韓信、西晉的羊祜、前燕的慕容恪、南朝宋的檀道濟、唐朝的李靖、明朝的徐達。這些頭牌武將除了會打仗，也起到門臉的作用，有利於政權經營自己的品牌效應。

夏侯惇的名聲似乎還不如張遼、徐晃等人顯赫，但在《三國志》所有曹魏武將中，夏侯惇的傳記排在第一，這就是夏侯惇被樹立為曹魏頭牌武將最好的證明。

在《三國志．魏將傳》中，緊隨夏侯惇之後的，是他的族弟夏侯淵。夏侯淵之所以能排第二，估計和他姓夏侯有關，陳壽寫完了夏侯惇，順手就寫了夏侯淵，總不能再重新列一篇傳記。當然，夏侯淵排位靠前，絕不是沾堂兄夏侯惇的光，沒有真本事，沾誰的光也沒用。

有趣的是，夏侯淵可以說是三國名將中親戚關係最廣泛的一個，簡單列個表：

一、夏侯淵是夏侯惇的同族兄弟
二、夏侯淵的老婆是曹操的表妹，曹操是夏侯淵的大舅哥
三、夏侯淵的堂妹是蜀漢頂級名將張飛的老婆，他又是張飛的大舅哥
四、張飛和夏侯夫人生的兩個女兒嫁給了劉備的兒子劉禪，阿斗是夏侯淵的外甥女婿。

因為這幾層親戚關係，所以夏侯淵一家在魏國和蜀漢都特別吃得開，後來夏侯淵的兒子夏侯霸投蜀，享受的可是國舅級的待遇，劉禪從沒拿夏侯霸當降將。劉禪還請夏侯霸見他的兒子，說這些可愛的小兔崽子都是你們夏侯家的外甥。

夏侯淵在許多方面和他的堂妹夫張飛差不多，脾氣暴烈，但實際上感情非常細膩。早年夏侯淵還沒有得志的時候，窮得叮噹亂響，更要命的是夏侯淵還養著一個兒子，以及他亡弟留下來的侄女。

夏侯淵所要面對的艱難選擇是以他的經濟條件，只能養活一個孩子，必須拋棄另一個。按人的自私角度理解，拋棄侄女，留下自己的兒子是很正常的選擇。但夏侯淵卻作出了一個非常艱難卻偉大的決定，丟掉兒子，全力養活侄女。

夏侯淵這麼做，是要承受巨大感情煎熬的，兒子畢竟是自己親生的骨肉，誰也捨不得拋棄。可侄女畢竟是弟弟留下的唯一骨血，如果拋棄侄女，夏侯淵又將如何面對死去的弟弟？

被拋棄的兒子在亂世中存活的機率極小，可能已經餓死了，夏侯淵每次想到這個可憐的兒子，心都會一陣陣地絞痛。人非草木、孰能無情？夏侯淵這分磊落情懷，不由得讓人肅然起敬！

夏侯淵的人品非常好，功夫也好，難怪曹操那麼喜歡他。別看夏侯淵兒女情長，但上陣拔刀砍起來人，絲毫不含糊。夏侯淵的戰功，都是他把腦袋拴在褲腰上，在人肉陣中滾出來的。

要說夏侯淵的缺點，他最大的毛病就是做事急躁，曹操不只一次地告誡過他：做人不能有頭無腦，凡事要先思後行。不過看樣子夏侯淵把曹操的告誡當成耳旁風了，左耳進，右耳出，依舊我行我素。

曹操看人是非常準的，夏侯淵不聽曹操的告誡，果然吃了大虧。在建安二十四年（二一九），著名的定軍山一戰中，被老黃忠偷襲得手，一代名將就這麼稀裏糊塗地完蛋了。

夏侯淵雖然戰死了，但他的敵人劉備並沒有為難他的遺骸。因為張飛的老婆夏侯夫人通過老公，向劉備求情，請劉備賞她三分薄面，厚葬堂兄。張飛的面子，劉備當然要給，更何況夏侯夫人是自己未來的親家母，夏侯淵很體面地被他的敵人厚葬。

上面講的諸曹夏侯是曹操的親屬原從集團，接著咱們講第二種類型，就是半路出家型的名將。說到這種類型，我們可以張口說出曹操手下三位在三國時代最頂尖的名將：張遼、張郃、徐晃。

如果說夏侯惇是曹魏的頭牌名將，那麼張遼就是曹魏軍界中知名度最高的名將，甚至在某種意義上來說，張遼才是曹魏軍界的頭牌名將，名氣實在太大了。

張遼雖然和許多人一樣，都是半路投曹的，但張遼的經歷非常複雜，他是幾經輾轉，才最終跳上曹操這條船的。張遼初出江湖後，第一個侍奉的老大，是并州刺史丁原，也就是呂布的首任乾爹。

隨後張遼又受時任大將軍的何進派遣，去河北募兵，不過很快何進就完蛋了。緊接著董卓橫行霸道，張遼很識相地拜董卓作為老大，董卓失敗後，張遼這才跟著呂布闖蕩江湖。

不過在呂布手下，張遼還不是頭牌名將，呂布的頭號打手是名將高順，張遼是二號人物。說到高順，很為他可惜，以高順的地位和實力，只要他肯低頭歸順曹操，一線名將是少不了他的。

高順對呂布死忠不二，甘願陪著呂布下地獄，和高順相比，張遼油滑了很多。張遼要是不識相，當初早就被董卓擺上人肉宴了，哪還有今天的風光？

其實張遼並不是演義中被迫投降曹操的，而是在呂布大勢已去後，主動降曹的。老話說得好：良禽擇木而棲，良臣擇主而侍。呂布無法給張遼施展才華的舞臺，而曹操可以給他，張遼為什麼不可以改換門庭。

張遼剛開始跟曹操的時候，並沒有受到明顯的重用，張遼真正打出名堂，還是那場掃清袁紹殘餘勢力的柳城之戰。張遼在此戰中大出鋒頭，擊斬烏桓蹋頓單于，為張遼日後成為頂級名將鋪開了道路。

要說張遼軍旅生涯中的頂峰，肯定是名震千古的合肥之戰，如果沒有這場著名的戰役，張遼可能已經「泯然眾人矣」。合肥之戰發生於建安二十年（二一五）八月，孫權為了佔領合肥，可謂出了血本，親率十萬精銳鋪天蓋地般的殺向了合肥。合肥距離江東的核心統治區實在太近了，一天拿不下合肥，孫權一天睡不踏實。

守合肥的三位魏軍主將是張遼、樂進、李典，而合肥城中的魏軍只有七千人，和十萬吳軍根本不成比例。此時曹操還在漢中折騰，無法及時抽身東下，曹操當然明白一旦合肥失守，打瘋了的江東兵就有可能一鼓作氣殺進中原腹地……

按曹操的戰略遙控部署，由行事比較穩重的樂進守城，張遼和李典出戰。不過孫權這場動靜實在鬧得太大了，魏軍將領們都有些發怵，怯弱不敢戰。張遼知道如果他打贏了這場恐怖的戰爭，他就將一躍成為三國時代的最頂級名將，他絕對不會錯過這個機會。

張遼情緒激動得告訴諸將：「你們怕死，我不怕！咱都是血性爺們，不能讓吳人看咱爺們的笑話！怕死的留下來，不怕死的跟我頂上去。」張遼的血性感動了諸將，大家都是從人頭陣中滾出來的，男人的尊嚴讓每個人都無法後退，不就是碧眼小兒麼？爺們今天做掉他！

激發了弟兄們的血性，下面的事情就好辦了。張遼在軍中挑選了八百名不要命的壯士，在夜裏宰翻了幾十頭牛，弟兄們割肉下酒，用刀把子砸碎酒碗。個個血往上湧，青筋暴起，眼裏全是血絲。

男人活著圖個什麼？就一句話：不論是站起來還是倒下去，都是個爺們！男人在逆境中，就應該用鐵血和霸道來完成盪氣迴腸的征服。比如一代聖主柴榮。如果在高平之戰中，柴榮稍有些猶豫和畏縮，等待他的就只有殘酷的毀滅。

次日天還沒亮，城門吱呀呀地緩慢打開，天很冷，但血很熱。張遼帶著八百弟兄騎著馬如閃電一般，悲壯地衝進了吳軍的滔滔大陣中。張遼身披重甲，手持一柄大戟，在吳軍重圍中來回撒歡。張遼連挑帶刺，幾十個吳兵應聲倒地，其他吳兵嚇得紛紛後退。

張遼很快就發現不遠處的孫權，擒賊先擒王，只要能活捉孫權，張遼甚至可以提前終結歷史……

張遼蠻橫地朝著孫權衝了過來，套用演義小說得著名句式，張遼大喝一聲：「碧眼小兒休走！張遼爺爺在此！」孫權作夢也想不到張遼居然會衝到他面前，孫權嚇得連連退後。不過孫權欺負魏軍人少，大票吳軍又圍了上來。

之後的故事和曹仁勇救牛金那一節差不多，幾十個魏軍弟兄狂呼張將軍救命，已經殺紅眼的張遼，撥馬回來，將被圍的弟兄們撈了出來。這場經典的合肥之戰一直殺到當天中午，張遼把吳軍殺得流水落花，潰不成軍。

不過張遼的鋒頭還沒有出完，十幾天後，吳軍和魏軍在逍遙津又幹了一仗。這場更加有名的逍遙津之戰，徹底成全了張遼的一世英名，要不是孫權馬快，這次孫權插翅難逃。

這兩場著名的戰役，不但讓張遼一躍成為頂級名將，而在孫權心裏留下了濃重的陰影。幾年後，張遼抱病跟著魏文帝曹丕再次南伐，孫權聽說張遼又來了，膽戰心驚地告訴手下諸將：「你們都給我仔細點，來的可是張遼！老虎不發威，你們可別當成病貓！」

因為這兩場戰役，張遼賺盡了風流，甚至這些老本足夠他吃一輩子的。張遼死後，曹丕下詔褒獎張遼，這次褒獎的起因就是曹丕懷念張遼在合肥之戰立下的不世奇功。「遼、典以步卒八百，破賊十萬，自古用兵，未之有也」。評價不可謂不高，張遼應該知足了。

當時的魏國軍界有兩位姓張的頂級名將，除了張遼，另一個自然就是張郃。張郃投曹之前的經歷沒張遼那麼複雜，他先跟著冀州刺史韓馥混，韓馥的地盤被袁紹吞掉後，張郃又跟著袁紹。袁紹大勢已去後，張郃很自然的就倒在了曹操的懷中。

在投曹之前，張郃還是曹操的敵人，曹操對張郃的能力非常的了解。所以張郃跳船後，曹操激動壞了，公開將張郃比成一代戰神韓信。韓信可不是隨便誰都能比的，世界上能有幾個韓信？

要說曹操非常會做人，他會用各種獨特的方式來讚美手下將軍，每個人都有餅吃，你吃甜的，他吃鹹的。所以大家在曹操手下都是最出色的，所以他們都會服從曹操，互相之間也不攀比妒忌，這樣做有利於團結。

張郃和張遼這兩名張姓名將之間的可比性還是很多的，比如張遼是主動降曹的，而張郃是被迫投曹的。還有就是張遼主要東線活動，專門對付不太老實的孫權。張郃除了偶爾在東線露下臉外，基本上都在西線陪劉備、諸葛亮折騰。

張遼是孫權的命中苦主，張郃是劉備當仁不讓的命中苦主，劉備在和張郃這些年的糾纏中，沒有佔到什麼便宜。張郃在西線的軍事生涯中，除了夏侯淵戰死後，張郃臨時代理了主帥職務，其他時期都是二把手。

雖然夏侯淵才是當時的西線大帥，但劉備顯然沒有將魯莽的夏侯淵放在眼裏，劉備心裏最忧的是張郃。當老黃忠拎著夏侯淵的人頭找劉備報功時，劉備搖頭：「夏侯淵的人頭有什麼用？我最想要的是張郃的人頭！」如果張郃的人頭能隨便拿下，那張郃也就不是名將了。

如果從建安十五年（二一一）張郃跟著曹操西討馬超算起，到西元二三一年張郃在木門道被蜀軍伏兵射死，張郃在西線待了二十多年，為確保西線的軍事安全立下了頭功。劉備死後，諸葛亮繼續嘗到了張郃帶給他的酸苦滋味。

張郃這一生中，並沒有像張遼在合肥之戰那樣的標誌性功勞，他身上的腥味也不如張遼。最為張郃感到不平的是街亭之戰，這場戰役的勝利，從歷史角度來看，打退了最強盛時期的蜀軍，為中原政權保住了河西地區。

不過合肥之戰中，歷史牢牢記住了張遼，而在街亭之戰，歷史只記住了紙上談兵的馬謖。至於打敗馬謖的張郃，倒成了歷史的配角。提到街亭之戰，第一時間想到的主角，永遠是馬謖。甚至可以這麼說，街亭之戰是馬謖的「成名作」，而這場經典戰役從來不屬於張郃。

張遼是公認的實力派加偶像派，在聚焦燈下曝光的頻率很高，而歷史則有意無意地忽略了張郃，但沒有人會否認張郃是一線的實力派。和東漢開國頭號名將馮異相比，張郃能為人所眾知，已經非常幸運了。馮異是劉秀手下頭號名將，可戰神級別的馮異知名度還不如廖化……

緊接著出場的是徐晃。在張遼、張郃、徐晃這三大半路投曹的名將中，徐晃和曹操的緣分最深。張遼和張郃投曹其實都是不情不願的，不是形勢比人強，他們未必是跟著曹操。

徐晃不一樣，早在跟著車騎將軍楊奉混的時候，徐晃就和曹操眉來眼去了。徐晃曾經勸楊奉歸順曹操，楊奉鼠首兩端，想揩曹操的油水，被曹操打跑了，徐晃這時才名正言順地投靠了曹操。這一年是建安元年（一九六）十月。

可能是曹操還不太清楚徐晃的能力，在他投曹初期，曹操並沒有直接讓徐晃在外征討，而是留在身邊刷資料。其實刷資料沒什麼不好意思的，誰也不是天生的名將，很多名將都是靠刷資料積攢名望，然後打一場標誌性戰役，一戰成名的。

徐晃在曹操手下刷資料的時間很長，足足十三年。在建安十三年（二〇八），曹操南下荊州，徐晃才開始獨立領兵作戰。不過之後幾年內，徐晃主要還是和其他將領配合作戰，先和滿寵配合追打關羽，然後又和曹仁配合對抗周瑜。

從這時開始，徐晃單獨領兵作戰的機會越來越多，徐晃本就是名將胚子，是個給點陽光就燦爛的主兒。曹操征馬超那次，徐晃帶著四千弟兄和西涼軍五千餘人激戰，大敗梁興，搶佔了黃河渡口，為曹操的主力部隊渡河立下了頭功。

張遼、張郃、徐晃這三大半路投曹的名將，有一個非常有意思的現象，就是張遼主要負責東線，張郃主要負責西線，而徐晃是被曹操當成萬金油使用的。徐晃的作戰區域不固定，基本上就是救火隊長，哪裏軍情緊急，曹操就把徐晃推到哪裏。

徐晃這個救火隊長，最有名的一次救火任務，自然就是建安二十四年（二一九），奉命南下，馳援曹仁守襄陽。關羽圍著曹仁暴打，順手還灌了于禁一肚子的水，荊州軍士氣大盛。徐晃肩上的擔子很重。

徐晃帶的全是新兵，戰鬥力不強，徐晃當然不會傻到和荷爾蒙過盛的關羽單挑。徐晃在這場救襄陽的戰役中，將兵法上的詭異展現得淋漓盡致，讓人拍案叫絕。徐晃充分展示了他作為一代名將的實力，名將絕不是只是會上陣拔刀砍人，也沒見周瑜砍過多少人，但周瑜卻是三國超重量級的名將。

徐晃用兵可以概括為四個字：「出其不意。」荊州軍在對面建了五個軍事據點，關羽想困死曹仁。徐晃很聰明地運用「聲東擊西」之計，他假裝要攻擊五個據點中最重要的圍頭屯，實際上是在麻痺荊州軍的防範意識。

徐晃趁關羽不備，直接去抄另外四個據點，如果這四個據點被徐晃端了，那樊城就圍不住了。關羽用兵有頭無腦，立刻帶著五千精兵來找徐晃算賬。結果被徐晃迎頭一頓暴打，荊州軍慘敗。隨後關羽還沒來得及報仇，就被東吳的呂蒙給掀翻了。

這次解樊、襄之圍，雖然東吳偷襲荊州是主要原因，但沒有徐晃和關羽的周旋，樊城早就被攻破了。曹操不可能給呂蒙等人頒發嘉獎令，在曹操看來，這次救援任務的頭功，自然是徐晃。

曹操為了表彰徐晃，特意出營七里，以非常高的規格迎接徐晃，並公開給徐晃記了頭功。曹操甚至還將治軍嚴整的徐晃比成西漢名將周亞夫，這讓徐晃倍有面子。曹操最善於拍部下的馬屁，拍一個暈一個，足見曹操的道行之深。

周亞夫是一代名將，治軍極嚴，連漢文帝來細柳營視察，都要下馬步行。不過要說魏國以治軍嚴整著名的，還不止是徐晃，還有一位名將。可惜的是，這位名將最終晚節不保降敵，徹底毀掉了一世英名，他就是于禁。

如果于禁不是在襄陽被關羽水淹七軍後，因一時貪生投降，以于禁在曹魏軍界的地位，他絕對是三國最頂級的名將。從派系上來說，于禁是曹操嫡系中的嫡系，極受信任的。

尤其是在曹操兵敗南陽時，遏制青州兵譁變的過程中，于禁立下了頭功。在前有亂卒、後有敵軍的情況下，于禁帶著本部人馬「徐整行隊，鳴鼓而還」，震懾了張繡，給曹操從容後撤贏得了寶貴的時間。曹操照例把于禁狠誇了一通，說什麼「雖古名將，何以加之」！

在當時曹軍五大一線名將于禁、張遼、張郃、徐晃、樂進中，曹操似乎更偏愛于禁。原因倒不是于禁比張遼他們更能打，而是于禁用法極嚴，人皆憚之，這點和崇尚法術的曹操非常相似。

可惜于禁曾經得到的這一切榮譽，都在那場噩夢般的大水面前，被徹底地沖垮，于禁屈膝投降了敵人。這對曹操來說，無異是可恥的背叛，而對于禁本人來說，卻是他生命的真正終結。

之後的于禁雖然還活著，可他已經是個活死人，被近乎所有人像對待死狗一樣無情的羞辱，包括他的主人曹丕。當孫權滅掉關羽後，就把于禁送還給曹丕，曹丕恨透了于禁，特意讓人畫了一幅畫。

在畫中，于禁的副將龐德被俘後，大義凜然，只求速死，而于禁則跪在地上向關羽乞降！不知道于禁看到這幅畫時，心理狀態是什麼樣的，但他的心裏肯定在滴血，那是種徹入骨髓的痛！男人不怕死，怕的是人格上的羞辱，特別是來自自家人的羞辱。

可這一切能怪誰呢？也許這並不能完全怪于禁，否則所有跳過槽的人全部要被否定。要怪只能怪劉備沒有統一天下。如果劉備消滅曹操，那于禁的投降行為就不是背叛，而是棄暗投明。袁紹要滅了曹操，那張郃也一樣是可恥的叛將，這就是命運！

上面講了這麼多武將，其實他們還不是真正的專職武將，無論是張遼還是于禁，抑或是夏侯淵，他們都可以上馬殺敵，下馬治軍，屬於軍界高層。要說曹魏真正的專職武將，就是類似李逵那樣專門掄斧子砍人的，有三個典型人物：典韋、許褚、龐德。

典韋和許褚是曹操帳下最知名的兩大貼身護衛，他們的作用有些類似於李逵，相對於張遼這些「外臣」來說，典許二人是曹操的「私臣」。他們幾乎沒有單獨外放領兵的機會，曹操手下的名將夠多了，所以典許二人的任務就是貼身保護曹操。

典韋死得最可惜，因為曹操一句：「此城有妓女否？」（演義搞笑版），而突遭橫禍。而許褚則是典韋的替身，除了曹操寵幸女人的時候，許褚幾乎片刻不離曹操。許褚統領著一支全部由一流劍客組成的侍從團，任何人沒有得到曹操的允許，都休想從許褚眼前混進去。

要論出身，龐德和典許二人不一樣，龐德不是曹操的嫡系，但要論忠誠，龐德則不遑多讓。龐德本是馬超的部將，在馬超失敗後，他幾經輾轉，於建安二十年（二一五）降曹。而在建安二十四年（二一九）于禁兵敗後，龐德被俘，不屈被殺。

龐德只跟了曹操四年的時間，卻是所有曹魏一線武將中唯一一個被俘後殉主的。當曹操聽到龐德的英雄事蹟後，不禁淚流滿面……

忠誠與出身無關，與意志有關。于禁是曹操的嫡系，而龐德只是在死後才成為曹操的嫡系。一個跪著生，一個站著死，于禁的渺小無形中襯托出了龐德的偉大。為龐德感慨，為于禁唏噓。

魏國還有許多名將，但因篇幅有限，就先講到這裏。至於魏國末期的兩個名將——鄧艾、鍾會，以後會專門講到他們。

六、馬超等人的命運探秘（上）

中國是個有著濃厚英雄情結的國度，在五千年漫長的歷史長河中，我們也許不記得有多少個帝王，但我們一定會記得有多少個英雄。

英雄之所以有別於市井草根，倒不是因為他們做出了常人難以做到的功業，因為大多數英雄都是失敗者。英雄，說得通俗點，就是要具備兩個要素：

一、有血性，在血與火交織的歷史舞臺上盡情揮灑自己的男兒豪情，無論成敗，激情澎湃，這樣才能讓歷史記住。

二、悲劇性的人生結局，人類天生有惻隱之心，同情失敗者，尤其是那些富有人格魅力的失敗者。歷史上其實還有許多成功的英雄，他們的人生結局非常完美，但對於這樣的英雄，人們更多的是欣賞和讚美。能夠在人們心中盪起巨大情感波瀾的，往往是那些失敗的英雄。

說到具體例子，最有名的一個：項羽！宋朝女詞人李清照那首《夏日》：「生當作人傑，死亦為鬼雄。至今思項羽，不肯過江東。」為項羽贏盡了千古風流。至於那個對歷史發展作出巨大貢獻的偉大人物劉邦，則被人們毫不留情的罵成流氓無賴，與項羽相較何其遠矣！

本篇我們講三國的悲劇英雄。

說到三國，可以稱為悲劇人物的有許多，其實每個人的存在都是一場悲劇，但悲劇英雄似乎不是很多。在這裏，選擇了四個具有代表性的悲劇人物，分別是馬超、姜維、鄧艾、鍾會。其實呂布也應該被劃進這個圈子，但呂布的人生，悲劇則有之，英雄則有些勉強。

馬超、姜維、鄧艾和呂布不太一樣，雖然他們都是失敗者，人生結局非常悲劇，但至少三人的歷史形象相對來說都是比較正面的，不像呂布朝三暮四，在人格魅力上遠不如馬超等人。我們先來講一講馬超。

肉麻一些講，馬超的人生是三國的一部讓人唏噓不已的傳奇。論功業，馬超不如同樣悲劇的鄧艾，鄧艾幾乎憑一人之力滅蜀，而馬超把煮熟的鴨子都能踢飛了，最終輾轉流離，客死他鄉。但馬超的悲劇性，卻遠遠超過鄧艾和姜維。

馬超在三國歷史上的名氣甚響，尤其是在羅貫中的《三國演義》中，「錦馬超」的雅號響遍了江湖。尤其是渭水之戰，殺得曹操割鬚棄袍，極度狼狽。還有就是和張飛挑燈夜戰三百回合，更讓馬超出盡了鋒頭。

和曹操的糾結，是馬超的悲劇人生中難以迴避的話題。如果曹操沒有闖入馬超的世界，馬超很可能憑藉優越的出身，繼承父親馬騰的家業，做一個驕傲的西北王。

但這正是馬超的悲劇所在，可以這麼說，除了孫權和劉備之外，任何和曹操同時代的人，他們的人生都是悲劇的。因為曹操要統一天下，就斷然不可能容忍他們的存在。呂布、袁紹都被曹操給吃掉了，只是劉備和孫權很幸運，勉強從曹操的魔爪中逃出生天。

這個世界的生存法則很殘酷，弱肉強食，有本事的吃人，沒本事的被人吃。當然不是說馬超沒本事，雖然馬超是子繼父業，但在強人輩出的大西北，沒幾招看家本領，是絕難服人的。只是馬超的對手是曹操，如果把曹操換成董卓或袁紹，馬超未必就落下風。

其實馬超的家底非常雄厚，僅在建安十六年（二一一）馬超起兵向曹操挑戰時，就出手了十萬虎狼雄兵。而且在東漢末年，西涼兵的強悍是天下聞名的。

有種說法認為馬超的西涼兵奉行的是古羅馬戰法，這可能和傳說中西漢宣帝時流浪到西域的古羅馬軍隊有關。西涼兵的武器和中原兵不太一樣，他們善使長矛，遠端作戰能力非常強悍。

曹操幕府中的有些人比較怵西涼兵的這種作戰方式，勸曹操不要輕易往馬超的槍口上撞。曹操精熟戰法，對西涼兵的優勢他不是不清楚，但他是曹操，世界上獨一無二的曹操。要說曹操不重視馬超那不真實，但曹操平生就喜歡啃硬骨頭，沒來由怕什麼馬超。

不過曹操在戰爭的初期因為輕視馬超而吃了大虧，在渭水被馬超的長矛陣殺得鬼哭狼嚎，敗相非常難看，這場戰役就是「割鬚棄袍」的出處。好在曹操及時調整了戰略，他利用自己和西涼老軍頭韓遂有交情這層關係，成功了施行了離間計，破壞了馬超和韓遂的合作關係。

曹操在陣前和韓遂敘舊，非常親熱，當然這是演給馬超看的。隨後曹操又寫了封被塗得亂七八糟的信給韓遂，更讓馬超懷疑韓遂的忠誠。其實曹操這兩招都是小兒科，換了劉備，絕對不會上鉤。

馬超最欠缺的不是熱血，而是經驗，很輕易地被曹操釣上了鉤。隨後一場決戰，馬超慘敗，逃回了西涼。如果說這場渭水之戰尚沒有使西涼軍團傷筋動骨的話，之後的那場冀城之戰，簡直就是馬超人生中最大的噩夢，徹底葬送了馬超的一切，包括他的未來。

如果從戰術角度來解讀這場戰役，實在乏味無趣，並沒有什麼閃光之處。馬超在冀城之戰的慘敗，最大的問題不是軍事能力，而是在政治上，具體的說，是敗在喪失人心。

刻薄一些說，馬超根本不懂人情世故，他單純地相信暴力機器能夠摧毀一切。在征服雍州的過程中，馬超一味使用詭詐和暴力，無論是反對他的，還是投降他的，只要他看不上眼，格殺勿論。

馬超的暴力男形象使得涼州軍政各界對他極為反感，用現在流行的話講，就是在敗RP（人品）。正如馬超的死敵楊阜所說「馬超強而無義」，在軍事實力不佔絕對優勢的情況下，人心是一個可以決定勝負走向的重要因素，但馬超卻不懂這些。

從涼州各界精英反對馬超的史料綜合來看，他們甚至把對馬超的反抗當成了反擊異族侵略，個個慷慨激昂，悲壯感人。馬超雖然有羌族血統（祖母是羌人），但後世的漢人並非對所有的胡人完全排斥，合作還是多於反抗的。

問題就出在馬超不懂得收攏人心，楊阜等人並不是曹操的心腹，跟曹操混和跟馬超混並沒有本質的區別，何況馬超也是正牌的漢朝將軍，沒有脫離漢朝的官僚體系。如果馬超做事低調一些，待人溫和一些，他未必就不能笑到最後。

馬超單純迷信暴力，徹底激怒了涼州軍政精英。馬超失敗後，馬超宗族二百餘口盡數被殺，就是涼州系對馬超當初殺涼州刺史韋康、撫夷將軍姜敘母親（楊阜姑母）等人的報復性屠殺。

這場冀城之戰，徹底敗光了馬超所有的家底，被打成光棍的馬超已經無法在隴西立足，只好帶著族弟馬岱狼狽逃向漢中，投靠了漢中軍閥張魯。馬超雖然是失敗者，但畢竟是大腕，張魯這座小廟容不下馬超。一年後，劉備攻下西川，馬超輾轉南下，找劉備要飯吃了。

因為馬超是東漢開國名將馬援的後人，而且馬超是西涼土著，對日後劉備攻取隴西很有作用，劉備對馬超也高看一眼。馬超在劉備手下的級別非常高，先後任過平西將軍、左將軍、驃騎將軍、領涼州牧。在劉備自封漢中王時給漢獻帝上的表中，排名第一位的不是蜀漢政界頭牌諸葛亮，也不是蜀漢士林頭牌許靖，而是馬超。

不過劉備尊重馬超，不代表他信任馬超，畢竟馬超是曾經的西涼王，天知道他心裏是不是還想當老大？馬超在經歷了太多的磨難後，也懂得了揣摩人情世故。

馬超也看出來劉備暗中在防他，所以當彭羕勸馬超謀反時，馬超像是被針扎似的跳了起來，立刻向劉備舉報了彭羕。「超羈旅歸國，常懷危懼」，這句史料極生動地將馬超心中的那份不安和恐懼描繪了出來。

現在的馬超，與其說是劉備的高級將領，不如說是劉備的高級囚徒。馬超對劉備的心態非常複雜，一方面他感激劉備在他最落魄的時候收留了他，但又不滿劉備對他的猜忌。

可現在人在屋簷下，不能不低頭，現在的馬超不得不與過去那個風流倜儻的馬超徹底決裂，因為他沒有選擇。為了生存，馬超必須向命運低頭，劉備的意志就是他存在的方向。這很悲哀，但也很無奈。

馬超在蜀漢一直沒有被重用，但馬超還必須感謝劉備。蜀漢章武二年（二二二），四十七歲的馬超在彌留之際，給劉備上疏，自陳家國不幸，滿門二百餘口被殺，現在只留下了一個族弟馬岱，請陛下看臣薄面，給馬岱一碗飯吃，臣下輩子做牛做馬，報答陛下厚恩於萬一。

何其悽惶！何其悲哀！我們可以想像得到，馬超在寫這封疏的時候，心裏肯定在流血，也許是含著淚寫下的。馬超死了，他什麼也沒有得到，得到的只是一個不錯的諡號：「威侯」。也許是劉備念著馬超當初在渭水大敗曹操時的那筆風流賬吧。

其實馬超說馬岱是家族唯一血脈，倒非實情，馬超在蜀漢還至少生了一兒一女。兒子馬承，繼承父爵，女兒嫁給了劉備的兒子安平王劉理。再加上馬岱在蜀漢軍界混得風生水起，馬氏家族一直受到劉漢宗室的厚待，這也許就是命運對馬超悲劇性人生的一種補償吧。

談完了馬超，我們再接著談姜維。

姜維和馬超有許多共同點，比如：

一、他們都生在西北，長在西北。

二、他們都和羌人有關係，馬超的母親羌人，姜維的父親姜冏死於羌亂。

三、他們都不是蜀漢的原從人馬，後來都被迫南下投蜀。

四、他們都是男人。

姜維是三國後期的重要人物，當老一輩的曹操、劉備、諸葛亮、孫權、司馬懿等人相繼退出歷史舞臺後，三國歷史的星光比較黯淡，是姜維和鄧艾、鍾會等人撐起了後偶像時代的一片天空。對蜀漢來說，自從諸葛亮病死五丈原後，姜維適時地增補了諸葛亮留下的偶像真空。雖然蔣琬、費禕相繼執政，但無可否認的是，姜維才是蜀漢後期真正的旗幟性人物。

蜀漢政權自建立以來，困擾統治集團最大的問題不是國土狹小，而是人才的匱乏。劉備、關羽、張飛、法正、馬超等一線人物的去世，使得蜀漢群英的星光越發黯淡，尤其是夷陵之戰的慘敗，許多軍界精英命喪前線，更讓諸葛亮在用人方面有捉襟見肘之困。

姜維的存在，實際上是諸葛亮依然活著的另一種表現方式，有了姜維，蜀漢幸運地保留了最後一絲血性。蜀漢以天下十分之一的弱勢實力瘋狂挑戰當時的超級大國曹魏，雖然最終耗盡了所有元氣，悲壯地倒下，但姜維無疑是成功的，因為他的血性已經感動了歷史。

姜維本來和蜀漢是沒有什麼瓜葛的，甚至在蜀漢建興六年（二二八）之前，二十七歲的姜維還是蜀漢的敵人，當然主要是諸葛亮的敵人。這一年諸葛亮大舉北伐，也許姜維並沒有意識到，他的人生因此發生了重大轉折，諸葛亮闖進了他的世界，從此再也沒有離開。

作為大國曹魏西北邊陲重鎮天水郡的軍事主官，再加上父親姜冏戰死的感情因素，他在曹魏的仕途不可限量。但命運就喜歡和人開玩笑，在姜維沒有任何心理準備的情況下，被命運強行改變了他的國籍。從此，姜維從大魏的地方中層將領，變成了蜀漢的高級將官。

天水太守懷疑姜維私通諸葛亮，有可能要對姜維下手，姜維為了活命，萬般無奈之下投降了諸葛亮。面對上天賜給他的這份珍貴禮物，諸葛亮笑得合不攏嘴，他早就聽說了姜維的才幹。激動不已的諸葛亮給朋友張裔寫信，將姜維誇成了一朵花：「伯約，涼州上士也！」

諸葛亮是個軍事理論上的大家，他自成系統的軍事理論一直缺少一個可以信賴的傳人。姜維的出現，讓諸葛亮不再有絲毫的猶豫，選擇了姜維做他的軍事接班人。這時諸葛亮已經做好了未來的人事安排：蔣琬、費禕主內政，姜維主軍事，蜀漢政權的雙頭鷹格局就是形成於此時。

不過在姜維投降諸葛亮到諸葛亮病逝的這七年間（二二八—二三四），因為諸葛亮的星光實在太耀眼，姜維反而有些沒沒無聞，站在諸葛亮身後經受著戰爭的洗禮。姜維真正作為主角站在歷史舞臺上，是在諸葛亮死後，這一年姜維只有三十三歲。

諸葛亮死後的蜀漢權力格局和東吳早期比較相似，孫權主內政，周瑜、魯肅、呂蒙、陸遜四大軍頭主軍事。蜀漢也差不多，蔣琬和費禕名義是蜀漢頭號權臣，實際上蜀漢的主要軍事行動，多數是由姜維來具體負責的。

蔣琬和費禕都是純文人，對軍事並不在行，諸葛亮用他們為相，主要目的是希望他們能保持蜀漢的政治穩定。只有內部穩定，姜維才有更大的施才空間。至於政治上，姜維的資歷還比較淺，需要更多的歷練。

從西元二三四年開始，姜維一直在軍界任職，直到二四七年，費禕和姜維平分了政治權力，「（姜維）與費禕共錄尚書事」。當然姜維只是掛了個宰相的名，費禕的地盤，姜維也不便染指。姜維也知道，他如果想真正的在江湖上揚名立萬，只能通過戰爭來獲取，他天生就是吃戰爭飯的。

蜀漢軍政分家，有利有弊，有利之處是軍政兩大巨頭的互相制衡，可以最大限度地保障政治格局不會發生重大變化，比如權臣篡位。但缺點也有，就是當政界巨頭和軍界巨頭在發展思路上出現分歧，問題就來了。

姜維是狂熱的主戰派，他繼承了諸葛亮北伐的軍事思想，在明知國力遠不如魏國的情況下，依然選擇主動進攻。但宰相費禕卻主張保境安民，反對姜維瘋狂而冒險的進攻計畫。

因為費禕握有軍隊的分配權，在他執政期間（二四六—二五三年），有意壓制姜維，雖然他沒有阻止姜維對魏國動武，但每次配給姜維的軍隊不超過一萬人。你小子有本事，就去空手套白狼吧。

姜維在費禕手下一直鬱鬱不得志，心情苦悶可想而知。不知道姜維在內心深處是否對自己投蜀後悔過，自從跟了諸葛亮到現在（二五三），十五年過去了，姜維在蜀漢並沒有多少施展抱負的空間，歲月蹉跎，不覺老矣！

如果姜維當年留在魏國，弄不好也能混個涼州刺史、正號將軍，可現在他卻只能在夜深人靜的時候撫劍長歎。宋人王質有句名詞：「醉倒投床君且睡，卻怕，挑燈看劍忽傷神。」也許能反映出姜維那份抑鬱和不安，寄人籬下的滋味，真的不好受。

雖然姜維是繼諸葛亮之後蜀漢公認的旗幟性人物，但他始終未能獲得最高權力，即使在費禕死後，姜維出任大將軍，他依然沒有能力控制朝廷。我們都知道蔣琬、費禕是蜀漢兩大執政官，其實他們之後還有一個隱形的執政官，就是尚書令陳祗。

陳祗是東漢末年超重量級名士許靖的外孫，在蜀漢官場人脈非常廣，劉禪和費禕都非常喜歡他。雖然論級別，姜維要高過陳祗，但姜維常年領兵在外，在朝中說話的分量很小，遠不如陳祗這個真宰相。

在蜀漢景耀元年（二五八）陳祗死之前，姜維在朝中根本鬥不過陳祗，陳祗「上承主（劉禪）指，下接閹豎（黃皓）」，蜀漢的權力核心是三駕馬車型的，早把姜維擠到了邊塞喝風受苦。

客觀來說，蜀漢在諸葛亮死後存在的三十年間，姜維是蜀漢真正的脊樑，是姜維幾乎憑一人之力，捍衛了蜀漢的尊嚴。在這些年裏，姜維不停地和魏軍作戰，尤其是他和魏國名將鄧艾上演的雙雄會，是三國後期難得一見的明星對抗。

鄧艾是三國戰神級別的名將，姜維遇上他，是姜維的悲哀，也是姜維的榮幸。但姜維最擔心的並不是鄧艾，他們之間半斤八兩而已。姜維的心腹之患依然來自內部，陳祗死後，太監黃皓專權。姜維這些年在軍事上沒取得什麼成績，黃皓想打著姜維外戰不力的藉口廢掉姜維。

黃皓和姜維有很深的過節，姜維曾經勸劉禪殺掉黃皓，劉禪沒同意，姜維因此得罪了黃皓。姜維為了避禍，從此再也沒有回到成都，而是遠避沓中。

蜀漢無休止的權力鬥爭，尤其是對姜維的壓制，嚴重影響了蜀漢軍事實力。姜維是蜀漢的萬里長城，有姜維在，至少可以能保住蜀漢邊境的軍事安全。姜維的失勢，讓蜀漢北線門戶洞開，諸葛亮擔心的那一天，終於來了。

蜀漢景耀七年（二六三）的春天，魏國權臣司馬昭下令大舉伐蜀。司馬昭知道姜維在蜀漢軍界的分量，為了割斷姜維和蜀國本部的聯繫，魏國三路人馬中，姜維的老朋友征西將軍鄧艾和雍州刺史諸葛緒專門來堵截姜維，另一路的鍾會從漢中南下。

現在的姜維就像是風箱裏的老鼠——兩頭受氣，前面有他的敵人，而他效力的國家卻早就拋棄了他，可姜維還必須血戰到底，男人的尊嚴容不得姜維背叛自己的事業。姜維對劉禪沒什麼感情，他現在能做的，就是拼盡熱血，實現他曾經對諸葛亮做出的承諾。

如果姜維能夠放下身段，向司馬昭服軟，以姜維的地位，在司馬昭手下混個萬戶侯不成問題。就如同南宋的文天祥一樣，忽必烈告訴文天祥：只要低一下頭，宰相就是你的。文天祥仰天長笑，只求速死，成就了一世英名。

姜維走的路和文天祥異曲同工，雖然姜維在鄧艾偷渡陰平，迫降劉禪後，萬般無奈之下投降了鍾會，但這不代表姜維在精神上跪在敵人面前。姜維是個老江湖，他敏銳的看出了魏軍主帥鍾會割據西川稱王的野心，他認為這是一個機會，一個挽回自己和大漢帝國尊嚴的最後機會。

姜維的計畫很毒辣，他想先勸鍾會殺光屬於司馬昭嫡系的魏將，包括鄧艾，然後再除掉鍾會這個孤家寡人，恢復蜀漢的統治。這個計畫幾近完美，鍾會也順利地除掉了他的心腹大患鄧艾。

不過鄧艾的死，和得罪了司馬昭有關，但那些魏軍主將沒一個善茬。鍾會要坑殺魏軍諸將的消息很快就在魏軍內部傳開了，憤怒的魏國將軍們在成都發動了武裝暴動，鍾會、姜維都死在了亂軍之中。天下，不是鍾會的，更不是姜維的，還是司馬昭的。

姜維的最後一絲復國的希望破滅了，姜維在格殺了五六個魏軍後，體力不支被魏軍亂刀砍死。當姜維悲壯地倒下後，他的眼睛依然圓睜著，他不甘心！他不甘心自己的人生就這樣可笑可悲地結束。

歷史已經不屬於姜維，也許歷史從來就沒有屬於過姜維，作為蜀漢的旗幟，姜維卻始終得不到出頭的機會。姜維為蜀漢奉獻了自己的一生，到頭來他什麼都沒有得到。他得到的也許只是陳壽一句評語：「姜維粗有文武，志立功名，而玩眾黷旅，明斷不周，終致隕斃。」

站在客觀歷史角度，陳壽說的沒錯，蜀是小國，根本不具備和魏爭雄天下的實力。但姜維繼承諸葛亮遺志，九伐中原，絕不是心血來潮，而是時勢迫使姜維必須北伐。

諸葛亮曾經說過，蜀不伐魏，魏必伐蜀。蜀漢不停地北伐，實際上就是以攻代守，這種悲劇性的生存環境，才是造就諸葛亮、姜維悲劇的主要因素。

從個人私利角度講，姜維完全可以在蜀漢做一個太平將軍，在漢中騎馬打獵就行了，位不失三公。但姜維的私德很好，卻正說他「宅舍弊薄，資財無餘，側室無妾媵之褻，後庭無聲樂之娛」。

姜維是個真正幹事業的男人，他對那些浮名浮利沒有興趣，只想在歷史的豐碑上驕傲地刻上自己的名字。男人要對自己的事業忠誠，即使最終失敗，也會贏得別人的尊重。

青史千秋，會記住那些偉大的失敗者，比如姜維。

七、馬超等人的命運探秘（下）

繼續上篇那個話題，上一篇我們講過了蜀漢的名將雙璧馬超和姜維，接下來我們講一講魏國的名將雙璧鄧艾和鍾會。

在三國後期的歷史舞臺上，鄧艾是一個注定繞不過去的人物，甚至可以這麼講：抽掉了鄧艾，三國後期的歷史就無法譜寫。鄧艾的人生是一部悲壯而詭異的傳奇，之所以將鄧艾稱為傳奇，很大程度上是因為鄧艾的出身。

我們常說三國出身最草根的一線人物是劉備，其實要說出身，鄧艾要比劉備更加的寒酸。劉備至少在早期還能上得起私塾，還有零錢和小弟兄們喝酒玩耍。鄧艾家裏幾乎是一貧如洗，除了頭頂天，腳踩地，外加一副爛鋪蓋，什麼都沒有。

鄧艾和劉備的共同點還有很多，比如：

一、少年喪父，跟著寡母艱難度日。
二、劉備賣過草席，鄧艾給人養過豬。
三、都曾經受人資助。
四、胸懷大志，抱負高遠，劉備想當皇帝，鄧艾想當名將。

雖然有這麼多共同點，但有一點鄧艾比不了劉備。劉備雖然家裏窮得叮噹響，但相貌堂堂，儀表非凡，一看就是個英雄胚子。鄧艾的長相一般，雖然不至於長得像武大郎那般寒磣，但也不算是個帥哥。

鄧艾是三國後期的名將，但實際上鄧艾出生很早，東漢建安二年（西元一九七年），鄧艾出生於南陽郡棘陽縣（今河南南陽南）。直到曹操發動赤壁的時候，不知因何種緣故，舉家遷到了汝南郡，當起了放豬娃。

說來宿命的是，鄧艾童年時生活的棘陽，距離劉備客居荊州的據點新野不足百里地！在新野臥薪嘗膽的劉備，作夢都想不到，他千辛萬苦創建的帝國，最終毀在離新野不遠處的那個小傢伙手裏。

題歸正傳，鄧艾事業的起點要遠低於劉備，劉備在涿郡的地面上也算是一條名震十里八村的好漢。鄧艾就不幸多了，因為鄧艾有種生理缺陷，就是口吃。再加上他沒有任何社會背景，一直被人瞧不起，無法進入仕途，只能做個看稻草的小吏。

不過英雄不問出處，要說出身低，有誰低得過朱元璋？一個窮嗖嗖的叫花子，建立了稱雄東方近三百年的大明帝國。當然許多草根出身的英雄，他們之所以能最終飛黃騰達，很大原因是他們在「命中」會有貴人相助。

韓信如果沒有蕭何的極力推薦，估計一輩子都別想發達；蔣琬要不是諸葛亮一句話，早就被劉備砍了腦袋；朱元璋如果沒有郭子興的栽培，天知道他能不能殺出命運的重圍……

鄧艾也是一樣，說來非常巧合的是，三國後期兩大超級名將——姜維和鄧艾，他們的「命中」貴人恰好是三國中期的兩大超級名將——諸葛亮和司馬懿。

因為正好司馬懿是鄧艾的上司，有次鄧艾找司馬懿彙報工作，和司馬懿談了一會兒，司馬懿大為驚奇：此人才幹非凡！有了司馬懿這架通天梯，鄧艾的仕途終於多雲轉晴，從此一路狂飆，達到了人生的頂峰。

鄧艾遇到了司馬懿，實在是他的幸運，這和姜維遇到諸葛亮的性質是不一樣的。司馬懿看中了鄧艾這個潛力股，最大限度地發掘鄧艾的潛在價值，鄧艾的才能還不僅是在軍事上，在水利建設和農業規劃上，鄧艾同樣是天才。

司馬父子後來三次平定淮南叛亂，從水利和農業的角度來看，鄧艾實際上是首功。鄧艾向司馬懿提出了在淮南屯田的建議，同時修通漕運通道，司馬懿全都照准。史稱「每東南有事，大軍興眾，汎舟而下，達於江、淮，資食有儲而無水害，艾所建也」。

司馬懿死後，司馬師依然很信任鄧艾，繼續給予重用。司馬師這時身邊有兩大心腹高參，一個是鍾會，一個就是鄧艾。不過雖然鄧艾和鍾會齊名，但鄧艾比鍾會大了二十八歲，而司馬師上臺的時候，鄧艾已經五十六歲了，典型的大器晚成。

不過現在的鄧艾還只是官場二線人物，鄧艾心裏明白，只要傍穩了司馬師這棵大樹，什麼樣的功名他撈不到？所以當揚州刺史毌丘儉寫信請鄧艾和他一起武力反抗司馬師的時候，時任兗州刺史的鄧艾毫不猶豫地斬殺來使，向司馬師表示忠誠。

鄧艾是個有遠大抱負的男人，怎麼可能跳上毌丘儉這條破船，司馬師能給他鄧艾的，毌丘儉永遠給不了。鄧艾在第一時間就出兵南進，為隨後司馬師主力消滅毌丘儉立下了大功。

幹掉毌丘儉後，東線相對安定一些，而同時西線的問題則非常的突出，姜維隔三差五地來搗亂。司馬師想到了鄧艾，封鄧艾為安西將軍、假節（欽差大臣），同時兼領護東羌校尉。安西將軍是官場上的重號將軍，屬於準一線職務，再加上可以假節，鄧艾離一線越來越近。

也許姜維並沒有想到，被司馬師派來的這個半大老頭子會是自己的命中剋星，自從鄧艾調到西線以來，姜維再也沒過上安穩日子。姜維每走一步棋，被鄧艾牢牢算定。

用象棋的術語來講，就是姜維陷進了一個「死局」，就是輸不了，也贏不了，就這麼半死不活地對耗著。就具體戰術博弈來看，鄧艾要稍佔上風，姜維棋盤上的小卒子差不多都被鄧艾給吃掉了，姜維只能依靠兩象兩士勉強捍衛著最後的尊嚴。

鄧艾出道以來，還沒怕過誰，姜維也不例外。尤其是發生在西元二五六年（魏甘露元年，蜀漢延熙十九年）的段谷之戰，鄧艾將姜維揍得鼻青臉腫，蜀軍死傷慘重，姜維在蜀漢官場的威望，因為此仗慘敗而一落千丈。

鄧艾通過對姜維的牢牢壓制，漸漸成為魏軍西線戰場的頭號名將，進封為鎮西將軍，並全盤節制西線戰場。不過鄧艾也明白，雖然現在混到了一線，但如果要想青史留名，必須撈一票大的。

機會終於來了，魏景元四年（二六三），司馬昭大發精兵西進，志在滅蜀。雖然這次西征軍的主帥名義上是鍾會，但鍾會走的是正路，而鄧艾走的是奇兵。所有人都明白，這將是一場專門給鄧艾準備的戰爭。

鄧艾對這一點也心知肚明，他最強勁的對手姜維被鍾會給吸引到漢中一線，在劍閣固守。姜維本身棲身的西北戰場，尤其是陰平一帶，就留出了巨大的空檔，大致位置就是今甘肅省文縣至四川省江油市之間的幾百里天險山路。

如果鄧艾能順利通過這段山路，就能直達到成都盆地，只要能一戰迫降劉禪，戰爭就將提前結束。鄧艾不會放過這個千載揚名的絕佳機會，他帶領兩千多名弟兄，背上乾糧，悲壯而沉重地開始了這次奇妙而偉大的旅行，這就是歷史上著名的「鄧士載偷渡陰平」。

我們都知道蜀道之難，難於上青天，鄧艾所走的陰平古道，連棧道都沒有，全靠弟兄們一點點地開鑿山路，一路上險象環生。可以說這支魏軍是連滾帶爬地走完了這段可怕的旅程，直達平原地區。

當然鄧艾的運氣非常好，如果陰平一帶有蜀軍駐守，「一夫當關，萬夫莫開」，憑險死守，已經沒糧吃的鄧艾前進無路，後退無門，只有死路一條。雖然鄧艾的成功有一定運氣成分，但運氣總是留給那些有準備的人，你不準備充分，運氣來了也沒用。

過了陰平天險，之後的事情就非常簡單了。魏軍進入平原後，一路南下，在綿竹消滅了諸葛亮之子諸葛瞻的部隊，隨後一舉迫降劉禪，蜀漢滅亡。

客觀來說，雖然鍾會吸引了蜀軍的主力部隊，但如果沒有鄧艾偷襲成都得手，姜維肯定不會投降鍾會，這次滅蜀的頭功，確實是鄧艾。隨後司馬昭以魏國皇帝曹奐的名義下詔，極力讚美鄧艾，將鄧艾比為前朝四大名將：白起、韓信、吳漢、周亞夫。鄧艾被封為太尉，增邑兩萬戶。

不過誰也沒有想到的是，鄧艾達到了人生中的最高峰後，突然迅速地墜落，速度之快，讓人瞠目結舌。鄧艾滅蜀之後，變得異常驕傲自負，眼睛也長在腦門上了，誰都瞧不起。

姜維這樣級別的名將，也被鄧艾罵為小兒，說什麼姜維遇上了自己這位超級戰神，活該他倒楣，結果遭到了許多人的恥笑，姜維再菜，也不是你鄧艾隨便罵的，你夠腕嗎？還有鄧艾經常在蜀中士大夫面前吹噓：沒有我這個保護神，你們早完蛋了，快給我磕頭致謝吧。

鄧艾的這些醜事，司馬昭未必不知道，最多當成個官場笑話，鄧艾這老傢伙難得發回財，讓他吹回牛也沒什麼。鄧艾吹牛也就罷了，最要命的是，鄧艾居然有膽量挑戰司馬昭的權威。

鄧艾在滅蜀之後，給司馬昭寫信，要求魏軍乘勢滅吳。鄧艾滅吳戰略的核心觀點是著名的軍事理論「兵先聲而後實」，意思即趁吳國內部混亂之際，大軍東下，一舉拿下瘋子孫皓。

從理論上來說，鄧艾的觀點是正確的，蜀漢滅亡之後，東吳陷入了極度的恐慌之中，確實是滅吳的好機會。但鄧艾太缺乏政治頭腦，他也不想想，像滅吳這樣的軍國大事，應該由司馬昭來作出決定，鄧艾插哪門子閒腿。

鄧艾的僭越之舉嚴重激怒了司馬昭，這是你丫該管的事麼？本來司馬昭還特別欣賞鄧艾，哪知道剛得志，狐狸尾巴就露出來了。司馬昭開始懷疑鄧艾的忠心，司馬昭的蛋糕，誰都別想碰，否則爺爺就滅了他！

本來司馬昭還不打算對鄧艾動真刀子，只是回信鄧艾，冷冰冰說了句：沒我的命令，不要胡來。沒想到鄧艾居然敢頂司馬昭，堅持要伐吳，這下徹底得罪了司馬昭。鄧艾提出伐吳的建議沒錯，但這不能建立在有損司馬昭權威的基礎上，這是司馬昭絕對不能容忍的。

如果用一句話來評價鄧艾，就是「軍事天才，政治白癡」。鄧艾得罪的還不只是司馬昭，近乎所有的西征軍高層都被他得罪光了。鄧艾滅蜀得了便宜，本應該低調些，可鄧艾四處宣揚他是頭功，自然讓其他軍界大佬特別不爽。你是頭功，我們都是打醬油的？

西征軍主要將領鍾會、衛瓘、胡烈、師纂等人為了扳倒鄧艾，向鄧艾頭上潑髒水，說鄧艾要謀反。司馬昭在後方，對前線局勢不太了解，再加上他對鄧艾的印象已經糟糕透頂。即使是司馬昭相信鄧艾，也要拿掉鄧艾，畢竟鄧艾不太老實，不知道什麼時候再給自己添亂。

司馬昭下令拿下鄧艾，關進囚車裏，押回洛陽治罪。不過司馬昭未必要殺鄧艾，其實鄧艾從來就沒有謀反的意思，只要當司馬昭的面把話挑明了，司馬昭不是傻子，他分得出忠奸善惡。而同時鍾會因為謀反

作亂被殺，這更能證明鄧艾的清白，

鍾會是死了，可鄧艾曾經得罪的其他軍界高層比如衛瓘還在，衛瓘當初沒少給鄧艾下黑腳，他擔心鄧艾洗清冤案後，會報復自己。衛瓘趁鄧艾的囚車還沒有走遠，派人連夜趕到綿竹，將鄧艾和他的兒子鄧忠一併送上西天，鄧艾時年六十八歲。

雖然司馬昭通過各種管道，了解了鄧艾一案的來龍去脈，但現在顯然還不是他給鄧艾平反的時候。如果這時就承認鄧艾無罪，那豈不是變相承認了自己當初下令逮捕鄧艾的命令是錯誤的？對於急需積攢人品威望的司馬昭來說，這麼做是非常不明智的。

一代名將鄧艾就這麼稀裏糊塗地死了，他明明沒有造反，卻背著罵名下了地獄。鄧艾的悲劇，主要責任還在於他自己，在官場上混，千萬不要無故得罪人，同時要把蛋糕分給別人一塊，你自己獨吞了蛋糕，換了誰不恨你？

鄧艾的冤案，直到晉泰始九年（二七三），司馬昭的兒子、晉武帝司馬炎才羞羞答答的給鄧艾平了反。可這時的鄧艾，又在哪裏？

鄧艾之死，說到底是一場冤案，鄧艾從來就沒有謀反的野心，他得志後確實非常驕傲自負，但整體上政治品格還算不錯的。而作為和鄧艾齊名的另一位魏國頂級重將鍾會，鍾會的悲劇幾乎是他咎由自取的，鍾會實際上是被自己無限的欲望給撐死的。

和鄧艾出身底層草根不同，鍾會出身於當時最頂級的清流世家——潁川鍾氏，鍾會的父親鍾繇是魏國的超級名臣、超級名士。說到鍾繇，我們並不陌生，魏國建立後，有三大著名的名士老臣，被魏文帝曹丕稱為「當世三大偉人」的，就是鍾繇、華歆、王朗。

華歆、王朗原來都是一方諸侯，失敗後才輾轉投曹的，曹魏集團對二人的使用更多的是利用他們的名望和江湖地位，來給自己的政權臉上貼金的。而鍾繇則是曹操的少數鐵杆心腹，深受重用。

鍾繇可不是華歆那樣的花瓶角色，他的政治才幹和治政能力非常突出。曹操為了防備西涼馬騰，調鍾繇坐鎮關中，牢牢釘死了馬騰，掃平了許多次關中叛亂，鍾繇甚至還為曹操提供戰馬數千匹，為曹操贏得與袁紹的戰爭立下了汗馬功勞。

鍾繇在曹魏的政治地位是極高的，曹丕繼位後，鍾繇任職太尉，和華歆、王朗並稱曹魏三大招牌名臣。在進入官場核心層之後，鍾繇開始習慣了半隱居式的官場生活，有空就上朝找皇帝嘮嗑兒，沒事就回家練習書法，鍾繇的晚年，過得非常快樂。

說到鍾繇的書法，那是值得大書特書的，在中國的書法史上，鍾繇的地位極高，影響極大。鍾繇開創了楷書的書寫體系，可以說是楷書的鼻祖。

雖然現在鍾繇的真跡都沒有流傳下來，但他的那部由一代書聖王羲之臨摹的傳世名帖《宣示表》，卻是書法史上一座偉大的豐碑，江湖地位極為崇高。論及中國書法史，而不談鍾繇，就好像論及中國小說史，而不談《三國演義》一樣，都是不完整的。

鍾繇作為三國時期最頂級的時代精英，他一生中的貢獻，綜合起來有三點：一、間接幫助曹操消滅袁紹、他的書法成就、他生下了兩個同樣是最頂級時代精英的兒子，大的叫鍾毓、小的叫鍾會。

鍾毓生年不詳，而小兒子鍾會則生於魏黃初六年（二二五），不過讓人驚訝的是，鍾繇生於東漢元嘉元年（一五一）。也就是說，鍾繇是在七十五歲高齡時生下的鍾會。鍾會的母親張昌蒲生於東漢建安四年（一九九），鍾繇的年齡比這個小老婆大約近五十歲，典型的老牛吃嫩草。話題有點八卦了，回歸正題。

在鍾繇這兩個兒子中，無疑鍾會的知名度最高，而且在歷史上鬧出的動靜也遠大於兄長鍾毓。鍾會作為頂級名臣、名士鍾繇的幼子，出生在巨宦豪門，他的仕途起點自然要遠高於草根出身的鄧艾。其實只要鍾會不呆不傻，以他的聰明才幹，天生就是在權力高層混飯吃的。

鍾會從小就在名流圈中四處拜帖子，再加上他是德高望重的鍾太尉的么兒，官場大佬們都要給三分薄面，沒少給鍾會吹喇叭抬轎子，鍾會在官場上的名聲越來越響亮。鄧艾拼了半輩子的命才出人頭地，而鍾會直接進入官場核心層，一步登天。

當然不能說鍾會進入官場完全靠他的豪門背景，最重要的還是鍾會有過人的能力，唐太宗李世民同樣出身豪門，但李世民的天下也是靠鐵血打出來的，這就是本事。

鍾會和鄧艾還有一點不同，就是鄧艾多數時間外放，在地方上轉來轉去，而鍾會一直在司馬師和司馬昭身邊做首席高參。不要小看了幕府高參，在司馬氏鞏固統治的過程中，鍾會起到的作用一點不比鄧艾小。

尤其是在司馬昭平定諸葛誕叛亂時，為了破解吳國對諸葛誕的軍事救援，鍾會使了一招極漂亮的反間計，成功策反了吳軍前線主將全懌投降，為消滅諸葛誕立下了大功。史稱鍾會「壽春之破，會謀居多」。

這年頭找到一個頂級智囊並不容易，司馬昭撈到鍾會這個寶貝之後，愛不釋手，「親待日隆」，當時人都把鍾會比成漢初頭號謀士張良。雖然鍾會這時沒有上過戰場，也不算是名將，但鍾會實際上已經進入魏國官場核心，說他是一線重臣，並沒有誇張。

鍾會在官場上混到一線職務的標誌是他出任司隸校尉，負責首都地區的軍政大事。不過鍾會的職務並不限於治理首都地區，而繼續在司馬昭身邊搖鵝毛扇子，發揮他的聰明才智，替司馬昭打天下提供智力支援。

鍾會第一次外放，到地方上出任軍職，是魏景元三年（二六二）的冬天。司馬昭已經做足了消滅蜀漢的準備，但在具體用人上，司馬昭似乎不太放心鄧艾，特意在西線安插了鍾會，封鍾會為鎮西將軍，並全權負責關西各州的軍事。

從這次用人的特點來看，攻蜀主力其實還是鄧艾，司馬昭之所以用鍾會，主要原因還是通過鍾會來制衡鄧艾。雖然鍾會就未必可靠，但在兩位主將都不受主帥信任的情況下，這樣的平衡格局其實是最安全的，更何況司馬昭在鍾會身邊也沒少安插自己的親信。

鍾會在滅蜀的過程所起到的作用並不如鄧艾那麼明顯，不過鍾會吸引了蜀軍主力，還是為鄧艾偷渡陰平拉開了戰略空間。但在滅蜀之後，鍾會和鄧艾一樣，狐狸尾巴開始掖不住了。

鄧艾雖然驕傲自負，但他確實沒有反心，只不過「小人得志」罷了。鍾會所暴露出來的問題要遠大於鄧艾，因為鍾會並不甘心做司馬昭的走狗，他居然想要推翻司馬昭，做天下的主人。

如果鍾會要想翻天，首先要做到的就是牢牢控制住西川，以及他帶來的這支魏軍。這時鍾會最主要的敵人還不是司馬昭，而是鄧艾，不除掉鄧艾，鍾會什麼事都做不成。

鍾會這個人實在夠陰險的，他為了給鄧艾下黑手，居然想到了這麼一條毒計。鍾會的書法功底非常紮實，他模仿鄧艾的字跡，以鄧艾的名義給司馬昭寫信，內容非常不敬。

鍾會這招極狠，司馬昭對鄧艾的不滿，很大程度上是因為鍾會偽造的這些書信。鍾會利用司馬昭急切除掉鄧艾的心理，順利地從司馬昭手上騙來了前線部隊的指揮權，輕鬆拿下鄧艾。

司馬昭「幫助」鍾會除掉了鄧艾，接下來鍾會就要把刀頭對準司馬昭，按鍾會的戰略規劃，他準備率軍隊殺回長安，然後反戈擊殺司馬昭。想從司馬昭的虎口奪食，那是非常困難的，司馬昭已經開始對鍾會有所懷疑。為了防備鍾會搗亂，司馬昭給鍾會放話，說為了順利接收鄧艾，他先率十萬精兵親臨長安……

司馬昭的話都說到這個份上，傻子也知道司馬昭真正要防的到底是誰？鍾會一看司馬昭這個架勢，就知道他出關的道路實際上已經被司馬昭給封死了，中原皇帝是做不成了。不過鍾會還有另外一個想法：割據西川，做劉備第二。

人活著就應該有些野心，但鍾會的野心卻有些像空中樓閣，看得見，摸不著。鍾會最大的問題是他沒有自己的嫡系部隊，雖然他是西征軍的主帥，但帳下許多高級將領卻都是司馬昭的心腹，他們根本不會買鍾會的賬。

有一點很重要，鍾會為了造反，可以拋棄在洛陽的家人，但這些魏軍將領卻不會這麼絕情。他們都不是傻子，他們跟著鍾會造反所能得到的，未必就比司馬昭給得多。在得不到特別利益的情況下，他們憑什麼跟著鍾會蹚渾水？

不過鍾會這時還沒有除掉他們的意思，只不過是想把他們都召集起來，強迫他們跟著自己造反。但如果這些人不聽話，那只好請他們都上西天了。鍾會平時做軍事高參，可以說是算無遺策，可現在輪到他自己拿主意的時候，鍾會就出現了猶豫不決的老毛病，浪費了機會。

鍾會應該在自己的野心還沒有暴露之前就殺掉這些將領，快刀斬亂麻，然後迅速起事，未必沒有機會。可現在近乎所有的前線將領都知道了鍾會的野心，即使鍾會暫時還沒下手，他們也已經嗅到了濃重的血腥味。

為了自保，胡烈等人四處放話，說鍾會要把他們騙過去，全部給活埋了。整個魏軍前線部隊本來就對鍾會企圖造反非常的反感，再加上鍾會要對他們下手，本來還持觀望態度的中級將領，這下全部被逼反了。

魏景元五年（二六四）正月十八日，震驚天下的成都之亂終於不可避免地爆發了。無數憤怒的魏兵拿起武器衝進了成都，和心懷鬼胎的姜維、鍾會進行血戰，戰況非常慘烈，繁華似錦的成都城陷入一片火海。鍾會最終沒有實現割據夢想，死在這場的可怕大亂之中。

說來已經不是巧合，三國末期三大明星人物姜維、鄧艾、鍾會的人生都是悲劇性的結局，沒有一個善終，並且死於同一場兵亂。姜維的悲劇讓人扼腕，鄧艾的悲劇讓人長歎，至於鍾會的悲劇，不由得讓人感慨人性的貪婪。

鍾會在謀反之前，他所能得到的一切榮譽，幾乎都是司馬昭給他的。沒有司馬昭知人善任，鍾會不過是一個頂級名士，不可能在歷史上演繹這麼吃重的戲份。其實在鍾會和鄧艾出兵滅蜀之初，司馬昭就已經做好了對付他們的準備，只等著他們自己上套了，尤其是對鍾會。

鍾會實際上不過是司馬昭的一枚棋子，可這枚棋子卻不甘心任人擺弄，想搖身一變做棋手。棋手豈是隨便能做的？鍾會的悲劇就在於此。

八、吳蜀關係

有句老話常說：「在家靠父母，出門靠朋友。」我們在社會上趟來趟去，誰能沒三五個朋友呢？不論朋友之交是淡如水，還是甜如蜜，朋友感情總還是有的。

朋友之間雖然沒有血緣關係，但如果感情處到位了，一旦自己有難，朋友會刀山火海，在所不辭。歷史上有幾對著名的患難之交，比如俞伯牙和鍾子期，管仲和鮑叔牙，更不用說劉關張這樣的熱血兄弟了。

朋友這個詞的本意是指人與人之間的交往，當然朋友一詞的含義也可以外延，比如用在國與國之間的交往。外交上有兩個名詞：友國、敵國。友國自然就是自己的朋友之國，敵國自然就是自己的敵人之國。

不過在生活中交朋友，看重的是感情，而在國與國（統治集團）的關係中，朋友關係可就沒那麼純粹了。國家之間的「朋友之交」，完全是建立符合各自利益的基礎上的。

換句話說，生活中的朋友交的是感情，國家關係中的朋友交的，是徹頭徹尾的利益。西方有句我們耳熟能詳的名言：沒有永遠的朋友，也沒有永遠的敵人，只有永遠的利益。

凡是有一個以上統治集團的時代，對外交往是不可避免的，比如我們最熟悉的三國時代。雖然只有三個政權，但他們之間的外交來往是非常精彩的。說到三國時代最著名的外交事件，應該是東吳和蜀漢從合作到分裂，從分裂到戰爭，從戰爭再合作的曲折歷程。

孫權集團和劉備集團的外交關係史，可以大致為幾個時期：

一、合作，東漢建安十三年（二〇八），孫劉聯合在赤壁抵抗曹操南下；

二、猜疑，東漢建安十六年（二一一），劉備入蜀，孫權就對劉備產生了懷疑；

三、分裂，東漢建安二十年（二一五），劉備迫於孫權的壓力，與孫權中分荊州；

四、戰爭，東漢建安二十四年（二一九），孫權偷襲劉備控制下的荊州，殺關羽，吳蜀關係徹底破裂。蜀漢章武元年（二二一），劉備為奪回荊州，大舉伐吳，最終失敗。

五、再次合作，蜀漢建興元年（二二三），諸葛亮派遣鄧芝出使東吳，雙方達成諒解，重歸於好。

其實在前兩個時期內，嚴格來說，不能將劉備稱為蜀，因為那時的劉備距離益州還有八丈遠呢。在建安十三年（二〇八）之前，寓居荊州的劉備和孫權還沒有發生命運的交集。可以說是曹操將兩條原來不相交的平行線扭曲在了一起。

其實率先提出來與孫權聯合的是諸葛亮，在大名鼎鼎的《隆中對》中，諸葛亮就提出了這個觀點：「孫權據有江東，已歷三世，國險而民附，賢能為之用，此可以為援而不可圖也。」

諸葛亮和孫權非常有緣分，劉備集團中第一個和孫權交往的也是他。當劉備被曹操拎著菜刀滿世界追砍的時候，諸葛亮就主動要求過江見孫權，說動孫權聯合劉備抗曹。

孫劉之所以能聯盟成功，主要還是形勢所迫，東吳內部也最終決定聯劉抗曹。但在孫權下定決心抗曹的心理過程中，諸葛亮的一番激將法起到了非常關鍵的作用。換了別人去，未必能起到這麼好的效果。

孫劉聯盟戰略的主要制定者是諸葛亮和魯肅，但如果沒有孫權和劉備的識大體、顧大局，一切都是水中花。其實這是人的本能反應，在一個強大的敵人面前，兩個弱小的抵抗者，他們能做的，必然是弱弱聯合。雖然一加一未必大於二，但兩個一如果不相加，必然小於二。

孫劉集團的蜜月期時間不算短，從赤壁之戰開始，孫權和劉備幾乎就要穿上一條褲子了，曹操見這哥倆這麼親熱，沒少吃醋。孫權為了拉攏劉備，不惜割讓地盤，甚至還把自己的妹妹嫁給了劉備。這時的劉備春風得意，左擁江山，右摟美人，好不快活。

不過劉備和孫權畢竟是兩個利益集團，他們可以暫時為了相同的利益走到一塊。但他們在互相稱兄道弟的時候，還是防備著對方，甚至還要背地裏使壞，比如孫權想獨吞益州。

劉備是個人精，他當然知道孫權如果吞掉益州，幾乎就絕了他的生路。打個比方，哥倆感情再好，也不能共同擁有一個老婆，沒這道理。對劉備來說，益州就是他的老婆，劉備是絕對不容別人染指的。

在孫權準備伐蜀期間，劉備沒少給孫權潑涼水，打眼色，暗示孫權不要打他老婆的主意。雙方脆弱的同盟關係在這時已經出現了明顯的裂痕，只不過雙方的矛盾還沒有到非公開不可的地步，雙方只是暗地裏較勁。

等到劉備拿下益州之後，孫劉雙方的利益矛盾逐漸擺上了臺面，原因無他，還是利益分配問題。當初劉備向孫權「借荊州」，約定取益州之後就把荊州還給孫權。可等劉備取蜀之後，還荊州？劉備還想向孫權借揚州呢。爺們打下來的江山，憑什麼還你？

孫權平白被劉備給耍了，心裏那個惱火！要不是魯肅從抗曹的大局出發，極力勸解，孫權早就拔刀找劉備玩命去了。劉備也自知理虧，任憑孫權半偷半搶地奪回長沙、桂陽、零陵三郡，給足了孫權面子。劉備的言下之意很明白：咱倆的賬結清了，以後別再尋爺的麻煩。

雖然雙方在此之後盡量控制住情緒，避免擦槍走火，但明眼人都能看出來，吳蜀聯盟的裂痕越來越大，戰爭已經是不可避免的。就雙方來講，劉備並不想和孫權開戰，能撈到半個荊州也不吃虧。不過孫權顯然不這麼想，在孫權的潛意識中，整個荊州都應該是他的。只是主和派魯肅反對貿然對蜀開戰，孫權只好忍著這口氣。等到建安二十二年（二一七）魯肅病故後，孫權沒有了內部壓力，開始準備對荊州下手。

當然，因為孫劉雙方同樣面對來自曹操強大的軍事壓力，尤其是孫權，他暫時還不會和劉備徹底翻臉，何況攻佔荊州的時機還沒到。在荊州的問題上，孫權處處佔理，劉備方面有些理虧，也盡量維持雙方極度脆弱的已經名存實亡的聯盟關係。

如果一定要找一個真正破壞吳蜀聯盟的責任人，這個人只能是關羽。本來孫權還打算繼續維護所謂的吳蜀同盟，只要孫權不主動出擊荊州，劉備正好與孫權相安無事，他還有更重要的事要做，比如西圖雍涼，哪知道事情卻壞在關羽身上。

關羽作為荊州最高軍政長官，他直接面對孫權，蜀漢的對吳外交大戰略雖然是劉備等核心統治集團制定的，但真正具體落實的，還是關羽。關羽這個人本事不小，但臭毛病太多，他最大的問題就是驕傲自負，眼睛長在腦門上，輕易瞧不起人，孫權就一直被關羽鄙視。

孫權曾經打算替自己的兒子向關羽求婚，請關羽把女兒許配給自己的兒子，雙方做親家。這本是維護吳蜀同盟關係的好機會，雖然國家之間和親未必就十分可靠，但至少這是個緩解雙方矛盾的潤滑劑。

不知道關羽到底在琢磨什麼，他居然將東吳使者罵得狗血淋頭，還說什麼「虎女焉能配犬子」！關羽罵孫權是狗，徹底得罪了孫權。孫權在眾多手下面前丟盡了面子，他當然恨透了關羽。有這份恩怨牽扯，孫權已經對劉備方面完全退還荊州不抱任何希望了，只能打。

有句老話：伸手不打笑臉人，關羽給孫權甩臉子，表面上滿足了自己的虛榮心：自己是虎，孫權是狗。可實際上關羽此舉闖下了大禍，而為關羽犯錯埋單的卻是劉備，劉備真夠冤的。

後來關羽圍襄陽，曹操派人請求孫權偷襲關羽，以解襄陽之圍，孫權二話不說就出兵了。孫權之所以答應得這麼痛快，一是他確實希望能奪回荊州，二是關羽太招人恨了。孫權是個睚眥必報的人，現在公私兩便的機會來了，孫權怎麼會錯過這個也許是唯一的一次機會。

孫權最終如願以償，殺掉關羽，成功報了仇，同時奪回了朝思暮想的荊州。吳蜀自西元二〇八年建立起來的同盟關係以孫權襲荊州為標誌，徹底地破裂了，沒有留半點餘地。

其實孫權和劉備當初在結盟的時候，就應該想到會有一天。同盟關係不是天生的，完全是根據利益變化而存在的。今天是朋友，明天就可能是仇人，反之亦如此。

兩個獨立的統治集團在選擇合作的時候，不可能完全信任對方，都有各自的小算盤，給對方使絆子穿小鞋的事情也不少見。我們都知道，人類社會中的利益是有限的，幾百號人搶一個蛋糕，必然會產生分配不均的問題。

就三國的歷史來看，實際上蜀漢和曹魏的爭奪才是主線，蜀魏之間是絕不可能出現聯盟關係的，這就導致了東吳成為平衡三國實力的砝碼。孫權盡情地在兩個死敵中間吃大頭，吃得滿嘴流油，好不快活。

孫權看碟子下飯，跟劉備合作有利，就和劉備結盟，跟曹操合作有利，那就倒向曹操，毫無愧色。不過魏吳同盟甚至比蜀吳同盟更加脆弱，孫權和曹操是因為一次突發事件（關羽北伐）而臨時穿一條褲子的，根本沒有長遠的合作計畫。

因為吳蜀關係破裂，雙方一直處在戰爭的邊緣，所以孫權才暫時抱住曹操（曹丕）的大腿。孫權巴結曹魏，倒不是說孫權害怕蜀漢的軍事進攻，而是怕魏國在蜀漢攻吳的同時背後給他下黑刀子。孫權和魏國結盟的主要目的，實際上還是防備魏國，蜀漢的威脅倒在其次。

吳蜀關係破裂後最高潮的一幕，是劉備為了奪回荊州而發動的夷陵之戰。劉備發動這場戰爭也是迫不得已，如果不奪回荊州，之前諸葛亮制定的《隆中對》就成了一張廢紙。

既然孫權把事情做得那麼絕情，也別怪爺爺翻臉不認你這個大舅子了。如果說之前劉備賴著荊州不還，心裏對孫權還有點虧欠的話，那現在劉備欠孫權的債也還清了，劉備反而因此去掉了心理負擔，可以輕裝上陣，找孫權玩命。

對於這樣一場倉促的戰爭，蜀漢統治集團內部對此分歧非常大，大多數人反對伐吳。不過維護吳蜀同盟關係的主導者之一諸葛亮並沒有參與這場論戰，實際上諸葛亮是傾向於伐吳的，理由如上。

盟國之間關係一旦破裂，戰爭也許是唯一可以解決雙方矛盾的辦法。從外交理論上來講，同盟關係的建立，是因為雙方（或多方）維護或擴大己方利益的本性需要。國家之間不可能出現真正的朋友關係，只不過有時關係牢固些，有時關係薄弱些，只是這個分別而已。

吳蜀之間爆發大規模的戰爭，其實最佔便宜的還是曹魏，「鷸蚌相爭，漁翁得利」的道理再淺顯不過。雖然吳魏之間有盟約，但最需要吳魏盟約的是孫權，而不是曹丕。自襄陽之圍解後，曹魏實際上已經不需要孫權了，完全可以棄之如敝屣。

如果魏軍趁吳軍主力被蜀軍吸引到西線戰場，在東線戰場搞幾場大的戰役，以孫權的國力，根本承受不起兩線作戰。一旦東吳統治崩潰，首先發大財的肯定是曹丕，而不是劉備。

可惜曹丕過分拘泥於吳魏同盟的道義約束，不聽劉曄趁勢伐吳的建議，白白浪費了這一千載難逢的機會。沒有了魏軍的強大壓力，孫權集中精銳，在夷陵大敗劉備，蜀漢軍界精英幾乎喪失殆盡。夷陵之戰的慘敗，標誌了劉備統一事業的徹底破滅，三國鼎立格局最終定型。

劉備和孫權的樑子算是結下了，可以說劉備的統一大業就是毀在了孫權手上，孫權也明白劉備恨他入骨。現在孫權面臨的壓力絲毫不比劉備小，雖然夷陵之戰獲勝，但孫權現在真正的敵人已經不是劉備，而是曹丕。

雖然在夷陵之戰後，孫權還假惺惺地給曹丕上表稱臣，雙方還裝模作樣地互相恭喜，但實際上吳魏雙方的所謂盟約在破關羽之後就已經不存在了。孫權料定曹丕遲早要對江東發起大規模的戰爭，所以在打敗劉備的過程中，孫權是留了力的，專門對付曹丕。

果然不久後，曹丕便大舉出兵，進攻東吳，宣告吳魏關係正式破裂。在魏蜀吳三國中，魏國的實力非常強大，遠不是江東一國之力所能抵抗的。

在兩弱對一強的格局下，孫權要想自保，還必須依靠劉備的力量，即蜀軍在西線給曹丕製造軍事壓力，至少蜀軍不要再捲土重來江東。劉備夷陵敗後，元氣大傷，但蜀軍的基本實力還是具備的。萬一劉備拼了老命，再來鬧事，孫權就吃不消了。

劉備也看出了孫權心中的壓力，所以他給陸遜寫了封恐嚇信，說他不久就要再次伐吳，陸遜當然不吃劉備這一套。其實劉備此舉意在試探孫權的底線，給孫權發出暗示，吳蜀關係未必就沒有再次聯盟的可能性。畢竟蜀國勢衰，單獨對抗曹丕，也是劉備力所不能及的。

劉備不久後就含恨病故了，但他給繼任的諸葛亮留下了與東吳再次聯盟的可行性，對於這一點，孫權心裏門清。

這時的蜀吳關係，因為曹魏強大的軍事壓力，已經出現了回暖的跡象，但這種跡象還不是很明顯。孫權其實是不想再和蜀漢為敵的，當然前提是蜀漢承認他對荊州的統治權。只是孫權作為一個勝利者，他似乎不太能放下面子，主動向蜀漢示好，而是在等蜀漢主動找上門來，這樣能討價還價。

蜀漢自劉備死後，出現了一段混亂的時期，諸葛亮剛剛執政，根基不穩，內部叛亂迭起。孫權暫時還摸不透蜀漢的外交方向，需要觀察一段時間。這期間的孫權手腳並不乾淨，甚至他還接納蜀漢內部的叛亂分子，比如雍闓，孫權想趁蜀漢形勢穩定之前，渾水摸魚。

對於蜀漢實際上的最高統治者諸葛亮來說，擺在他面前的只有一條路，就是和孫權聯合。因為蜀漢立國的最高綱領就是北伐曹魏，蜀漢國力和曹魏根本沒法比，如果孫權再和曹丕聯手搗亂，諸葛亮也吃不消。

在夷陵慘敗後的壓抑氣氛中，與孫權修好不是一個容易作出的決定，是需要很大勇氣的，至少要在感情上說服自己。雖然諸葛亮很早就有與吳修好的戰略思想，但蜀漢第一個提出與吳聯合的高級官員是尚書鄧芝。

鄧芝是吳蜀第二次合作的關鍵人物，鄧芝的辯才很出色，而且為人有膽識。所以諸葛亮一眼就相中了鄧芝，派他出使東吳，完成吳蜀結盟的重大政治任務。這時孫權還是沒有下定與蜀漢結盟的決心，他擔心什麼？主要還是蜀漢方面是否有誠意和他聯合，孫權最不希望看到蜀漢趁魏軍大舉南下的時候，再東向復仇的局面發生。

在確定了蜀漢確實無意復仇的外交底線後，孫權面對蜀漢主動伸出來的橄欖枝，還是羞羞答答接了過來。但是孫權還是在和鄧芝的談判過程中討價還價，想給自己與蜀漢的結盟戰略賣個好價錢。

孫權本就對吳蜀結盟抱有很大的期望，所謂孫權「默然良久」才認同鄧芝的結盟主張，不過是在演戲，給自己爭面子的。鄧芝對當前局勢的分析，比如合二弱以抗一強，這些大道理孫權當然都懂。孫權也是三國的頂尖梟雄，如果連這都不明白，乾脆別混了。

蜀漢建興元年（即吳黃龍二年，西元二二三年）十月，吳蜀經歷了血雨腥風的戰爭之後，終於再次走到了一起。至於曹丕的憤怒，孫權已經管不著了，你丫愛幹嘛就幹嘛去吧，爺不陪你玩了。

吳蜀第二次合作和第一次合作一樣，都是因為要對抗強大的魏國。國與國之間的結盟就講究一個實用性，沒好處誰跟你玩啊？但雙方心裏都明白，所謂的結盟，不過是互相利用罷了，早晚還是要翻臉的。劉備時代已經翻過一次臉了，再翻一次也沒什麼，這年頭翻臉比翻書還快，面子其實是不值錢的。

鄧芝就曾經針對孫權所說滅魏之後，吳蜀共用天下的假話，直接掃了孫權的面子：「天無二日，土無二王，如併魏之後……君各茂其德，臣各盡其忠，將提枹鼓，則戰爭方始耳。」孫權當然知道這個道理，只不過被鄧芝的大白話說得非常難堪，只是大笑著說：「沒想到先生真是快人快語，確實是這個道理。」來掩飾自己的尷尬。

當然魏國不是那麼好消滅的，這也決定了這次吳蜀結盟的長效性，因為孫權已經拿到了對他來說是命脈的荊州。以東吳的實力，還沒有能力直接消滅蜀漢，除了與蜀漢稱兄道弟，也沒別的路好走，北邊的曹丕早就把刀架在了他的脖子上……

其實當初孫權貪圖小利偷襲荊州，和劉備翻臉的舉動就是錯誤的，如果不是曹丕犯傻，在劉備大舉攻吳的時候按兵不動，孫權早完蛋了。現在孫權再次抱住蜀漢的大腿，完全是補救上次得罪劉備的敗招。

這次鄧艾赴吳談判，只是初步確定了吳蜀聯盟的框架，吳蜀之間官方性的正式結盟，則在蜀漢建興七年（吳黃武元年，西元二二九年）六月。這一年的四月，孫權正式稱帝，隨後諸葛亮力排朝內爭議，派衛尉陳震赴吳，祝賀孫權即位。

孫權在武昌和陳震正式簽署了漢帝國（蜀漢的正式國號是「漢」）和吳帝國的同盟合約，從此吳蜀兩國親如兄弟……（鬼才信）這份盟約是明顯針對曹魏的，主要內容是提前瓜分了曹魏的地盤，一旦滅魏後，豫、青、徐、幽四州歸吳，兗、冀、并、涼歸蜀。

一般來說，同盟合約都會有一個重要內容，即雙方給對方提供軍事援助。任何第三方以武力侵犯盟約國的任何一方，其他盟約國都有責任出兵相助。吳蜀盟約就是這樣，「自今日漢、吳既盟之後，戮力一心，同討魏賊，救危恤患，分災共慶，好惡齊之，無或攜貳。若有害漢，則吳伐之；若有害吳，則漢伐之」。

這份盟約書篇幅不算短，五百餘字。不過其中最有價值的就是上段那句話，其他的多是些假大空話，不是辱罵曹魏，就是吳蜀互相約束「各守分土，無相侵犯，傳之後葉，克終若始」。這話有什麼意思？鄧芝早就把話挑明了，但在這種正規場合，外交用語還是要講究的，大家心裏有數就行。

自此之後，終蜀漢之世，蜀吳再沒有發生過外交上的不愉快，雙方合力對抗曹魏。為了及時了解對方戰場的情況，雙方軍事首腦還經常向對方通報自己戰區的戰報，就差沒在對方地盤常派聯絡官了。

就三國整體形勢來看，主線還是魏蜀戰爭，從頭打到尾，甚至連外交往來都沒有，而東吳在魏蜀戰爭中起到的還是砝碼作用。當初孫權突然和曹操結盟，背後捅了劉備一刀，破壞了劉備的統一大業。

現在東吳和蜀漢結盟，無論從哪方面講，都是對蜀漢有利無弊的。至少蜀漢可以不用在吳蜀邊境投入大量兵力，將有限的兵力用在對魏戰場，諸葛亮制定的聯吳戰略還是非常成功的。

孫權也明白與蜀聯合的重要性，這也是吳國外交的基石，在孫權時代，他一直嚴格遵守吳蜀之間的盟約。雖然在諸葛亮死後，孫權突然向吳蜀邊境增兵，但孫權說他此舉是為了防備魏國偷襲蜀漢，從形勢上分析，孫權這話還是可信的。諸葛亮的死並沒有影響蜀軍的戰鬥力，孫權不會做為曹叡火中取栗的傻事。

吳蜀聯盟的終點是西元二六三年蜀漢滅亡，因為看到蜀漢大勢已去，吳主孫休終於等到了發財機會，他希望有機會完成老爹孫權當年未竟的取蜀遺願。這時蜀漢還沒有完全滅亡，吳軍就打著救援盟友的旗號殺進了蜀漢地盤，準備吃掉蜀將羅憲駐守的西線重鎮永安城，打通進蜀通道，搶在司馬昭前面吃大頭。

反正蜀漢沒藥救了，背信棄義又如何？國家間的盟約從來都是不可靠的。紙上的約定永遠無法約束現實中的利益，一旦需要，撕毀盟約，刀兵相見的事例並不少見。要不是羅憲痛恨吳國無恥之舉，固城死守，難說吳軍沒機會殺到成都城下。

不過蜀漢的亡國，對東吳來說是致命的打擊，晉軍佔領益州後，東吳所恃的長江天險則與晉共有，晉對東吳實現了兩面合圍之勢。西元二八〇年，晉軍大舉伐吳時，晉益州刺史王濬就率兵沿長江東下，在其他各路晉軍的合作下，消滅了吳國，晉朝統一天下。

九、魏國的封疆大吏

說到《三國演義》，我們對這部名著的熟悉程度自不必多說，可以這麼講，《三國演義》是一部三國人物群像譜，近乎所有的一線人物都被羅貫中請進了演義中，被我們牢牢記住，比如曹操、劉備、諸葛亮、孫權、袁紹、關羽、張飛、周瑜、魯肅、張遼等人。

二線人物就沒有這麼幸運了，有相當一部分人被羅貫中有選擇性地給遺忘了。倒不是說二線人物就必須被寫進來，但問題的關鍵是許多三線人物，甚至是四五線的人物都寫進來了。那些二線人物卻沒有被寫進《三國演義》，雖然他們所處的三國是中國人最熟悉的時代，可他們的大名卻被歷史遺忘了。

這裏所說得二線人物，不是說當時的職務有多低，而是歷史的知名度。在三國（本篇只講魏國）有這麼一群人，他們在魏國的地位並不低，甚至處在官場一線，可他們所處的位置，卻遠離聚光燈。當處在舞臺中間的一線人物們在呼風喚雨時，他們則默默地固守在自己的陣地，完成歷史賦予自己的使命。

這群人就是魏國的封疆大吏們，下面做個簡表，把這些隱藏於歷史背後的國家棟樑們都請出來。歷史不會忘記他們：

姓名	職務
劉馥	揚州刺史

溫恢　揚州刺史
梁習　并州刺史
張既　雍州、涼州刺史
裴潛　代郡、兗州、魏郡、荊州刺史
賈逵　豫州刺史
蘇則　酒泉、安定、武都、金城刺史
杜畿　河東刺史
鄭渾　左馮翊、上黨、京兆尹、陽平沛郡、山陽、魏郡刺史
倉慈　敦煌刺史
顏斐　京兆守
常林　博陵太守、幽州刺史

提到這些人物，我們似乎感覺有些陌生，在《三國演義》中很難覓到他們的蹤跡，只有看《三國志》時，才能感覺到他們精彩的存在。在這些人中，我們也許對劉馥還有些印象，可劉馥好不容易在羅貫中筆下混出場，卻因為勸諫曹操不要輕視江東，被醉鬼曹操一槊給捅死了。

羅貫中之所以對魏國的這些封疆大吏愛惜筆墨，原因可能有兩個：一是他們是曹操的部下，羅貫中以醜化曹操為能事，自然不肯寫這些能臣為曹操臉上增光，乾脆全都忽略了。二是他們都遠離三國的中心舞臺，聚光燈照不到他們，羅貫中的寫作宗旨是「抓大放小」，所以就沒有提到他們。

中前期曹魏官場（嘉平陵政變之前）可以分為四個主要系統：

一、核心智囊團，比如荀彧、荀攸、郭嘉、程昱、劉曄等人。

二、武將系統：比如諸曹夏侯、張遼、張郃、徐晃、樂進、文聘等人。

三、花瓶老臣：比如鍾繇、華歆、王朗、蔣濟等人。

四、邊鎮軍政長官：即上面提到的那些封疆大吏。

這些封疆大吏的職能和那幫鐵血武將的職能有相似之處，都在外折騰，不過武將主要負責軍事行動，專門砍孫權或劉備的。而這些封疆大吏基本上都是出身文官系統，他們的工作側重點是維持地方上的社會治安穩定，發展地方經濟，填滿朝廷的錢袋子。

當然，在亂世中當地方官，形勢不穩，叛亂迭出，也是要學會砍人的，不然根本混不下去。而這些地方大員們他們處治的州郡，大多數都是邊境線上。這裏要麼是諸民族雜居，要麼是和吳、蜀接壤，軍事鬥爭幾如家常便飯。所以曹操對這些地方大員們的要求只有兩點：發展經濟、維持地方治安。

從發展經濟這個角度來看，這恰是這幫封疆大吏的強項，他們基本都是文官出身，幹這行買賣駕輕就熟。比如上面提到的揚州刺史劉馥，羅貫中說劉馥被曹操刺死，完全是向壁虛構。不過羅貫中雖然虛構了劉馥的死，但對劉馥在揚州做出的政績則非常的肯定，照實入書，對劉馥還算厚道。

劉馥在揚州的幾年時間內，最大的貢獻就是興修水利（劉馥督建的水利工程，到了晉朝還能發揮巨大作用）、開墾荒地，廣植水稻，同時大力發展畜牧業。畜牧業主要是指耕牛，耕牛數量增加了，反過來又能反哺農業生產，官民兩得其便。

無論是亂世還是盛世，想讓老百姓認可自己的統治，辦法只有一個，老百姓都有飯吃，這是硬標準。達不到這個標準，任憑你說得天花亂墜，老百姓都是不買賬的。從政治角度來講，世界上最愚蠢的事情是什麼？就是拿老百姓當傻子糊弄，最終只能搬起石頭砸了自己的腳。

劉馥死得很早，建安十三年（二〇八）就去世了，但一般都把劉馥看成魏人，《晉書・劉弘（劉馥之孫）傳》就把劉馥稱為「魏揚州刺史」。《三國志》把劉馥放在魏邊臣傳中的第一位，不是沒有道理的。

曹操手下在地方上幹出成績的能臣還有很多，比如主政并州的別部司馬梁習。梁習和許多封疆大吏一樣，都是從最基層的縣一路殺到刺史位置上的。梁習接連做了幾個縣的縣令，積累不少治政經驗，史稱「在治有能名」。曹操當然知道手下有這號能人，就把梁習派到了當時亂成一團麻的并州。

并州本是袁紹的地盤，這裏地接羌胡，強人出沒，形勢非常混亂，可以說并州百弊叢生，諸廢待舉。梁習先是用強硬的軍事手段，強力打壓那些唯恐天下不亂的胡族和地方豪強。然後在境內「勸勸農桑」，梁習作風非常強硬，他說一，別人不敢說二，不數年間，并州大治，曹操非常高興，立刻給梁習轉了正。

雖然在建安十八年（二一三）初，曹操進行行政區劃改革，將并州合併入冀州，但曹操依然讓梁習管理舊有的并州轄境，除了換塊招牌，什麼都沒變。雖然梁習從來沒有在曹操身邊做事，一直外放，但在地方上工作的難度並不比在核心層低。

因為是地方上的一把手，有時面對更加複雜的局面，需要地方官有能力、有魄力，尤其是開拓型的地方官。這種類型的地方官一般都有一個特點，就是任職時間比較長，梁習在并州一幹就是二十多年，直到魏明帝太和二年（二二八）才受調赴京任大司農。

在曹操時代，他控制下的中原地區大致分為十州：司州、豫州、冀州、兗州、徐州、青州、幽州、揚州、雍州、涼州。除了兗、冀、徐、青外，其餘六州均地處邊防，軍事壓力很大。所以這些州的刺史不但要求治政能力強，還要有相當強硬的軍事手段，否則根本鎮不住周邊那幫渾水摸魚的強人。

如果一定要在六州歷任刺史中挑出一個最能打的，應該是涼州刺史張既。張既也是從縣令起家的，先在新豐（今陝西西安附近）歷練過，治績突出，時稱「治為三輔第一」。

後來張既跟在雍州刺史鍾繇手下做事，張既幹的第一件漂亮事就是說服了西涼軍閥馬騰，讓馬騰單車赴京做人質，馬超承襲父位，這也為將來馬超的悲劇埋下了伏筆。馬超失敗後，雍州飽受兵火，百姓苦不堪言，張既在任職京兆尹期間，安撫百姓，穩定地方治安，深受曹操好評。

曹操似乎也發現了張既的軍事才能，但張既又不是單純的武將，他最大的長處還是治政地方。所以曹操讓張既做了雍州刺史，張既兩方面的長處都能發揮出來，用人眼光毒辣，這是曹操了不起的優點。

在西元二一四年，曹操佔領漢中之後的這幾年，有時無法分清張既的身分到底是地方官還是將軍，張既甚至還當過一段時間曹操的智囊。張既先是跟著曹洪參加對蜀將吳蘭的軍事行動，隨後又和夏侯淵連袂，摘了不少的桃子。

西北地方自東漢末年以來非常混亂，再加上劉備的介入，這裏的軍事、政治形勢非常複雜，叛亂迭起，對曹魏的統治構成了非常大的威脅。為了穩定西北局勢，曹丕繼位後，就讓張既出任新劃出來的涼州刺史，並給了張既「便宜從事」的權力，就是遇到什麼突發事件，張既可以不必向朝廷請示，自己看著辦。

張既在涼州打得最漂亮的一仗是顯美伏擊戰，此戰的起因是世居於隴西的盧水匈奴人在涼州發動武裝叛亂，七千多匈奴騎兵扼守要塞鸇陰口（今甘肅靖遠），阻止魏軍西進。張既深通兵法，沒有和匈奴人拼刀子，而是抄祖次小道，直插武威郡，反過來對鸇陰口的匈奴兵構成了威脅。匈奴人沒辦法，只好大幅度向西後撤至顯美（今甘肅永昌東）。

張既既然來了，就沒打算空手回去，張既決定向匈奴人發起總攻。不過他手下的一些將領對打敗匈奴人的信心不足，勸張既不要頭腦發熱，讓弟兄們多休息幾天再打也不遲。

對於這些反對意見，張既說了一句非常有名的話：「虜見兵合，退依深山，追之則道險窮餓，兵還則出候寇鈔。如此，兵不得解，所謂『一日縱敵，患在數世也』。」大意就是胡人用兵的核心思想是「漢進胡退，漢退胡進」。如果這次不打敗他們，以後幾十年西北地方別想過安生日子。

張既是個強硬的男人，他想要做到的事，就一定盡最大努力去做。他在附近埋伏了三千精銳，然後派小股騎兵去誘敵上套。匈奴人貪小利，見有一票大魚，傻頭傻腦地就衝了上來。結果很簡單：前後兩股魏軍夾擊，盡殲匈奴兵。此戰之後，匈奴人再無力在河西鬧事，史稱「河西悉平」。

有張既強硬地坐鎮關西，曹丕可以不必為關西操心，集中精力對付不聽話的孫權。張既在關西所起到的作用，和當初鍾繇坐鎮關西差不多，穩定住西北局勢，就是對朝廷最大的貢獻。只是可惜張既死得太早，黃初四年（二二三）就病故了，不然張既還能在西北發揮更大的作用。

在曹操手下的這幫地方官中，像張既這樣通吃軍政兩界的人不算少，但大多數人還是以文治為主。如果說張既是曹魏地方官群體中的一面，那鄭渾就代表著曹魏地方官群體中的另一面，和張既這樣的半個軍事家相比，鄭渾是典型的文臣。

鄭渾出身清流名門，高祖父鄭眾（和東漢大太監鄭眾同姓同名）、父親鄭興都是當代士林名儒，在官場上人脈深厚。鄭渾算不上是曹操的嫡系，他是從袁術那裏輾轉華歆治下的豫章才投奔曹操的。不過曹操用人沒有門戶之見，只要有真才實學，他都一體重用。

鄭渾也是從地方基層幹起的，當過下蔡和邵陵兩個縣的縣太爺。鄭渾在兩縣做出的最大政績就是強令百姓生兒育女，進行人口基數的積累。這件事的背景是當時天下大亂，生活困苦，再加上這裏以漁獵為主，不事農業生產，所以人口繁殖率非常低。

在小農社會裏，人口是朝廷賦稅徵收的主要來源，沒有人口是絕對不行的。鄭渾認識到了人口問題的嚴重性，但他看的則是更深層次的問題。百姓不願生育，說到底還是經濟落後，沒有餘糧養孩子。反正生下來兒女也沒飯餵他們，那還不如不養，就這樣惡性循環，導致人口生育率直線下降。

鄭渾的辦法其實很簡單，他強行沒收了老百姓的漁網和打獵工具，然後逼著老百姓去開墾荒地，尤其是種植水稻。這是最關鍵的一步，只要老百姓有飯吃，萬事好商量，否則，一切都是空談。

接下來鄭渾頒布了相關法律，嚴厲懲罰老百姓拋棄初生嬰兒的野蠻而無奈的行為，發現一個重罰一個。本來生兒育女是老百姓的自由，現在則成了政治任務，老百姓只好改變長久以來的民俗習慣，開始養兒育女。

好在當地的糧食連年豐收，老百姓家家都有餘糧，養幾個孩子不成問題。一個人口生育週期下來，當地人口出現了大幅度的增長。老百姓現在才明白鄭渾的苦心，他們都對鄭渾感恩戴德，甚至把兒女的名字都定為一個字——「鄭」，老百姓用最淳樸的方式，感謝鄭渾強硬的善舉。

鄭渾的官其實做得並不算大，他還不如張既那樣做到了州刺史這樣的高位，鄭渾最高的位子，不過是魏郡太守，相當於副刺史級別。鄭渾的地方官仕途路線圖如下：下蔡長、邵陵令－左馮翊太守－上黨太守－京兆尹－陽平、沛郡太守－山陽、魏郡太守。

官雖然做得不大，但做地方官則正是鄭渾的強項，做了京官，未必能有機會做出多少成績。鄭渾的地方治政能力堪稱一流，他的轄境變來變去，但唯一不變的是鄭渾有一顆博大的愛民之心，這比什麼都重要。官當得好不好，老百姓最有發言權。世界上最大的政治，就是解決老百姓的吃飯問題。

鄭渾每到一個地方赴任，都要「明賞罰，與要誓」，和老百姓開誠布公地訂立「道德契約」。所謂「道德契約」，就是鄭渾承諾他會盡最大的努力為百姓謀福祉，而百姓則要承諾安守本分，畢竟在亂世中生存，扯旗叛亂是家常便飯。地方官穩定住了當地百姓，就是對朝廷作出的最大貢獻。

鄭渾有個長處就是他會根據各地不同的情況，有針對性地制定施政方針。比如在任京兆尹期間，因為關中地近蜀、涼，戰爭頻繁，許多百姓都是從外地遷到關中的。針對這種特殊情況，鄭渾制定了「百姓移居法」。

具體做法就是讓人口多的家庭和人口少的家庭住在一起，人品良好的百姓和孤寡百姓比鄰而居，讓他們幫助有困難的百姓，大家一起感受大家庭般的溫暖，這樣有利於百姓之間的和睦。然後鄭渾率百姓開墾土地，老百姓通過互相協作，都吃上了飽飯，不僅社會安定，而且民風淳樸，鄭渾此舉確實不簡單。

在任職陽平、沛郡期間，鄭渾針對這裏地形低窪、經常發生水澇的特點，勸導百姓修堤壩、種水稻。老百姓嫌太麻煩，對鄭渾頗有微詞，鄭渾不受百姓的影響，他認為他做的是善民之舉，與心無愧。鄭渾仍然以身作則，親自下地勞動，一年下來，當地水稻大豐收，老百姓都有飯吃了。現在他們才知道當初鄭渾的強硬是正確的，無不感激鄭渾，將鄭渾修築的堤壩命名為「鄭陂」。

鄭渾在仕途上最輝煌的頂點是任魏郡太守，魏郡是魏國的第二國都，相當於現在的大上海。魏郡的經濟在當時中國首屈一指，但最大的問題就是綠化做得不太好，樹木太少。

鄭渾的辦法很有意思，他讓百姓們先種上榆樹，用來劃清各自的責任地。然後在榆樹中間種滿了果樹，這樣最大的好處就是魏郡的綠化得到了普及，同時也讓百姓增收，可謂是一舉兩得。

鄭渾雖然在地方上轉來轉去，但他始終恪守自己的一個道德底線，就是清廉如水。他從來沒有以自己在地方上有成績，就面無愧色地四處摟錢，確實難得。因為鄭渾在地方上出色的成績，魏明帝曹叡特意下詔頒告天下，稱讚鄭渾的治績。

在形勢混亂的社會大背景下，地方官一定要有魄力，因循守舊是做不出成績的，大破才能大立。在這一點上，敦煌太守倉慈做得非常出色。從地理位置上來講，敦煌是魏國真正的西北邊陲，出了敦煌，就是遼闊而陌生的西域未知世界。

因為連年戰亂，敦煌的社會治安異常混亂，甚至二十多年都沒有最高地方長官，都是一些豪門大戶在這裏窮折騰。這些豪強仗著權勢，殘酷地進行土地兼併，普通百姓被逼得走投無路……

政局是否穩定，關鍵就看最廣大百姓階層的利益是不是受到了損害。在古代，土地就是老百姓生存的最基礎保障，喪失土地比要他們命還讓老百姓傷心。倉慈心善，他最看不得老百姓吃苦受冤，他一到任，立刻掀起對豪強兼併土地的打擊。倉慈強行將被豪強兼併的土地分還給農民，然後通過制定各種法規，來限制豪強們的勢力。

除了土地兼併問題，敦煌還面臨一個非常棘手的問題，因為敦煌是西域和中原的交通要塞，所以當地豪強經常以低價強買搶西域商人運住中原的商品，大發不義財，西域商人怨聲載道。如果任由這些豪強發邪財，最終敗壞的則是朝廷在西域的名聲，表面上這是一個經濟問題，實際上這是一個嚴重的政治問題。

倉慈的做法其實並不算高難度，他先是安慰了西域商人代表，然後下令為西域商人辦好相關入境手續，只要是合法生意，都允許他們進中原貿易，並安排專人護送。同時倉慈下令，如果西域商人不想進入中原，敦煌郡官方可以按市價買下他們的貨物，斷不會讓他們吃虧，這事關朝廷的臉面，絕對小氣不得。

通過種種舉措，倉慈很好地解決了敦煌積累多年的老大難問題，商民兩便，同時也讓倉慈在當地人（包括西域商人）心中樹立了威信，同樣是公私兩利。當倉慈去世的時候，敦煌百姓和西域商人無不哀痛，四處發喪。老百姓是最有資格給官員蓋棺論定的，是不是好官，用民心一量，答案就出來了。

在漢魏時代的行政區劃編制中，有這麼一種情況，有些郡因為種種原因，或地勢險要，或經濟發達，都算是朝廷的一線重郡，相當於現在的計畫單列市。比如冀州的魏郡、中山，豫州的潁川，兗州的陳留，徐州的琅邪，幽州的遼東，以及司隸校尉部（魏改司州）的河東，現在講一講河東郡。

河東郡有多大？這麼講，東漢的河東郡大致轄境是今山西省的西南大部，下轄二十縣，極盛時期的人口近六十萬，這裏鹽、鐵儲量非常豐富。河東的地理位置非常重要，正處在雍州、并州、司隸校尉部的結合部，西、南兩面臨黃河，東依太行，距國都洛陽不過幾十里地，是洛陽重要的北面門戶。

因為河東在漢末曹、袁相爭的時代，正好瀕臨袁紹外甥高幹控制下的并州和馬騰控制下的關西，屬於前線軍事重鎮，形勢相當複雜。當時的河東太守王邑因事調離，曹操正為沒有合適的接替人選而發愁，曹魏首席謀士荀彧給曹操推薦了西平太守杜畿。曹操向來對荀彧言聽計從，立刻署杜畿為河東太守。

說來很有意思，杜畿本人早就對河東太守的位置垂涎三尺了，接到調令後，杜畿欣然赴任。不過在這個時候，河東土豪衛固和范先企圖割據河東，率兵堵住黃河渡口，不讓杜畿過河赴任。杜畿這個人做事也非常強硬，不讓我從陝津渡口過，那我就繞道從郖津渡口北上，想難住爺兒們，門都沒有。

衛固和范先懾於曹操的勢力，還是勉強接納了杜畿，但他們手上有兵，對杜畿的威脅非常大。在這種虎狼環伺的險惡環境中，杜畿卻玩得風生水起，和衛固等人從容周旋，為曹操掃清并州高幹勢力贏得了大把時間。

衛固等人和高幹的命運很快就被曹操給徹底終結了，曹操留給杜畿一個相對安定，但卻百弊叢生的爛攤子。這也許正是杜畿的機會，地方官要想出政績，最容易出彩的是「雪中送炭」，而不是「錦上添花」，這個道理想必杜畿是明白的。

河東和其他州郡相比，最幸運的一點就是受大戰波及程度較小，經濟基礎保存得相對完整。在這種情況下，地方官最先應該做的就是穩定社會局面，也就是穩定人心，否則人心一亂，再跳出幾個居心叵測的人出來一攪和，不定生出什麼大麻煩來。

杜畿在穩定人心方面很有一套，他採取的對策是道家所推崇的「清靜無為」之術，也就是在發展經濟的同時，盡量不增加老百姓的經濟負擔。農業社會的經濟主體，淺顯些，一是種田殖穀，二是畜養牛馬。

這兩點杜畿做得都非常出色，杜畿經常走進田間地頭，指導百姓發展畜牧業。不僅是馬牛這樣的大型畜牲，雞鴨鵝狗豬這樣中小型的經濟動物都要養，老百姓兜裏有了錢，才有穩定，否則無從談起。

經濟上去了，接下來杜畿在河東搞起了「精神道德建設」，歷史已經證明，物質文明發展和精神文明發展要配套，缺了哪條腿都走不好路。杜畿經常在河東進行先進家庭的評選，抓一些典型，比如評孝子、貞婦、順孫，然後給予他們適當的物質鼓勵，來引導人們向標兵們看齊，大家共同建設精神文明家園。

精神文明建設還有一個重要環節，就是普及教育，老百姓不能只有錢，更要有知識，沒有知識的民族是沒有前途的。杜畿在河東建學校，廣招學生，開講儒學，對河東的精神文明建設做出了重大貢獻。

我們通常所說得教育主要是指文化課教育，實際上軍事教育也是全民教育的重要組成部分。當時東漢政權早已分崩離析，軍閥割據，戰爭是家常便飯，所以在有飯吃的同時，絕對不能忘記隨時準備戰爭。杜畿經常在冬天組織青年後生進行軍事訓練，開講軍事課程。只有全民皆兵，才能確保國家利益不受侵犯。戰爭絕不只是軍人的事情，只要發生戰爭，每一個國人都應該是慷慨赴死的熱血戰士。

由於杜畿出色地完成了在河東的物質文明和精神文明的建設，河東大治，人心穩定。雖然河東地接邊患，但「民無異心」。這個道理其實很簡單，水往低處流，人往高處走，河東簡直就像天堂一樣，當地百姓自然在感情上更會珍視這來之不易的大好局面。老百姓只有在實在活不下去的時候，才會鬧出動靜來。

杜畿在河東待了十六年，史稱「（治績）常為天下最」，最好的一個，沒有之一。像杜畿這樣的地方官，實在是社稷、百姓之福。「政治路線決定之後，幹部就是最關鍵的因素」。不要小看地方官在鞏固政權建設方面的作用，沒有優秀的地方官，再好的政策都只是無法落實的一紙空文。

因為篇幅有限，不可能在這麼短的篇幅內講完所有的魏國封疆大吏，只能選擇講幾位有代表性的人物。下面再講最後一個地方官，就是歷任代郡太守、兗州刺史、魏郡太守、荊州刺史的裴潛。

說到裴潛，先不說他的地方治績，有兩點需要著重講一下。一是西晉著名的地理學家裴秀，中國歷史上完善地理理論的第一人，就是裴潛的兒子。二是裴潛對一代梟雄劉備作出了最準確的評價，曹操問裴潛，劉備何如人也？裴潛回答：「使居中國，能亂人而不能為治也。若乘間守險，足以為一方主。」

裴潛投靠曹操的時間比較晚，建安十三年（二〇八）曹操收荊州之後，裴潛才正式掛靠在曹操門下。裴潛不算是曹操的嫡系，再加上他本也不是荀彧那樣的謀略型人才，所以曹操照例把他安排在地方上任職。

在裴潛的地方官生涯中，最輝煌的無疑是在任代郡太守期間，為穩定西北局勢作出了突出貢獻。代郡位於并州、冀州、幽州的結合部，這裏同時也是烏丸族（也作烏桓）傳統的聚居地，郡內民族雜居，強人出沒，形勢也非常複雜。

代郡名義上屬於幽州管轄，實際上在代郡折騰的三部烏丸族頭領，他們自稱單于，在代郡橫衝直撞，所謂的代郡太守形同虛設，根本不敢管這夥強人。曹操沒少為代郡混亂的局面頭疼，想來想去，就派裴潛出任代郡。

不知道是裴潛手腕夠強硬，還是懾於曹操的軍事實力，代郡的那三位烏丸老兄乖乖地任由裴潛接管了代郡的權力。並把他們平時搶的美女和財寶都物歸原主，他們心裏明白，曹操是得罪不起的。

裴潛是個聰明人，他知道這些烏丸強人是代郡最不穩定的因素，但現在還不能動他們。便拿烏丸強人的幾個漢人幫兇開刀，斬殺了十幾個吃裏扒外的漢人，在當地引發了強烈震動，百姓無不拍手稱快。三位烏丸大人當然知道裴潛這是殺雞給猴看，個個都老實了不少。

不過可惜的是，還沒等裴潛下力度整治地方治安時，曹操看到代郡形勢平穩，就把裴潛調離代郡。裴潛不想走，他寫信告訴曹操，現在還不是他走的時候，他前腳一步，那三位烏丸強人後腳就敢造反。曹操不信，果然裴潛剛離開代郡，三位大人就扯旗稱大王了。

裴潛的長處也許不是發展經濟，但他最大的特點就是行事果斷，甚至心狠手辣。在混亂的地方當官，先不要想去發展經濟，沒有穩定的局面，談何發展經濟？不用雷霆手段，鎮不住當地那幫抹油貪吃的地頭蛇，什麼事都幹不了。

地方官要想做出一番成績，最需要具備的是什麼？就兩個字：威信！得讓眾人服你，你才能順利推行各項政策。具體怎麼做？說得通俗一點，就是一手拿著胡蘿蔔，一手拎著大棒子。聽話，賞胡蘿蔔吃，不聽話，掄起棒子劈頭蓋臉就打。強硬從來就不是目的，而是手段。敢玩狠的，才能做得大事。

三國曹魏封疆大吏的事情，就先講到這裏。

十、蜀漢三大邊鎮

講完了曹魏的封疆大吏，再來講一講蜀漢的地區行政建設。這一篇實際上是上一篇《魏國封疆大吏》的姊妹篇，之所以分成兩篇講，一是篇幅有限，二是蜀漢的情況和曹魏有很大的不同，所以在這裏單獨講一講蜀漢。

在三國鼎立的歷史格局中，蜀漢的地盤最小，原先只有一個益州，後來把漢中從益州劃出來，另置梁州，勉強算是兩個州。即使失去了漢中，益州依然是蜀漢疆域的主體構成部分，甚至可以說是整個三國各州中面積最大的一個州。

蜀漢大致上可以分成四個主要部分：

一、以成都為中心，環繞於成都的川西平原，這是蜀漢的核心統治區，經濟最為發達。

二、以今川東平原、重慶市大部組成的東部地區，即永安都督區，治所在巴東郡，也稱永安（今重慶奉節）。

三、長江以南的廣大地區，也就是我們經常提到的南中地區，即蜀漢設置的庲降都督區，治所在建寧郡（今雲南曲靖）。

四、處在關中和西川結合部的漢中地區，即漢中都督區，治所在南鄭（今陝西漢中）。

雖然蜀漢疆域狹小，川西平原也緊鄰青藏高原，但一般很少將川西地區看成蜀漢的邊鎮地區。蜀漢邊鎮通常意義上是指三個地區，即漢中、永安、南中。與川西平原的文官行政編制不同的是，這三個邊鎮地區全部是軍事編制，相當於現在的大軍區制。

在三國中，蜀漢的生存環境最為險惡。失漢中，則魏軍可長驅南下成都；失永安，則東吳水軍可逆江西進；進入川中腹地。失南中，則蜀漢頓少大半國土。所以對蜀漢來說，蜀漢少了這三大邊鎮中的任何一個，必然是國將不國！

說到漢中，我們並不陌生，這是一座位於陝西省南部的歷史文化名城，歷史積澱非常的厚重。尤其是對三國歷史而言，不講漢中，就如同講《三國演義》不講諸葛亮一樣，頓時少了許多精彩。

漢中位於秦嶺深處，因為地處關中進入西川的要塞通道，歷來是兵家必爭之地。歷史上大名鼎鼎的漢高祖劉邦，就是從漢中開始，向不可一世的西楚霸王項羽發動命運大反擊的。對北方政權來說，誰得到了漢中，就等於得到了進入四川平原的大門鑰匙。反過來也一樣，蜀地政權一旦失去了漢中，離跨台的日子也就不遠了。

這已經不是一個巧合，歷代割據四川稱王稱帝者，莫不據有漢中以為天險要塞。成家（公孫述）、蜀漢、成漢、前蜀、後蜀、蜀夏（明玉珍）據蜀後，皆是東守永安，北守漢中，構成堅固的戰略防禦體系。

東漢建安十九年（二一四），荊州牧劉備耍盡了花招，終於從劉璋手上奪去了西川。雖然劉備潛龍入海，但他依然不太開心，原因無他，因為漢中要塞此時已經被曹操奪去。要不是曹操一時犯糊塗，沒有趁勢攻蜀，以劉備的實力，恐怕架不住曹操的狂轟濫炸。

得不到漢中，劉備根本睡不安穩，奪取漢中，是劉備集團入蜀面臨的最重要的一件戰略大事。在劉備率蜀軍主力北上奪漢中之際，留守成都的諸葛亮對此稍有疑問，從事楊洪明確告訴諸葛亮：「漢中則益州咽喉，存亡之機會，若無漢中則無蜀矣，此家門之禍也。」漢中對於四川平原的重要性，於此可見一斑。

東漢建安二十四年（二一九）五月，經過和曹操長達一年多的艱苦作戰，劉備終於從曹操嘴裏強行摳出了漢中這塊肥肉，美滋滋地吞下肚去。劉備異常重視漢中的戰略防禦建設，在選擇第一任漢中都督時，劉備特別慎重，他沒有選擇當時公認最合適的人選張飛，而是出人意料地選擇了當時名望尚淺的魏延。

任命漢中都督，首先要求這個人選在政治上必須絕對可靠，只能用嫡系人馬，絕不敢冒險用雜牌系。張飛自然是比魏延還要可靠的嫡系，只是張飛脾氣不好，劉備怕他因此誤事，還不如用資歷比較淺、但能力很強的嫡系魏延，至少魏延做事比張飛穩。

劉備讓魏延守漢中，還有另一層意思，張飛在奪漢中之前就已經是蜀漢官場一線重臣，讓張飛守漢中最多是平級調用。而魏延此時不過是三線的牙門將軍，對於劉備這麼高看他，讓魏延在眾人面前出盡了鋒頭，魏延對此感激涕零，必然會以死報主，這正是劉備用魏延的真正原因。

由於漢中對四川平原有重大的戰略意義，劉備在漢中留下了重兵，交給魏延主持漢中防務。漢中兵的任務就是死守險要，「皆實兵諸圍以禦外敵，敵若來攻，使不得入」。至於諸葛亮日後的北伐部隊，主要由蜀漢的中央軍擔綱。

魏延鎮守漢中的時間非常長，從西元二一九年算起，到西元二三〇年，魏延在漢中待了十一年。在這些年的漢中守牧生涯中，魏延實現了他當初對劉備的承諾：「若（魏）偏將十萬之眾至，請為大王吞之。」魏延時代的漢中，成了魏軍水潑不進的堅固堡壘，為蜀漢政權的艱難存在，立下了汗馬大功。

蜀漢的三大邊鎮主官都有一個共同特點，近乎清一色的武將出身，與魏國封疆大吏多數出自文官系統截然不同。蜀漢疆域實在太小了，經不起太大的折騰，魏國丟了涼州還是魏國，但蜀漢要丟了三大邊鎮，乾脆亡國算了。所以只有武將出任三大邊鎮的督牧，才能最大限度地保證國家利益，這是沒有選擇餘地的。

魏延之後的漢中都督是車騎將軍吳懿，也就是劉備的大舅哥。吳懿是在西元二三四年諸葛亮病死五丈原，魏延受冤案遭誅的背景下出任漢中都督的。和魏延相比，吳懿又多了一個特權——假節，即有先斬後奏之權，全權負責漢中防務。吳懿在漢中的時間比較短，只有三年時間，建興十五年（二三七）病故於任上。

吳懿死了，自然還有能人頂上來，第三任漢中都督是「只認識十個大字」的「文盲」——討寇將軍王平。其實王平是和吳懿一起到漢中赴任的，只不過王平的職務是漢中太守，漢中防區的二把手，配合吳懿守漢中。吳懿死後，王平才轉了正，繼任漢中都督。

王平雖然大字不識幾個，但他的軍事作戰經驗非常豐富，天生就是吃亂世飯的。王平軍事生涯中最有名的一場戰役是場敗局，就是著名的街亭之戰，如果主將馬謖聽從王平的建議，不泥古不化地跑到山上搞什麼「置之死地而後生」，諸葛亮轟轟烈烈的第一次北伐也不至於虎頭蛇尾地收場。

正是在這場失敗的街亭之後，王平在軍界混得風生水起，職務一路飆升。王平性格比較沉穩，做事不毛躁，這正是當初劉備選擇王平守漢中的原因。所以王平守住漢中，確實是給蜀中腹地上了一道保險鎖。不管對手是司馬懿還是張郃，都被王平給請回去了，魏軍在王平面前佔不到半點便宜。

由於諸葛亮死後，繼任宰相蔣琬基本中止了對魏的主動進攻，漢中從前哨陣地變成了前線門戶，承受著來自魏軍方面越來越大的軍事壓力。王平在漢中的任務就是死守險要，不能放魏軍進入蜀中腹地。在攻守概念中，進攻向來是比較困難的，但防守則相對容易些，所以王平很自然地就完成了歷史賦予他的使命。

這裏還有個情況需要說明一下，自魏延死後，吳懿、王平先後繼任漢中都督，但由於漢中的特殊戰略地位，蜀漢最高行政長官蔣琬一直長駐漢中，直接督導前線軍防。不過由於蔣琬體弱多病，而且他又是文官，實際上的漢中防務，還是由吳懿、王平等武將負責。

當然，蔣琬畢竟是最高行政長官，他駐在漢中，漢中都督的地位在一定程度上被弱化了。後來的費禕接替蔣琬做最高行政長官，依然長駐漢中，而且是在王平死後（延熙十一年，西元二四八年），正好順手接管了王平的職權。

於史有考的蜀漢最後一任漢中都督是前將軍胡濟，但胡濟在《三國志》中無傳，只是附在《蜀書·董和傳》裏，有五十個字的簡單生平介紹。胡濟在漢中都做了些什麼，甚至胡濟到底是不是蜀漢最後一任漢中都督都不清楚。

蜀漢末年的漢中防務，雖然還沒到土崩瓦解的地步，但確實有群龍無首的感覺，都搞不清楚誰在負責漢中防務。蜀漢最後一位名將姜維此時還不在漢中，因為他得罪了大太監黃皓，為避禍逃到了遠離漢中的沓中。

在蜀漢滅亡之前，姜維曾大幅度調整漢中軍防體系，姜維的戰略思維是「誘敵深入」，將漢中兵分散在各個險要隘口，吸引魏軍進漢中，然後合而圍殲之。在這種莫名其妙的軍事指導方針下，漢中都督胡濟撤往漢壽，監軍王含守樂城，護軍蔣斌守漢城，其他各個隘口均有重兵協防。元人胡三省就認為姜維此舉是「自棄險要以開狡焉啟疆之心，為亡國張本」。

不知道姜維天天都在琢磨什麼，這種「坦胸露背」的防禦體系實在太過冒險，一旦魏軍直插進漢中，各個小城的蜀軍根本無法抵抗強大的魏軍。魏西路軍主將鍾會帶了多少人馬？十幾萬！按姜維的這種思維，那些險要地勢的軍事重鎮幾乎就沒有存在的必要了，比如徐州、潼關、壽春、襄陽、江陵、廣陵……

十幾萬魏軍對付各自防守的蜀軍小部，實在是太過輕鬆，個個擊破就行了。從漢中防務的角度看，即使沒有鄧艾偷渡陰平，直插成都迫降劉禪，以魏軍的整體實力，在漢中消滅分散的蜀軍也不是什麼難事。漢中蜀軍被魏軍消滅之後，劉禪想不投降也不行了。

真不知道姜維都在幹什麼。

講完了蜀漢的北線軍防重鎮漢中，再來講一下蜀漢的東線軍防重鎮永安。

說到蜀漢的巴東郡，或者是巴東郡的治所永安，也許我們都不是特別熟悉，但永安還有一個名稱，就是歷史上大名鼎鼎的白帝城。

蜀漢章武三年（二二三），劉備伐吳慘敗，退守白帝城。在這裏，劉備含淚將殘破的蜀漢天下，連同十七歲的兒子劉禪，都交給了淚流滿面的諸葛亮。隨後劉備帶著千古遺恨離開了人世，這就是著名的「白帝城托孤」。再加上詩仙李白那句極有名的「朝辭白帝彩雲間，千里江陵一日還」更讓白帝城名滿天下。

自吳、蜀夷陵之戰後，兩國的邊境就以白帝城為界，以東屬吳，以西屬蜀，這無形中就突顯了永安防吳軍事重鎮的地位。關於吳蜀關係，之前我們已經講過了。雖然諸葛亮執政後，改善了與東吳的外交關係，兩國結盟反魏同盟，但吳蜀之間誰也信不過誰。在共同防魏的同時，雙方都對所謂盟國提高了警惕，誰知道對方會不會在自己倒楣的時候捅刀子。

不過從雙方的統治區域來看，東吳的核心統治區是江東，所以東吳的西線防禦體系是整個荊州，戰略縱深非常大。即使蜀軍打到荊州，離江東還有很遠的距離。但蜀漢不一樣，一旦吳軍突破永安防線，就可直接插進蜀中腹地，直搗成都。

在蜀漢的兩大軍防重鎮漢中、永安，漢中承擔的更多是進攻任務，蜀軍以漢中為跳板，謀略關中和河西。而永安的戰略任務就是防禦東吳，因為吳蜀已經媾和，所以永安暫時沒必要承擔進攻任務。

由於永安有這層特殊的戰略意義，所以諸葛亮在選擇永安都督的人選時非常的慎重。這可是事關身家性命的大事，諸葛亮絕對不敢在這上面玩火。於史可查的蜀漢第一任永安都督是李嚴，其實選擇李嚴做永安都督的並不是諸葛亮，而是劉備。

劉備在托孤於諸葛亮的時候，還是留了一個心眼，挑出李嚴做二號托孤顧命大臣，並以重兵留鎮永安。劉備用李嚴坐鎮東線，一方面防禦孫權；另一方面也是間接給諸葛亮提個醒：我把兒子交給你撫養，你要對得起我對你的信任，否則李嚴的永安兵可不是吃閒飯的……

當然，劉備讓李嚴防備諸葛亮只是一種假想情況，李嚴真正的敵人還是孫權。只要李嚴能守住永安，就是對蜀漢政權作出最大的貢獻。雖然諸葛亮北伐時，帶去了大多數蜀軍精銳，留駐永安的也還是蜀軍精銳部隊，僅憑這一點，就能斷絕孫權的非分之想。

李嚴在永安駐守了四年，建興四年（二二六），諸葛亮北駐漢中練軍，因朝中無大佬坐鎮，就把李嚴調到江州（今重慶市）駐屯，同時還兼管永安軍防。

蜀漢軍界在早期強人輩出，走了一個李嚴，還不至於挑不出名將駐防永安，親臨永安前線坐鎮的是蜀漢名將陳到。

講到陳到，想多說幾句。在《三國演義》中，我們都知道劉備手下有一位貼身名將趙雲，趙雲就不多說了，太有名了。其實劉備身邊還有一位貼身名將，就是沒有被羅貫中寫進《三國演義》的陳到。

不知道羅貫中為什麼不寫陳到，可能是羅貫中已經將陳到的事蹟都移到了趙雲身上，所以就不想多費筆墨了。在蜀漢軍界，陳到是和趙雲齊名的元勳大將，而且陳到也是劉備嫡系中的嫡系。

早在劉備掛個空頭的豫州刺史頭銜的時候，陳到就跟了劉備。幾十年來的腥風血雨，陳到對劉備忠誠不二，是劉備少數至親至信的心腹之一。李嚴離開永安任上，由陳到及時補了缺，像永安這樣的軍事重鎮，交給陳到是眾望所歸。

這次陳到赴永安任都督，還有一個特別的情況，就是陳到是率領蜀漢最精銳的侍從衛隊「白毦兵」去永安的。這支白毦兵的第一任主將不是別人，正是劉備本人，劉備死後，就把這支精銳部隊交給陳到統領。

在吳蜀結成聯盟的背景下，諸葛亮派白毦兵駐守永安，重點防禦孫權偷襲的意味非常明顯。其實諸葛亮這麼做也是無奈之舉，他馬上就要北伐曹魏，李嚴又改任江州，一旦孫權背信棄義偷襲永安，誰都承擔不起這樣的災難性後果。

歷史早就證明，孫權從來就不是一個可靠的盟友，專捅盟友黑刀是孫權的拿手戲。有了陳到的白毦兵坐鎮東線，孫權即使有襲蜀這個賊心，也沒這個賊膽，諸葛亮可以放心地北伐。

陳到於建興八年（二三〇）在永安都督任上去世，但隨之而來的就出現了一個問題。下任有史可查的永安都督是宗預，不過宗預是在西元二三四年諸葛亮去世後，出使完東吳回來後接任的永安都督，永安都督出現了四年的空檔期。難道這四年永安就沒人管了？當然這是不可能的。

上面提到了前任永安都督李嚴移駐江州時，同時還管著永安軍防，西元二三〇年，李嚴受諸葛亮調令，率兵北上漢中，協助諸葛亮北伐。江州的防務交給了李嚴之子李豐，隨後李豐又繼任江州都督，直到諸葛亮去世那一年（二三四）才卸任。而這一年正好宗預任職永安都督，也就是說，在二三〇年至二三四年，永安軍防一直由江州都督代理。

宗預來到永安都督軍之後，永安防區是否還受江州都督導，史無明載。不過從形勢上來分析，諸葛亮死後，東吳方面已經現出了破壞吳蜀聯盟的一些輕微舉動，比如吳軍集結於吳蜀邊境。蜀漢方面對此做出了敏感而及時的反應，增兵永安，孫權想渾水摸魚？對不起，這裏沒有魚，只有螃蟹，小心夾到你的爪子。

宗預可能是蜀漢各大軍鎮都督中任職最長的一個，他居然做了二十五年的永安都督，從二三四年就任，到二五八年受調回成都。雖然《三國志．宗預傳》並沒有提到宗預在這二十五年的時間內都在永安做了哪些工作，但永安都督的任務就是防備東吳。只要東吳沒出兵西進，就是永安都督最大的成就，宗預顯然完成了任務。

宗預之後，負責永安軍防的是《三國志》無傳的大將軍閻宇，閻宇這個人因為和蜀漢大太監黃皓關係很好，所以被羅貫中寫成了攀附太監的小人。其實閻宇是個能員幹臣，沒有羅貫中寫得那麼齷齪。

閻宇從二五八年開始任永安都督，一直幹了五年，西元二六三年，魏軍伐蜀，蜀漢北線軍防吃緊，閻宇被調離永安。閻宇臨行前，將永安軍防交給了永安防區的二把手、巴東郡太守羅憲，並留下了二千蜀軍。羅憲應該是沒有正式任職永安都督，但羅憲卻是蜀漢最後一任永安防區的領導者。

也許是歷史的戲弄，永安都督設立了幾十年，從來沒有吳軍犯界的情況發生。但在羅憲的任期內，永安防區終於迎來了大考。數萬吳軍利用蜀漢滅亡，東線軍防混亂的機會，大舉西進。吳軍盛憲、步協等部打著救援蜀軍的旗號，企圖拿下永安，打通西進蜀中腹地的通道，搶在司馬昭之前佔領蜀漢。

面對東吳的背信棄義，羅憲特別地憤怒。羅憲作出一個很男人的決定，吳軍不是想吃豆腐嗎？好吧，今天爺們兒就讓你們見識見識，有些豆腐是不能隨便吃的！羅憲「保城繕甲」，鼓勵將士，誓死守城。吳軍在永安被羅憲碰了一頭釘子，被蜀軍打得稀裏嘩啦，敗得很慘。

吳國孫權沒想到羅憲這個「亡國奴」居然敢這麼對待自己的軍隊，暴跳如雷，又派東吳名將陸抗率三萬精兵西進，孫休不信堂堂大吳雄師，奈何不了永安這個小城。羅憲真是個爺兒們，硬是在吳軍強大的攻擊力面前，以孤弱悲涼之兵，足足守了大半年！

羅憲雖然後來向司馬昭通款，請求晉軍急速救援，但羅憲寧降晉，不降吳，可能和吳軍背叛吳蜀盟約的無恥舉動有關。男人的尊嚴讓羅憲嚥不下這口氣，別說你陸抗了，就是你老子陸遜從陰間復活，也奈何老爺不得！

最終吳軍因為晉軍南下救援，才心不甘情不願地退回荊州。孫權偷雞不成蝕把米，還落了個背信棄義的惡名，惱火可想而知，呵呵。可能是出於穩定的考慮，司馬昭並沒有調羅憲去其他地方任職，而是繼續督軍永安，也許司馬昭就是看中了羅憲的這股狠勁。

不過羅憲這時的身分已經不是蜀漢的巴東太守了，而是晉朝的巴東監軍，雖然這時司馬昭還沒有廢魏自立。羅憲在蜀漢滅亡後，在永安又幹了七年實職都督，牢牢封死吳軍的西進通道，對晉朝順利穩定蜀漢局勢作出非常重大的貢獻。

永安這個地名從晉朝開始已經不復存在，晉武帝將永安縣更名為魚復縣，唐太宗李世宗為了紀念諸葛亮托孤之誠，又改名為奉節縣，一直沿用至今。

在蜀漢的三大邊鎮都督區中，漢中是北伐曹魏的前線陣地，永安是封鎖吳軍西進的戰略要塞，至於另外一個邊鎮——庲降都督，情況則與漢中和永安有所不同。

先簡單介紹一下庲降都督的地理情況，所謂庲降都督，統治範圍非常大，差不多佔去了蜀漢的一半國土。具體位置大約為今四川省的西昌市、攀枝花市以及宜賓至瀘州段長江以南地區，貴州省大部、整個雲南省，廣西的西北地方，緬甸北部大片地區及東北部分，老撾的北部地方，以及越南北部的小部分地區。

這一大片地區在行政區劃上，自東漢以前皆屬於益州轄境，到了蜀漢，依然受益州管轄，通稱為南中。南中從益州脫離出來單獨劃州，還是在晉武帝司馬炎時代。晉泰始六年（西元二七一）年，司馬炎將南中劃為寧州。

蜀漢時代的南中地區總共有七個郡，分別是：越巂郡（治今四川西昌）、朱提郡（治今雲南昭通）、牂牁郡（治今貴州黃平）、雲南郡（治今雲南姚安）、永昌郡（治今雲南保山）、興古郡（治今雲南硯山北）、益州郡（後改名建寧，治今雲南曲靖）。建寧郡就是蜀漢庲降都督的治所，是南中的行政中心。

庲降都督區和漢中、永安最大的不同在於，庲降都督區境內是著名的民族雜居區，居住漢、僰、濮、夷、越、僚等民族，情況非常複雜。自古以來，南中就是西南少數民族的天堂，史稱「西南夷」。歷史上大名鼎鼎的夜郎國，就在蜀漢牂牁郡境內。

南中地區並不是像蜀漢丞相長史王連說的「不毛之地」，南中雖然經濟相對要落後一些，但這裏物產非常豐富，尤其是金屬資源。比較有名的有朱提銅、賁古銅、律高錫、采山錫、雲南銀、越嶲鐵等。南中幾乎就是蜀漢的大半國庫，如果失去了南中，蜀漢的財政收入將頓減大半，這是蜀漢無法承受的。

自劉備入蜀後，就非常重視對南中的管理。東漢建安十九年（二一四），劉備任命安遠將軍鄧方為朱提太守，同時兼領庲降都督，庲降都督從此出現在歷史舞臺上。

鄧方為人「輕財果毅」，處事公平，從「夷漢敬其威信」這句史料來看，鄧方在處理夷漢關係的問題上很有一套。民族關係說複雜也複雜，也簡單也簡單，如何處理好多民族關係？就兩個字：公平！只要一碗水端平了，萬事都好商量。

鄧方做了七年庲降都督，蜀漢章武元年（二二一），鄧方卒於任上，接替鄧方的是益州別駕從事李恢。劉備這人很無聊，他明明想讓李恢赴任，卻找來李恢，拐彎抹角地說閒話。最終還是李恢挑明了他想當庲降都督，劉備大笑：「我找你來，就是這個意思。」真夠無聊的。

劉備選擇李恢主要有兩層意思，一是李恢本就是南中建寧人，對南中情況非常熟悉。二是李恢的姑父爨習是南中豪門，在當地很有威望，所以綜合這兩方面情況，李恢其實是最合適的人選。

李恢在庲降都督任上最出彩的事情是協助諸葛亮南征，平定了南中豪強雍闓、高定等人發動的大規模叛亂，為穩定南中局勢作出了重大貢獻。南中一日不定，諸葛亮就不敢北上伐魏，南中是蜀漢的戰略大後方。後院起了大火，誰敢沒事人似的，出門耍猴遛鳥？就是這個道理。

李恢時代的庲降都督區形勢比較混亂，叛亂不斷，李恢以強硬的手段打擊了那些上竄下跳的地方豪強。李恢為了釜底抽薪，乾脆把那些俘虜的叛亂頭子都押往成都，這招真狠，不過非常有效，穩定住了南中局勢。

南中之於蜀漢還有另外一層意義，就是南中可以源源不斷地給蜀漢朝廷供應大量的戰略物資，以及強壯的少數民族士兵。蜀漢之所以能屢次發動對曹魏的大規模戰爭，憑藉的就是南中豐富的物產、人力資源。戰爭，說得通俗一點，就是燒錢。

第三任庲降都督是前蜀郡太守張翼，張翼是蜀漢官場少有的一線清流名門出身的高官。我們知道東漢歷史上有句著名成語「豺狼當道，安問狐狸」，就是張翼的曾祖父、東漢名臣張綱說的。張翼的高祖父，就是東漢順帝時的司空張浩，在東漢士林中屬於一線名士。

張翼是在建興九年（二三一）接任李恢任庲降都督的，張翼與前兩任都督最大的區別在於張翼執法異常嚴厲，對當地豪強以高壓為主，不懂變通，結果平白惹出了一場叛亂。

諸葛亮覺得張翼這毛躁的性格不太可靠，乾脆調回成都，改派性情穩重的馬忠取代張翼。張翼自知有過，為了彌補過失，他硬是頂住了叛軍首領劉冑的攻擊，順利地和馬忠辦理了交接手續。張翼隨地大便，卻讓馬忠給他擦屁股。馬忠在張翼走後，很快就平定了劉冑叛亂。

馬忠是蜀漢中後期的柱石級大臣，劉備當初就非常喜歡馬忠，稱馬忠為當世賢才。馬忠也是歷任庲降都督中任職最長的一位，從建興十一年（二三三）開始，直至延熙十二年（二四九）病故於任上，前後長達十七年。

雖然在這十七年中，馬忠有一段時間代替北駐漢中的大將軍費禕坐鎮成都，但時間不長，費禕回到成都後，馬忠繼續在庲降任事。馬忠做事沒張翼那麼急刻，張翼重在於剿，而馬忠則重在於撫，很好地處理了當地的夷漢關係，深受好評。史稱「柔遠能邇，甚垂惠愛」。馬忠死後，當地人民甚至建廟來紀念他，足見馬忠是深得民心的。

第四任庲降都督是張表，不過張表在正史中無傳，只知道他是在景耀四年（二六一）之前去世的。而第五任庲降都督閻宇則是在景耀元年（二五八）就離開南中，赴任永安都督。也就是說張表和閻宇這兩任庲降都督總共做了十年，至於他們任職的具體年限，已經於史無考了。

在蜀漢末期，南中形勢相對比較穩定，這也可能是蜀漢朝廷撤裁庲降都督建制的主要原因。綜合蜀漢歷史來看，蜀漢政權在南中的政策，可以用馬謖的那句名言來歸納：「南中恃其險遠，不服久矣，雖今日破之，明日復反耳。攻心為上，攻城為下；心戰為上，兵戰為下。」諸葛亮鼓掌稱讚。

蜀漢歷任庲降都督在治理南中的時候，基本上都按這個大政方針執政，自諸葛亮平定南中以來，很少發生大規模的叛亂事件。所以在魏軍大舉攻蜀的時候，劉禪就想到了南逃地形複雜險要的南中避難。雖然劉禪在譙周的勸止下沒有南奔，但劉禪此舉恰恰為南中的形勢穩定提供了證明，如果南中依然亂成一團，劉禪也不敢輕易南下冒險。

除了以上講到的漢中都督區、永安都督區、庲降都督區外，蜀漢其實還有一個江州都督區，大致轄境約為今重慶市的大部分。不過江州都督區嚴格來說不算是蜀漢邊鎮，一般是將江州都督區算進入以川西平原為主的蜀漢核心統治區。

十一、東吳兩大邊鎮

講完了蜀漢的三大邊鎮，接著再講一講東吳的邊鎮情況。

在進入正題之前，也照例將東吳的疆域概況簡單介紹一下。東吳全盛時期的疆域，大致可以分為三個州：

一、揚州：今江西、浙江、福建三省全部，江蘇南部、安徽南部，以及長江北岸部分地區。

二、荊州：今湖南全部，湖北南部、貴州東部、廣西東北部、廣東北部。

三、交州：今廣東大部、廣西大部、今越南北部。

在具體行政區劃上，這三大州又略有變動，吳黃武元年（二二二），孫權從荊州拆出江夏等郡，另置郢州。黃武五年（二二六），在呂岱的建議下，孫權將交州的東部拆出來，另置廣州。不過郢州和廣州存在的時間不長，很快又撤銷了。直到孫休永安七年（二六三），又重置廣州。

在這東吳三大州中，揚州是東吳的核心統治區，經濟最發達，也是孫權的命根子。雖然揚州在江北要面對強大的魏軍輪番攻擊，但和蜀漢的川西平原地區一樣，嚴格來說都不能算是邊鎮。

至於荊州，嚴格意義來講，荊州是東吳最大的戰略緩衝區。孫權有了荊州，就能最大限度地抵禦來自蜀軍從西線發動的攻擊，荊州橫長數百里，只要守住荊州，孫權就幾乎沒有了西線的威脅。同時可以反擊曹魏，也能最大限度地減輕揚州（來自魏軍）的軍事壓力。

東吳的交州，實際上就相當於蜀漢的南中地區，這裏民族雜居，情況也相當複雜。相對於荊州的重大戰略價值，交州的戰略意義似乎要略小一些。但交州的穩定與否，直接關係荊州和揚州的南線安全。萬一蜀軍要東進交州，那東吳幾乎就是被蜀漢兩面合圍，孫權承受不起這樣的慘重代價。

和蜀漢的情況差不多，表面上孫權和蜀漢結盟，但孫權根本不相信蜀漢。孫權兩次嚴重傷害了蜀漢的重大利益，他不信蜀漢會不記仇。吳蜀都在結盟的同時，暗中防備對方，這年頭誰能相信誰？滿大街都是騙子。

在與蜀漢接壤的荊州和交州中，如果讓孫權拼盡身家性命必保一個州的話，孫權一定會死守荊州。荊州的地理位置實在太優越了，佔據荊州之後，孫權西可進蜀，北可圖取中原，退而劃江自守。

可惜孫權是個懶羊羊，小富即安的主兒，他沒有統一天下的魄力，只想守住這一畝三分地，做個快樂的土財主。欲保江東，必守荊州，這是吳國高層的共識。正因為如此，所以鎮守荊州的人選，必須是吳國官場有名望的一線重臣，而且此人必須有過硬的軍事能力。當時吳國符合這兩個條件的，只有陸遜。

陸遜出身於江東四大姓之一的陸氏家族，門庭顯貴。當時東吳最頂級的豪門大族有四家，全部出自吳郡（今江蘇蘇州），即「吳郡四大姓」，分別是吳郡顧氏、吳郡張氏、吳郡朱氏、吳郡陸氏。

因為陸氏是江東首屈一指的超級豪門，陸家的威望不成問題。再加上陸遜是三國最頂級的名將，襲荊州、殺關羽、敗劉備，這樣的功勞很有含金量，江東文臣武將個個心服口服。

可以這麼說，孫權能拿下並坐穩荊州，陸遜是第一功臣，所以讓陸遜守荊州，也算是對陸遜的一種獎賞。孫權甚至把陸遜的爵位由婁侯改成了江陵侯，給陸遜改了「戶口」。孫權此舉，實際上是變相承認了陸遜對荊州的統治，東吳一直有兩個朝廷的說法，一個在揚州，一個在荊州。

後來吳蜀聯盟，孫權只負責外交的大政方針，與蜀外交的具體事宜，均全權交由陸遜負責。孫權另外打造了一方印璽，交給陸遜，孫權與蜀漢所有的外交來訪文件，都要交給陸遜過目。如果陸遜覺得哪地方不妥，直接修改，並蓋上印璽。說陸遜是東吳的二號皇帝，並不為過。

在吳蜀關係復好後，兩國停止了軍事鬥爭，荊州的西線防禦體系基本不見刀兵。而吳魏關係就此破裂，戰事不斷，荊州的防禦重點由西線轉向了北線。以東漢時荊州的轄界來看，東吳的荊州佔了至少七成，曹魏佔了三成。大致從今湖北雲夢縣至今湖北興山縣拉一條曲線，北荊州屬魏，南荊州屬吳。

因為邊界劃定的原因，魏軍對東吳的軍事進攻，只有兩條路可走：東線攻揚州，西線攻荊州。陸遜在荊州的主要任務就是防禦魏軍南下，絕對不能讓魏軍突破長江防線，否則魏軍千艦東進，孫權就死翹翹了。

因為魏軍懾於陸遜的強悍，直到陸遜被孫權逼死的那一年（二四五），魏軍始終沒有在荊州戰場發動大規模的戰爭，不是不想，而是不敢。倒是陸遜在西元二三六年，奉孫權的旨意，主動率軍北伐，在襄陽附近轉了一圈，把魏軍嚇得魂飛天外。都說老鼠怕貓，其實貓也有怕老鼠的時候，就看老鼠狠不狠了。

從魏國的角度來看，魏國南方表面上分為專對蜀漢的西線戰場和專對東吳的東線戰場，實際上還可以將東吳控制的荊州分為中線戰場，東吳揚州為東線戰場。因為東吳在坐鎮荊州的人選慎之又慎，魏國基本沒機會對荊州下嘴，只能專攻東線揚州。魏國「跛腿」式的對吳軍事戰略，其實對孫權來說是最安全的。

孫權對統一天下沒興趣，他對荊州的戰略要求就是守好北線防禦體系，陸遜出色地完成了守荊州的任務，孫權沒有了西線壓力，小日子過得非常開心。繼陸遜之後出鎮荊州的是東吳第一神童諸葛恪，諸葛恪才能出眾，這也是孫權為什麼不擔心逼死陸遜的主要原因。

諸葛恪是在西元二四五年任荊州牧的，他的任期雖然沒有陸遜坐鎮二十四年那麼長，但也不算短。諸葛恪在荊州待了七年，西元二五二年孫權病故，孫權有遺詔徵諸葛恪回建業，以太傅、揚州牧的身分輔弼幼主孫亮，但同時還兼任荊州牧。

不過也許是出於分化權力的考慮，孫權把荊州交給諸葛恪的同時，還讓年逾八十的老將呂岱與諸葛恪共守荊州。之前的荊州差點被陸遜搞成了獨立王國，這讓孫權非常注重外鎮權力的平衡，不能讓一個國家重將在一個地區坐鎮時間太長，很容易生出事端。

當然，分化權力必須建立在局勢穩定的基礎上，否則更容易出亂子。諸葛恪回京輔政並連年北伐曹魏，荊州的防備主要由呂岱和衛將軍滕胤負責。滕胤和諸葛恪是一條藤上結出的兩個瓜，共進共退，最終被孫峻等反對派一網打盡，滕胤陪著諸葛恪被滅了三族。

在三國鼎立，吳蜀聯合抗魏的大格局下，東吳的荊州牧所承受的軍事壓力並不大。東吳朝廷對荊州的態度就是將荊州當成抵禦蜀軍東進的防禦縱深，直到蜀漢滅亡之後，晉朝佔領了西川上游要道，這時荊州的戰略縱深意義才真正顯現出來。

從晉朝對滅吳的軍事準備上看，一旦發動攻擊，晉軍必然從蜀中順長江直下。所以加強荊州軍防是刻不容緩的要務，東吳最後一個皇帝孫皓把事關身家性命的荊州交給了陸遜的侄子陸凱。陸凱的荊州戰略非常清晰，就是死守要塞，遏住晉軍東下的水路。

這個防禦思路無疑是正確的，司馬炎久欲統一天下，正愁沒藉口對東吳用兵，所以陸凱絕不上司馬炎的當，從不佔小便宜。陸凱在荊州坐鎮六年，晉朝的荊州大員羊祜找不到下嘴的機會，只好和陸凱這麼不尷不尬地耗著。

當初為了加重荊州的防禦力量，東吳在荊州設置了許多軍事機關，就是都督制度。在整個荊州軍防體系中，最重要的無疑是西陵都督，西陵都督實際上是東吳荊州江防的最高軍事長官。在東吳歷任西陵都督中，最有名的一個，自然是陸遜的兒子、西陵都督陸抗。

吳永安二年（二五八），三十三歲的陸抗就被孫休任命為西陵都督，扼守西陵江防要塞。隨後陸抗的權力越來越大，負責督管從巫縣到公安縣數百里的軍事防線。陸凱死後，荊州防務基本上都由陸抗負責。

陸抗是三國末期的名將，羊祜遇到這樣一個對手，自然不敢多事，又和陸抗磨洋工。羊祜和陸抗是魏晉時代最有名的一對「敵國朋友」，他們互相問候，並經常送給對方禮物或者藥品。實際上他們哪裏有半點私交？都不過是以假應假罷了。

東吳之所以在蜀漢滅亡後，還能在晉朝強大的軍事壓力下頑強堅持了十五年，並不是暴君孫皓有本事，而是孫皓在荊州用對了人。陸凱、陸抗都是一世良才，他們在荊州嚴防死守，不給晉軍半點下手的機會。如果不是陸抗在西元二七四年病故，荊州再無良將，天知道晉朝統一還要等上多少年。

從晉朝的統一戰略來看，晉軍的主攻方向就是荊州。只要晉軍能拿下荊州，即使沒有攻克江東本部，晉朝也能進一步壓縮東吳的生存空間，東吳的滅亡只是時間問題。

晉軍滅吳出了六路大軍，其中有四路是主攻荊州的：建威將軍王戎出武昌，平南將軍胡奮出夏口，鎮南大將軍杜預出江陵，龍驤將軍王濬、巴東監軍唐彬出益州。

二百年後，前秦皇帝苻堅為了統一天下，向東晉發起瘋狂的進攻。從軍事角度看，苻堅這次用兵最大的問題就是只將火力集中於揚州一線，忽略了荊州，從而讓東晉軍從容地將有限兵力彙集於壽春。

當時前秦和東晉的對立幾乎就是西晉、東吳對立的翻版，前秦據有巴蜀、襄陽，完全可以學習西晉滅吳，兵分數路，重點攻擊荊州，分散東晉有限的兵力，讓東晉軍首尾難顧。這就如同於打蛇，擊其首則尾至，擊其尾則首至，最好的辦法就是多點進攻。

只要拿下荊州，江東必不可保，這是歷史給出的答案。後來的隋滅陳、宋滅南唐、元滅南宋，莫不如是。

與荊州軍防重點防禦魏、蜀的進攻相比，東吳另一個邊鎮交州的軍防任務相對要輕鬆一些。吳蜀第二次聯合抗魏後，軍防重點都在北線，吳蜀長達千餘里的邊境線數十年不見大規模戰爭，甚至連吳蜀之間零星走火的交惡事件都少見。

我們都知道，蜀漢的立國戰略是北伐曹魏，統一天下。至於蜀漢的東線——南線戰略，諸葛亮的思路是以穩定為主，畢竟南中是蜀漢的大後方。不過南中和東吳的交州接壤，諸葛亮是否考慮進攻交州，擴大地盤和戰略縱深？

從《三國志．蜀書．李恢傳》那句「（李恢）使持節領交州刺史」史料來看，蜀漢確實是準備在等待合適的機會拿下交州。因為南中發生大規模叛亂時，東吳在南中下了黑手，和雍闓等人勾搭在一起，企圖窺視南中。孫權想拿南中，蜀漢作為回應，自然不會給孫權好臉色看，藉李恢給孫權提個醒：我們想要交州。

不過後來吳蜀結盟，雙方共同放棄了對對方領土的窺視，蜀漢以官方形式正式承認了東吳對交州的主權。其實早在劉備建立蜀漢政權的前四年，孫權就已經控制了交州，也就是西元二一〇年，孫權派步騭任交州刺史，接管了由前軍閥士燮控制的交州。

步騭在交州共任職十年（西元二二〇年去職），在這十年間，步騭通過軟硬兩手，一方面誘殺了不太聽話的蒼梧太守吳巨，樹立了威信；另一方面安撫交州各界人心。史稱「南土之賓（服），自此始也」。

繼步騭之後，東吳的第二任交州刺史是呂岱。呂岱可能是感覺到交州的形勢太複雜，他未必能駕馭住這裏的地頭蛇，在西元二二六年，很油滑地上書孫權，在交州分出東半部分另置廣州，自己求任廣州刺史。

孫權也覺得交州是太大了，而且交州的主要問題是西交（交阯），應該在交阯設置高一級行政區劃，由專人管理。孫權同意了呂岱分置交州的建議，讓呂岱坐鎮廣州，另派倒楣的將軍戴良為新交州刺史，陳時為交阯太守。

之所以說戴良和陳時倒楣，是因為他們剛剛上任，就遭到了士燮的兒子士徽的強烈抵抗，士徽甚至帶著本部兵拒絕戴、陳二人入交阯。呂岱真會挑日子做好人，隨後呂岱出兵西進交阯，殺掉了士徽等叛亂份子，平定了交阯。呂岱坐視士徽叛亂，然後再幹掉士徽，撈盡了頭功。做人做到這個份上，呂岱實在油滑。

呂岱雖然會打小算盤，但能耐還是有的，至少他有魄力，能鎮得住大場面。在山高皇帝遠的地方當官，必須兩手都要硬，一手要有棗子，另一手要拎著大棒子，恩威並施，才能做得了大事。

不久後，孫權又廢除了廣州建制，恢復舊交州的轄境，呂岱全權主政交州。呂岱在交州待了十二年，他對東吳政權作出的最大貢獻就是以強硬手段穩定住了交州局勢，孫權沒有了後顧之憂，可以集中精力對付曹魏。

呂岱並不是一個安撫型的地方官，他的開拓能力更強一些。在交州主政期間，呂岱不斷向南發展，向中南半島上的一些部落國家宣示大吳帝國的威武，這些小國懾於吳國的強大軍事壓力，紛紛與東吳建立了朝貢關係。

東吳統治下的交州面臨著與蜀漢南中同樣的問題，一是民族雜居，二是當地豪強鬧事。但這兩個問題治理起來說複雜也複雜，說簡單也簡單，就是「軟硬兼施，恩威並行」。

不過綜合歷史史料來看，雖然交州和南中都經常性地發生叛亂事件，但南中局面更穩定一些。蜀漢對南中的戰略就是以武為經，以撫為緯，雙管齊下。終蜀漢之世，南中形勢比較平衡。而東吳治理交州的效果不算太好，大規模叛亂一起接著一起，這可能是東吳對交州以剿為主的戰略有關。

雖然呂岱在職期間，交州相對穩定，但呂岱剛一離職，交州就發生大規模叛亂。孫權沒辦法，又將年已八旬高齡的呂岱重新調回交州，呂岱用了一年時間，才平定以廖式為首的交州叛亂。

呂岱是交州叛亂者的天生剋星，但天下畢竟只有一個呂岱，而且呂岱年事已高，等呂岱徹底離開交州之後，交州接二連三地爆發叛亂。雖然後來新任交州刺史陸胤改變戰略，對交州以撫為主，「重宣至誠」，安撫交州各階層，效果確實不錯。史稱「賊帥百餘人，民五萬餘家，深幽不羈，莫不稽顙，交域清泰」。

但問題恰恰出在這裏，陸胤在交州以撫為主，恰恰說明了在呂岱之後、陸胤之前的這十幾年裏，東吳對交州的管理模式過於生硬。據史料記載，東吳的賦稅徵收率一直非常高，尤其是孫權晚年，加重賦役，江東苦不堪言。交州作為東吳財政大宗，自然免不了孫權的零敲碎打。把老百姓當成自家的提款機，老百姓被逼得沒辦法，造反是他們唯一能選擇的道路。

陸胤自吳赤烏十一年（二四八）坐鎮交州，直到永安元年（二五八）才離開交州。陸胤離職之後，交州再次習慣性地發生叛亂，東吳對交州的治理時好時壞，根子一方面是出於交州方面大員是否有能力，另一方面還在於東吳對交州的壓榨政策。

在蜀漢滅亡之前，蜀漢不便參與交州事務，所以東吳在交州面臨的壓力還不算大，有造反的，大不了剿滅了事。但自蜀漢滅亡之後，交州立刻從東吳的戰略大後方變成了前線抗晉陣地。

晉朝不斷地在交州施加影響，再加上東吳坐鎮交州的大員們一個比一個貪暴荒唐，比如兩個大活寶：交阯太守孫諝和察戰鄧荀。孫諝在交阯任內，專事欺壓百姓，民怨沸騰。最搞笑的還是鄧荀，此公來到交阯後，莫名其妙地下令在交阯徵調三千隻孔雀，準備進奉於內廷。

雖說南方多孔雀，但三千頭孔雀也絕不是小數目，這些孔雀可能是當地百姓散養的。朝廷不拔一毛錢就想拿百姓的財物，百姓自然不答應，結果激起一場大亂。交阯郡吏呂興殺孫諝和鄧荀，舉郡向晉朝內附。東吳辛苦經營五十多年的交阯，一夜之間就變成了司馬炎的地盤。

晉朝佔領交阯，對東吳的南線軍防體系構成了極嚴重的威脅，如果晉軍從南線進攻江東本部，再加上長江一帶的晉軍配合，以東吳的實力，未必能撐得住。東吳皇帝孫皓雖然殘暴，但也知道丟失交阯對東吳意味著什麼。

因為吳軍的對手是強大的晉軍，東吳收復交阯的戰爭屢遭失敗，直到西元二七一年，十萬吳軍大舉南下，在大都督薛珝與蒼梧太守陶璜的率領下，費盡了九牛二虎之力，才勉強打敗了已經彈盡糧絕的晉軍，收復交阯。隨後孫皓下詔，留陶璜鎮守交州，與荊州一起建立起西線軍防體系，共同分擔來自晉軍的軍事壓力。

陶璜是三國後期非常有實力的地方重將，只可惜在歷史上沒什麼名氣。陶璜的父親陶基曾經做過交州刺史，任期不詳。陶璜坐鎮交州期間，用強硬的軍事手段打擊當地武裝豪強，完全控制了交阯全境。陶璜在交州的軍事存在，基本上斷絕了晉軍抄南線回攻江東本部的奢望。

直到西元二八〇年，六路晉軍浩蕩南下，孫皓窮途投降。雖然江東本部陷落，但大吳的旗幟依然驕傲地飄揚在交阯的上空。如果晉軍用武力解決交阯，可能會付出非常慘痛的代價。

為了避免這場戰爭，司馬炎命令亡國皇帝孫皓親自給陶璜寫信，勸他投降大晉，不要再負隅頑抗了。史稱陶璜接到孫皓的手書後，號啕痛哭，陶璜無路可走，只好違心地易幟。不過出於穩定南方大局的考慮，司馬炎並沒有動陶璜，依然讓他坐鎮交州。

像陶璜這樣駐守形勢複雜地區的方面大員，僅有軍功是不能服人的，關鍵的還在於博取當地百姓的信任。讓老百姓信任地方官也不是什麼難事，只要地方官有一顆愛民之心，做幾件符合群眾利益的事情，老百姓是善良純樸的，他們分得清誰是好官。

陶璜在交阯最出色的治績就是開「珠禁」，所謂「珠禁」，就是東吳禁止當地以漁業為生的百姓下海採集珍珠。交阯近海，海產非常豐富，東吳的「珠禁」政策與民爭利，並斷絕了老百姓的致富路，這也是交阯屢發民變的重要原因之一。

陶璜有限度地開放了「珠禁」，規定老百姓採得上等珍珠，三分之二交給朝廷，中等珍珠的三分之一上交，下等珍珠允許百姓自行買賣。老百姓有了活路，自然就能接受統治，老百姓沒有野心，他們只想有口熱飯吃。

陶璜雖然是統治階層，但他至少知道在一定程度讓利於民，所以陶璜在交州的口碑極好。包括晉朝統治期內，陶璜共在交州坐鎮了三十年，史稱「威恩著於殊俗」，無論夷漢，都衷心擁護陶璜。民心，萬不可侮！把老百姓當成傻子的，才是天下第一號的傻子。

陶璜死後，交州由同樣是東吳降將的吾彥接任，吾彥也是一代賢吏，主政交州二十餘年，同樣是「威恩宣著，南州清靜」。不過這已經和三國沒有什麼關係了。東吳邊鎮的情況大致就講到這裏吧。

十二、三國神童

北宋大文學家王安石有一篇著名短文《傷仲永》，說的是有一個叫方仲永的孩子，從小聰明異常。仲永五歲的時候就能寫詩，當時人稱為神童，並請仲永四處題詩寫字，給予一定的報酬。結果仲永的父親發現了這個財路，讓仲永提早進入社交場合，卻忽略了給仲永提供良好的學習環境。幾年之後，方仲永才思俱退，已經「泯然眾人矣」。

王安石通過這個故事來告誡天下父母：教育孩子要尊重兒童成長的客觀規律，不能揠苗助長。王安石承認神童是存在的，但神童的最終成才，還需要後天的勤奮努力。神童最終成才的例子非常多，比如晉明帝司馬紹、唐德宗時的山中宰相李泌、宋朝大文學家黃庭堅、明朝大改革家張居正等等。

至於三國的神童，其實是非常多的，而且都是歷史上「重量級」的神童。最有名的三國神童有六個：曹沖、周不疑、孔融、諸葛恪、孫亮、鍾會。不知道是不是巧合，除了曹沖早逝之外，其他五個神童的人生結局全部是悲劇，沒有一個善終。

曹沖、周不疑、鍾會我們都講到了，下面重點講講孔融、諸葛恪和孫亮。

說到孔融，不得不提及他極為顯赫的家世，孔融是儒家聖人孔子的第二十代孫。要說從古至今的第一清流名門，非魯國孔氏莫屬，孔融生在魯國孔家，他的人生自然非同凡響。

作為神童，孔融最為後人所熟悉的有兩件軼事，一則是「孔融讓梨」的故事，這已經成為歷代兒童早期道德教育的經典教材，實在太有名了。著名的《三字經》也提到了孔融讓梨的佳話：「融四歲，能讓梨。弟於長，宜先知。」《後漢書．孔融傳》說孔融有「幼有異才」，不知道是不是指讓梨這件事情。

真正讓孔融成為名譽天下的「神童」的，還是在孔融十歲時發生的一件事情。東漢延熹五年（一六二），十歲的孔融隨父親孔宙去洛陽辦事，這可能是孔融第一次來洛陽。孔融在來洛陽之前，就聽說了士林一線名士、河南尹李膺不畏強暴，執法嚴正的傳奇故事，孔融想見一見李膺。

不過孔融一家和李膺沒有交情，孔宙也應該不認識李膺，而且李膺為人簡重，不輕易與生人交往。用什麼辦法能見到李膺呢？孔融聰明伶俐，他有的是辦法。孔融大搖大擺地來到李府門前，驕傲地告訴李府門衛：「去稟告你家老爺，就說李大人的世交通家子弟來拜見李公。」

門衛不知道孔融是哪路神仙，自然不敢怠慢，進門稟告了正在宴客的李膺。李膺在江湖上認識的朋友何止千百，李膺也想不起來這是誰家的小公子。但李膺又不能不見，萬一這小公子受家人所託，有要事來訪呢，李膺忙命門衛將小公子請進內宅問話。

等李膺看到孔融的時候，有些傻眼了，這是誰家的孩子，從來沒見過。李膺問孔融：「這位小公子說與我是累世通家，敢問尊門何人？」孔融應該是見慣了大場面，並不怯場，孔融用稚嫩清脆的聲音回答：「我祖上是孔子，李公祖上是老子，孔子曾問義於老子，所以孔、李兩家有累世之交。」

李膺聽說孔融這話後，眼都直了，孔融說得沒錯，李耳和孔丘確實有過交情，可這已經過了六百多年了。在座的士林名流們也沒想到這個小孩子會這麼伶俐，混飯吃都混出境界來了，眾人拍掌稱奇，讚歎不已。

過了一會兒，李膺的好友、太中大夫陳煒匆匆趕來赴宴，席間有人將剛才孔融的事情告訴了陳煒。陳煒可能是見過了太多的「仲永」，覺得這也沒什麼稀奇的，不就是混飯吃的把戲嗎？陳煒隨口說了句：

「看這孩子確實聰明，不過老話說過：小時了了，大未必佳！誰知道他長大後是不是平庸無奇。」

孔融確實夠機靈的，還沒等陳煒話音落地，孔融立刻頂了句：「陳大人說的在理，看得出陳大人小時候必定是個神童！」孔融說得這是反向諷刺話，用陳煒的話來打陳煒自己的嘴巴，言下之意陳煒現在是個平庸凡人。陳煒沒想到孔融的嘴巴這麼尖酸刻薄，面紅耳赤，一時無語。

在座眾人誰也沒想到眼前這個十歲的小男孩居然輕鬆扳倒了名士陳煒，無不暗中竊笑，讓你沒事招惹這個小人精子，這下吃癟了吧。東道主人李膺更是忍不住仰天大笑，用手指著孔融大聲說道：「此兒非凡品！將來必成當世偉器！」看得出李膺非常欣賞聰明秀朗的孔融。

有了這件雅事，孔融迅速在士林江湖中打出了名聲，一來他出身正宗的士林名門，二來有李膺四處給孔融抬轎子吹喇叭，孔融想不出名都難。後來黨錮之禍中，孔融收留了落難的名士領袖張儉，因事發被捕入獄。孔融慷慨赴死，賺盡了英雄之名。孔融從此一躍成為中原士林中的頂級名士。

在中原士林中，老一輩的李膺、張儉、范滂等人逐漸退出江湖，新一代的孔融、劉表、袁紹等人閃亮登場。孔融在士林的威望有多高？問問劉備就知道了，呵呵。孔融在做北海相的時候，黃巾軍來攻城，孔融一時抵擋不過，火速派太史慈去鄰近的平原郡請救兵，這時擔任平原相的就是一代戲霸劉備。

劉備出身草根，在士林中根本沒地位，所以當劉備收到孔融的求救信後，受寵若驚，激動地曰：「孔北海乃復知天下有劉備邪！」馬上就派三千精銳趕赴北海，打跑了黃巾軍。劉備攀上了孔融這棵大樹，就好像天下掉了一塊大肉餅砸在劉備的腦袋上，劉備自然爽得不得了。

不過孔融雖然和劉備都算是一路（地市級）諸侯，但劉備天生就是吃亂世飯的，亂世才是劉備的天堂。但孔融的這種名士做派顯然不太適合在亂世中找飯吃，史稱孔融「負有高氣，志在靖難，而才疏意廣，迄無成功」。

手下人曾經勸孔融結交當時兩大諸侯袁紹和曹操，不知道孔融少了哪根筋，孔融覺得袁紹和曹操都不是漢室忠臣，冷冰冰地拒絕了，甚至還殺掉了這個人。孔融書生氣十足的舉動得罪了袁紹和曹操，這也為後來曹操殺孔融埋下了伏筆。

而將孔融從北海趕跑的，正是另一外「漢室逆臣」袁紹，建安元年（一九六），孔融被袁譚打敗，老婆孩子全都丟了。孔融狼狽地逃到許昌，雖然當朝權臣曹操收留了孔融，但只給孔融安排了一個將作大匠的閒職，孔融的諸侯生涯就此結束，從此在曹操的刀尖上討生活。

剛開始的時候，曹操和孔融還能相安無事，畢竟孔融是天下頂級名士，曹操也需要孔融這塊金字招牌，所以對孔融曲意優容。孔融也逐漸適合了閒散官的生活，他有兩樣愛好，一是結交名士，獎掖士林後進；二就是喝酒。孔融是三國著名的酒鬼，反正他也沒正事做，每天約上三朋五友，在府裏喝個爛醉。

如果孔融只是亂認朋友和喝酒，倒也不犯曹操的忌諱，但孔融偏偏喜歡在老虎頭上拔毛。今天拔一根，明天拔兩根，三天兩頭地給曹操添噁心，最終把曹操給惹毛了。孔融最有名的兩次搗亂事件，一次是上書反對曹操禁酒，這個話題在《三國酒史》已經說過了。

另一次就是曹操攻破鄴城後，俘獲了袁紹的二兒媳甄宓，曹操晚了一步，被逆子曹丕搶步下手。事情傳到孔融耳朵裏，猴子性格的孔融決定耍一耍曹操。孔融給曹操寫封信，胡說什麼當年周武王滅商紂王，把妖女妲己賜給了弟弟周公旦，勸曹操寬容一些，把甄宓讓給曹丕。

曹操也號稱博學多才，卻不知道歷史上還有這個典故，曹操想破了腦袋，也不知道周武王賜妲己給周公出於何書，就虛心地請教孔融。孔融大笑：「這個典故出自孔融之口，是我想當然編出來的。」曹操平白被孔融耍了，老臉都氣變形了，有你這麼糟蹋人的嗎？曹操越來越恨孔融。

但真正讓曹操起殺心的，並不是孔融在這些八卦軼事上給他搞亂，而是孔融經常發表一些反對曹操內政外交軍事的言論，比如孔融反對曹操北伐袁紹、烏桓，在曹操權力圈中產生了非常惡劣的影響。「羊之亂群，猶能為害」，曹操最終忍無可忍，決定除掉孔融，以絕後患。

建安十三年（二〇八）八月，曹操先是指使光祿勳郗慮和軍謀祭酒路粹等人上書誣告孔融「大逆不道」，「宜極重誅」。隨後曹操以朝廷的名義將孔融一家處死，孔融時年五十六歲。

在孔融出事的時候，最讓人感歎的是孔融的一對小兒子，當孔融被捕的消息傳來，小哥倆正在下棋，家人驚慌來告孔大人被捕。小哥倆還在下棋，只是淡淡的回了句：「老窩都破了，我們這兩個小鳥蛋自然沒有存在的機會，不就是一死嘛，等著便是。」小哥倆從容赴死，時人莫不感傷。

孔融死了，但孔融留給後世太多太多的精神遺產，尤其是與孔融有關的幾個著名成語（詞語）和典故，如下：

小時了了，大未必佳！

累世通家

想當然耳

談笑自若

不脛而走（原句：珠玉無脛而自至者。以人好之也。況賢者之有足乎。）

歲月如流（原句：歲月不居，時節如流。）

不可多得

單子獨立（著名成語「煢煢子立」的前身）

警戒

零落殆盡

疾惡如仇（推薦禰衡書）

覆巢之下，安有完卵。（孔融兩個兒子說的）

大逆不道（《史記‧高祖本紀》做「大逆無道」）

融四歲，能讓梨。弟於長，宜先知。（《三字經》）

孔融是漢末三國極負成名的大文學家，著名的文學集團「建安七子」之首，他在文學上的成就自不必多言。但孔融最大的人生悲劇恰在於此，倒不是說文學家都是悲劇，而是孔融用一種文學化的人格在官場上存在，這就注定了孔融的悲劇。

在建安七子中，孔融的政治地位和社會影響最大。七子中只有孔融身處權力最高層，按說孔融應該用更圓滑的方式存在著，為官幾十年，其實就是一個性格稜角不斷被磨平的過程。但孔融卻是一個例外，他桀驁不馴，蔑視一切，即使是當時能掌握孔融命運的第一權臣曹操，也被孔融狠狠踩在腳下。

伴君如伴虎，曹操是什麼樣的人，孔融最清楚。不要以為他是天下名士，曹操就不敢把他怎麼樣，邊讓也是天下名士，照樣被曹操殺了。士林痛罵曹操，曹操安之若素，兵權在人手，你又能奈何？刻薄一些講，孔融的死，實際上是他自找的。

但恰因為孔融在官場上的另類，才成就了孔融的一世才名。如果孔融低眉順眼地給曹操當孫子，那世界上多了一個平庸的官僚，卻少了一個絕世的才子。也許正如清人趙翼的那句詩「國家不幸詩家幸」，正是孔融的人生悲劇，才真正證明了孔融的獨立存在。

從這個角度來看，孔融的人生是完美的。

講完了中原的神童孔融，再來講一講東吳的神童諸葛恪。

諸葛恪和孔融有許多相似之處，比如孔融出身顯赫，諸葛恪也是名門之後，諸葛恪的父親是東吳名臣諸葛瑾的長子，諸葛恪的叔父更是名聲震破天——千古第一名相諸葛亮。要論政治地位，諸葛恪還高於孔融，孔融只是個清閒的散官，諸葛恪後來成為東吳第一權臣，官拜太傅、大將軍，盛極一時。

作為當時的著名神童，孔融的代表作是十歲時噴倒了瞧不起他的太中大夫陳煒，而諸葛恪的代表作是為父親諸葛瑾贏得了一頭小毛驢，呵呵。就歷史知名度而言，諸葛恪的這則小故事甚至要在孔融「小時了了，大未必佳」之上，當然比孔融讓梨的知名度還要差一些。

這個故事非常有意思，有一次吳主孫權大會群臣，諸葛瑾作為重臣自然有資格參加。不知道是孫權的意思，還是諸葛瑾想讓兒子見見世面，諸葛瑾帶上了諸葛恪參加宴會。孫權這個人「性滑稽」，就是喜歡惡作劇，大到偷荊州，小到放火燒張昭的宅子，只要孫權願意，世界上就沒孫權不敢幹的事情。

因為諸葛瑾的臉長得比較長，「面長似驢」，已經有醉意的孫權決定捉弄一下諸葛瑾。孫權讓內侍從外面牽來一頭驢，還沒等眾人明白過來是怎麼回事時，孫權就東搖西晃地竄到了驢的跟前。孫權忍著笑，裝模作樣地圍著驢轉了幾圈，眾人都直盯著孫權，想看看這位猴子性格的大王能耍出什麼活寶來。

果然孫權沒安好心，他皮笑肉不笑地讓侍從上場，強行按住驢頭，孫權拿著一枝筆，在驢臉上寫了四個大字：「諸葛子瑜（諸葛瑾的字）」。然後將筆丟在地上，仰天大笑。眾人一看吳王原來是在捉弄諸葛瑾的大驢臉，無不笑得前仰後合，兩旁的內侍宮女們都掩口葫蘆，整個大殿上笑聲不絕。

諸葛瑾萬沒想到孫權會拿他的驢臉尋開心，臉「騰」地一下就紅了，如坐針氈。雖然他也知道孫權並無惡意，可在公開場合出重臣的醜，也確實有些不雅觀，但諸葛瑾又不敢頂撞孫權，只好強忍著不快，低頭不語。

坐在諸葛瑾旁邊的諸葛恪看到吳王在出父親的洋相，立刻就坐不住了，大人護犢子，小孩子也會護父母，這是人的天性。諸葛恪站了起來，走到孫權面前，跪曰：「至尊好筆法，只是少了兩個字，請至尊允許我添上。」孫權一愣，這小人精子要搞什麼？他倒要看看諸葛元遜能耍出什麼么蛾子來。

孫權讓人把筆交給諸葛恪，諸葛恪穩步走到這頭名叫「諸葛子瑜」的驢跟前，在孫權題寫得「諸葛子瑜」四個字之後添上了「之驢」兩個字。這兩個字完全改變了整個事件的定義，「諸葛子瑜」是說這頭驢的名字叫諸葛瑾，而「諸葛子瑜之驢」是說這頭驢是諸葛瑾的。

孫權沒想到諸葛恪會這麼聰明，一下子就替父親解了圍，在座眾人也無不鼓掌喝采，這孩子果然聰明！孫權大笑，順手就把這頭驢賞給了諸葛恪。諸葛瑾也非常開心，幸虧兒子出色地打了一個翻身仗，不然以後自己就永遠是一頭被別人嘲笑的驢。

此役過後，諸葛恪在東吳官場聲名鵲起，孫權也特別喜歡這個孩子，經常讓諸葛恪參加各種宴會，甚至還讓諸葛恪充當他的惡作劇打手。有一次孫權設宴招待群臣，諸葛恪照例來蹭飯吃。孫權很喜歡諸葛恪，就讓他扮作酒童，在席間給各位老大人敬酒。

其他人都還買諸葛瑾的面子，不讓諸葛恪為難。唯獨老臣張昭不睬諸葛恪，推托已經喝醉了，不能再喝了。而且張昭對諸葛恪死皮賴臉勸酒的方式非常反感，說了句：「元遜，你逼我喝酒，我年邁蒼蒼，體力不支，你這樣做是不是有些不尊重老年人了？我憑什麼要喝你敬的酒？」

當著眾人的面，諸葛恪被張昭駁了面子，心裏非常惱火：你這個老棺材瓤子，敬酒不吃吃罰酒，別怪小爺使招了。諸葛恪當場向張昭發難：「當年姜子牙年過九十，尚且親臨戰陣，沒聽說姜子牙以老賣老。老大人從來沒上過戰場，而每次宴會，老大人卻從不缺席。您總不見得比姜子牙還老吧？」張昭被諸葛恪的話問得啞口無言，只好強忍不快，喝下了諸葛恪的敬酒。

諸葛恪的優點在於他的急智應變能力非常強，無論是什麼樣的場合，諸葛恪幾乎就沒有輸過。但如果說「諸葛子瑜」之驢是諸葛恪智慧的體現，那之後諸葛恪在酒場上的辯難越來越朝著滑稽派發展，最後純粹變成磨嘴皮子了，少了幾分童真，卻多了幾分油滑。

比如有次諸葛恪不知道因為何事得罪了皇太子孫登，孫登在宴會上公然出諸葛恪的醜：「諸葛元遜是個笨蛋，應該去吃馬糞。」孫登哪裏是諸葛恪的對手？孫登話音剛落，諸葛恪就頂了上去：「恪願意去吃馬糞，但請太子殿下去吃雞蛋。」

諸葛恪這沒頭沒尾的話一出，所有人都愣了，吃雞蛋是什麼意思？孫權也沒想明白諸葛恪要幹什麼，反正不是什麼好話，孫權就問諸葛恪：「太子讓你吃馬糞，你怎麼讓太子吃雞蛋？何解？」諸葛恪笑道：「馬糞是馬憋出來的，雞蛋是雞憋出來的，性質都是一樣的。」孫權仰天大笑。

還有諸葛恪諷刺張昭是白頭翁（鳥），張昭不服氣，說世上根本就沒這種鳥，諸葛恪要有本事就找來一頭白頭母，張昭才承認白頭翁的存在。諸葛恪早就修練成精了，這點小意思難不倒他。

諸葛恪立刻還擊張昭：「誰規定有白頭翁，就一定要有白頭母的。如果按張老大人的邏輯，這世上有鸚母（即鸚鵡），老大人能否給俺找來一頭鸚父，讓俺開開眼界？」張昭啞口無言，上哪找鸚父去。在座眾人見諸葛恪又一次扳倒了張昭，笑倒一片。

隨著諸葛恪年齡漸長，孫權開始有意在政界栽培諸葛恪，以諸葛恪的聰明才智，做一個弄臣太可惜了。諸葛恪作為東吳第二代政界精英，很快就在官場打出了局面，尤其是治理民情複雜的丹楊郡，更讓諸葛恪在東吳政界一炮走紅，奠定了諸葛恪如花似錦的前程。

東吳第二代的政治精英有很多，比如陸抗（陸遜子）、陸凱（陸遜侄）、張承、張休（張昭子）、顧劭（顧雍子）等，他們因為出身好，加上有才學，都擠進了官場一線。不過要論孫權最欣賞的，還得說是諸葛恪。孫權喜歡諸葛恪，這是官場中人都知道的，至少他們的外向性格很相似，難怪孫權喜歡他。

此時的孫權已經年近古稀，沒幾天蹦頭了，所以孫權最重要的任務就是給帝國找一個可靠的管家，孫權看上了諸葛恪。西元二四五年，陸遜被孫權給氣死了，孫權並不傷心，至少不為荊州的事務傷心，因為他已經物色到了一個更加優秀的荊州牧人選，就是諸葛恪。

荊州是東吳的二號朝廷，能當上荊州刺史的人，將來是免不了要出將入相的。果然，在七年後（二五二），孫權彌留之際，他下詔徵諸葛恪入朝。孫權拜諸葛恪為大將軍，輔佐幼主孫亮，確定了諸葛恪「內閣首輔」的地位，這一年諸葛恪整整五十歲。

由於孫亮年幼不能理政，東吳的最高統治者實際上就是諸葛恪，諸葛恪大展宏圖的機會終於來了。諸葛恪和他的叔父諸葛亮一樣，都有強烈的北伐癮，諸葛恪執政不久，就大舉北伐。諸葛亮北伐是為了報劉備三顧之恩，而諸葛恪北伐，主要還是為自己掙軍功，在亂世官場上，沒有軍功是難以服人的。

諸葛亮北伐時，已經在蜀漢官場確定了絕對威望，沒人不服諸葛亮。諸葛恪在官場上威望尚淺，他急巴巴地想立軍功，可惜北伐屢敗，吳軍死傷慘重，諸葛恪的威望還沒樹立起來，就徹底栽了下去。東吳「眾庶失望，而怨黷興矣」。

在官場上缺少能鎮住人的威望是非常致命的，首先大家都不服你，你的命令不再有權威性，離崩台的日子也就不遠了。因為諸葛恪在官場上威望太淺，由他來做首輔，大多數人是不服氣的。

雪上加霜的是，諸葛恪北伐失敗後，依然在官場上耀武揚威，今天踢這個，明天踹那個，整個東吳官場無不對諸葛恪恨得咬牙切齒。孫峻之所以敢發動意在除掉諸葛恪的政變，就是因為諸葛恪「民之多怨，眾之所嫌」。

諸葛恪本事通天，僅僅當了一年的首輔，就把東吳上至權貴、下至百姓全都得罪了，甚至連皇帝孫亮都受不了諸葛恪。諸葛恪在官場上存在的社會基礎徹底丟掉了，等待諸葛恪的只能是無情的毀滅。

吳建興二年（二五三）十月，一場殘酷的政變如期上演，孫亮下詔請太傅諸葛恪入宮飲酒，孫峻伏兵於殿中，還沒等諸葛恪聞出酒的味道時，伏兵就一擁而上，將諸葛恪等人就地斬首。諸葛恪就這麼稀裏糊塗地被幹掉了，陪他下地獄的是他的整個家族！

諸葛恪和孔融的失敗，有一個共同點，就是他們恃才狂傲，目中無人。在官場上混，最忌諱的就是得罪人，諸葛恪出事，問題的核心並不在於北伐失敗導致的威望喪失，諸葛恪的叔父諸葛亮五次北伐基本上都以失敗告終，但諸葛亮在蜀漢官場上的威望卻幾近於神，諸葛恪和諸葛亮的差距就在這裏。

諸葛亮在官場上未必沒有敵人，但諸葛亮的做法是團結大多數人，孤立少數人，讓政敵陷入自己的人脈大海中。而諸葛恪恰恰相反，他自視才高八斗，誰都瞧不起，以為靠自己的聰明可以鎮服所有人。可根本沒有人吃諸葛恪這一套，你有才又如何，再有才也不能騎在我的頭上拉屎拉尿，沒人受得了。

諸葛恪的失敗，其實在他如日中天的時候，就有許多人看了出來，包括他的父親諸葛瑾。諸葛恪聰明外露，是諸葛瑾非常擔心的，官場上的水非常深，沒有諸葛恪想的那麼簡單。

諸葛恪以為他踩的只是一尺深的水，實際上在這一尺深的水不遠處，就是萬丈深淵。

諸葛恪的悲劇告訴我們，做人，還是低調些好。

在誅殺諸葛恪的那場可怕政變中，真正起決定作用的是武衛將軍孫峻。孫峻也是孫權內定的輔政大臣，只是所有的風光都被諸葛恪給搶了，孫峻連幾句臺詞都沒撈到，他自然恨透了諸葛恪。

孫峻是東吳官場上有名的反諸葛恪派，但還有一個人，他在這場政變中所起到的作用也非常大，可歷史卻有意無意忽略了他，這個人就是當朝皇帝孫亮。

在諸葛恪出盡鋒頭的那兩年，所有人都是配角，其中也包括孫亮。雖然當時孫亮是個不到十歲的小孩子，但像孫亮這個年齡段的孩子，已經有了初步分辨是非的能力。

漢質帝劉纘八歲時就知道大將軍梁冀是個「跋扈將軍」，孫亮自然知道諸葛恪瞧不起他，心裏不可能沒有反應。所以孫峻密謀要除掉諸葛恪，孫亮立刻就答應了。沒有孫亮的配合，以皇帝名義強徵諸葛恪入宮，孫峻縱有天大的本事，也拿諸葛恪沒奈何。

當然，孫亮能最終當上皇帝，也是機緣巧合，孫亮的帝位是上天給的。孫亮作為孫權最小的兒子，孫亮於西元二四三年出生時，孫權已經六十二歲了，典型的老來得子。

本來孫亮是沒有機會當皇帝的，可孫亮的大哥太子孫登沒有當皇帝的命，在孫亮出生前兩年就掛掉了。繼任太子的三哥孫和與四哥孫霸為了爭奪儲位大打出手，最終惹惱了孫權，全部廢掉。孫權很喜歡孫亮的母親潘夫人，再加上強悍的公主孫魯班也把寶押給了孫亮，這才成全了孫亮的皇帝之路。

吳神鳳元年（二五二）八月，七十一歲的一代梟雄孫權病逝，皇太子孫亮名正言順地登基。不過此時孫亮只有九歲，還沒有能力主持朝政，根據孫權的遺詔，由大將軍諸葛恪全面輔政。這時的孫亮非常類似於剛登基的劉禪，他們只是黃金招牌，吳蜀兩國真正的皇帝，是諸葛亮和他聰明絕頂的侄子。

孫亮雖然年紀小，但他卻是一個明君胚子，和同樣是老爹么兒的漢昭帝劉弗陵非常相似。孫亮和他的首輔諸葛恪一樣，都是東吳有名的神童，而且相比於諸葛恪的急智，孫亮的急智難度更大一些，最有名的一個故事就是孫亮和老鼠屎的故事。

有一次孫亮在西苑遊玩，他看到園中長滿了梅子，感覺有些口渴，就讓太監去食品儲藏室取一些蜂蜜來，他準備蘸著蜂蜜吃梅子。太監很快就拿來了一個裝滿蜂蜜的罐子，孫亮拿勺子挖了一些蜂蜜，卻愕然發現這勺蜂蜜裏有一個黑點。仔細一看，孫亮差點暈倒，原來是顆老鼠屎。

皇帝很生氣，後果很嚴重，孫亮質問藏吏（管理食品庫的官員）：「是你想讓朕吃老鼠屎嗎？」藏吏萬沒想到蜂蜜裏居然會有老鼠屎，這可是給皇帝吃的！藏吏腿都軟了，跪在地上大聲呼冤：「臣冤枉！臣絕沒有膽子戲弄陛下，真不知道這老鼠屎是從哪來的。」藏吏辯解的聲音中明顯帶著哭腔。

孫亮是個聰明的孩子，他從藏吏的反應中初步判斷藏吏是被人陷害了。孫亮仔細想了一下，能接近蜂蜜的只有兩個人：藏吏和去取蜜的太監。想到這，孫亮突然明白是怎麼回事了，孫亮指著取蜜的太監問藏吏：「這個閹人是不是曾經找你要過蜜吃？」

藏吏實話實話：「回陛下，小公公前不久確實向臣索要過蜂蜜，但蜜是皇家所用，臣按制度，沒有給他。」一旁邊的那個太監一看矛頭突然對向自己，立刻就急了，上前辯冤：「藏吏欺陛下！奴才怎敢貪食皇家蜂蜜，定是藏吏恨奴才，所以胡亂攀咬奴才，請陛下明察。」

孫亮大笑道：「怎麼，朕還冤枉你了？既然你不服，那好，朕就給你分析一下，讓你服罪。」孫亮讓人把老鼠屎從蜜中取出來，當場劈成兩半，眾人伸頭一看，這顆老鼠屎內部很乾燥，感覺應該是某隻老鼠最近剛誕生的作品，但眾人沒明白孫亮的意思，都在看著孫亮。

孫亮又大笑，指著這顆老鼠屎給眾人講解：「如果這顆老鼠屎放在蜜中時間很長的話，那老鼠屎應該早就被蜜浸泡透了，屎裏應該是濕的。可這顆老鼠屎裏面卻是乾的，明顯是剛放進去的，不信我們找幾顆乾老鼠屎試試？」

孫亮噴了一嘴唾沫，然後笑著問那個取蜜的太監：「現在服不服？朕是不是真的冤枉你了？」那個太監萬沒想到皇帝會這麼聰明，居然這麼簡單地就揭穿了他的謊言，嚇得跪在地上，磕頭如搗蒜，承認這顆老鼠屎是自己剛趁人不注意放進去的。圍觀眾人這才明白過來，無不佩服小皇帝聰明絕頂。

孫亮當得起「聰明絕頂」這句評語，但問題是孫亮生不逢時，他的「絕頂聰明」受到了歷史的限制，基本上發揮不出來。孫亮要比漢質帝劉纘幸運許多，因為孫亮身邊的大將軍諸葛恪要比劉纘時的大將軍梁冀人品更端正，至少諸葛恪沒有對孫亮下黑手。

不過孫亮和同時代的蜀漢皇帝劉禪相比，則談不上幸運。劉禪雖然昏庸無能，但他身邊有一位千古名相級別的相父諸葛亮，而孫亮身邊的諸葛恪一沒有他叔父的威望，二沒有他叔父的才幹，只當了一年多的首輔，就被孫峻等人給幹掉了。

對孫亮來說更加不幸的是，繼諸葛恪之後的兩任首輔大將軍孫峻、孫綝個個飛揚跋扈、蠻橫難纏，從來不把孫亮當回事。劉禪身邊繼諸葛亮之後的蔣琬、費禕都是文官首輔，性格內斂，劉禪趁機收回了不少權力。即使是強悍的武人姜維，在蜀漢官場也沒多少權力可言，在很多時候，姜維都要看劉禪的臉色吃飯。

這時的孫亮，更類似於同時代的傀儡皇帝曹芳，他們都是權臣手上的玩物，人生最大的悲哀就是命運掌握在別人手中。孫亮有一點還是比曹芳幸運的，就是曹芳身邊的權臣是外姓司馬氏，而孫亮身邊的權臣卻是東吳本姓宗室。而且孫峻等人只想弄權，倒沒有篡位的想法。

孫峻還好一些，至少他還知道給予孫亮最起碼的一點尊重，而且孫峻執政時間並不長，只有三年。孫亮真正的噩夢來自於孫峻的堂兄弟孫綝，按輩分，孫亮還是孫綝的堂叔，但孫綝眼中只有權力和欲望，沒有堂叔。

作為宗室系的權臣，孫綝執政對東吳孫家天下來說，至少能保證東吳國祚的延長，即使孫綝稱帝，也還是大吳帝國。但對於孫亮來說，他的悲劇正在於此，因為他太聰明了。

如果孫亮幼弱不更事，小皇帝和權臣之間還能相安無事，可隨著孫亮慢慢長大，他想收回權力的欲望越來越強烈，這就和孫綝的利益發生了嚴重的衝突。孫亮是十五歲時（西元二五七年）親政的，從此之後，孫亮就開始給孫綝找麻煩，「所表奏，多見難問」。孫綝由此大懼。

孫亮倒底是年輕，政治經驗太淺，這點不如同樣是少年繼位、朝中同樣有權臣執政的宋文帝劉義隆。劉義隆以外藩入承大統，徐羨之等人把持朝政，劉義隆在繼位的前幾年一直在隱忍裝傻，慢慢等待機會奪回權力，最終發動兵變，一舉剷除徐羨之。

孫亮知進不知退，他沒有考慮到，他對孫綝步步進逼，會不會把孫綝逼得狗急跳牆？當然孫綝作為臣子貪戀權力，孫亮收回權力是天經地義的，因為他是皇帝。但孫亮的方式不對，他只知對孫綝一味打壓，卻沒有考慮到孫綝的感受。

對孫亮來說，最穩妥的辦法就是以退為進，挖了大坑請孫綝往裏跳，後來劉義隆就是這樣玩死徐羨之的。如果孫亮對孫綝做出重大讓步，孫綝驕橫無度，必然更加趾高氣揚，等孫綝把官場高層都得罪光了，就是收拾孫綝的最佳時機。

可惜孫亮太年輕了，他不知道官場這潭渾水的深淺，孫亮密謀誅殺孫綝，結果事機不密，被孫綝搶先下了手。吳太平三年（二五八），孫亮誅殺孫綝的計畫失敗，孫亮同時把自己的政治生命也搭進去了，被憤怒的孫綝當場廢黜，貶為會稽王，另立孫權第六子琅邪王孫休為帝。

兩年後，無權無勢的孫亮因為受到了孫休的猜忌，貶為侯官侯，發配到更加邊遠荒涼的地區。孫亮在絕望之下，伏劍自殺，時年只有十八歲。

孫亮的失敗，和本篇另外兩個主角孔融、諸葛恪一樣，都是聰明外露，不會隱忍。在政治經驗上，孫亮明顯不如六哥孫休穩重。孫休同樣面對氣焰喧天的孫綝，可孫休剛繼位時一味給孫綝裝孫子，麻痹了孫綝。

同樣是密謀剷除權臣，孫休的計畫就非常謹慎，幾乎沒有破綻。而孫亮卻把絕密的除奸計劃外洩給了皇后全氏，可全皇后的母親（也就是孫亮的岳母）卻是孫綝的堂姐！

孫亮雖然已經注意到了岳母的這層特殊身分，但孫亮還是抱有僥倖心理，以為岳母會疼自己這個女婿，哪知道全夫人還是疼自己的堂弟，她在第一時間把密謀告訴了孫綝，孫綝可以以最快速度做出軍事反應，結果孫亮這場豪賭輸了個精光。

孫亮很聰明，但他很年輕，成長是需要付出代價的，可孫亮付出的代價太大了。

十三、蜀漢真的沒有人才嗎

據統計，四大名著之一的《三國演義》總共描寫了一千二百多個有名有姓的人物，比《水滸傳》描寫了七百個人物多出了不少。但有一點需要說明，《水滸》的時代背景前後不過十幾年，而《三國演義》從黃巾起義開始，到三家歸晉結束，時間跨度長達一百年。時間長，出場的人物自然也就多了。

我們都知道水泊梁山一百單八將的故事，其實《水滸傳》真正的主角不過十幾個，能排到一線的無非是宋江、吳用、公孫勝、魯智深、林沖、武松、三阮、燕青、李逵等人，其他的好漢多數是跑龍套混盒飯的。甚至是潘金蓮、西門慶、武大郎、鄭屠、蔣門神、高俅、李師師的名氣在水滸世界中都算是一線人物。

三國也是一樣，一線人物也無非就是曹操、諸葛亮、關羽、劉備、周瑜、孫權、袁紹、張飛、趙雲、呂布、魯肅、姜維、馬超、鄧艾、鍾會等人。二三線人物實在太多了，很難輕易記住的。有些人只是在舞臺上走個過場，然後就消失在茫茫的歷史天空之中了。

但萬事非絕對，有些二三線人物因為機緣巧合，在歷史上出盡了大名，比如蜀漢將軍廖化，因為那句著名的俗語：「蜀中無大將，廖化作先鋒。」廖化的知名度遠高於蜀漢一線重臣董允、馬忠、鄧艾、陳到、吳懿等人。

很為廖化感到冤枉，他明明是蜀漢官場後期的準一線重臣，官拜右車騎將軍、領并州刺史，封中鄉侯，在蜀漢官場以「果烈」著稱。這樣的人物被當成了反面教材：看，廖化這種飯桶草包都當上了先鋒，可見蜀漢已經沒人才可用了。

廢話講了這麼多，下面切入正題：蜀漢到底有沒有人才？

孔子曾經曰過：「十室之邑，必有忠信。」任何一個地方都不會缺少人才，只在於領導者能不能發現人才，會不會使用人才。如果蜀漢沒有人才，也不可能在強大的曹魏和東吳的夾縫中頑強存在了五十年。

蜀漢的官場一線人物大致如下：

文官系：諸葛亮、龐統、法正、黃權、劉巴、董和、馬良、陳震、蔣琬、費禕、王謀、習禎、郭攸之、張裔、楊洪、伊籍、秦宓、王連、李福等。

武官系：關羽、張飛、趙雲、黃忠、魏延、馬超、陳到、王平、李嚴、吳懿、吳班、馬岱、向寵、霍峻、馮習、張南、傅彤、句扶、霍弋、羅憲等。

地方官系：鄧方、李恢、鄧艾、程畿、馬忠、呂乂、呂凱、張嶷、張翼、宗預、閻忠等。

實際上這個名單遠遠不能涵蓋蜀漢所有的文武百官，這還不包括許靖、杜微、譙周、來敏、孟光這樣的花瓶角色。有些重要人物在《三國史》中只是一筆帶過，有的甚至在《三國志》中根本不存在。

僅舉蜀漢滅亡的西元二六三年為例，蜀漢亡國時，人口近百萬（劉備建國也是此數），軍隊十萬，官吏四萬人。拋開有些濫竽充數的官員，在四萬名各級官吏中挑選幾百個能員幹吏應該不難吧。

再者，蜀漢的百萬人口還是官方統計，其實益州地區還有世家大族控制的大量非在編戶口存在，蜀漢總人口絕不只百萬。上距蜀漢建國時期不遠的東漢桓帝時代，益州總人口就達到了驚人的六百萬，而益州自漢末黃巾起義以來並沒有遭受大規模的戰爭洗劫，怎麼到了劉備時代，就憑空少了五百萬人口？人口數量和人才數量是正向比的，即使世家大族嚴格控制這些蔭戶，不受朝廷管理。但只要朝廷肯下工夫治理，還是能收到相當成果的，後來蜀郡太守呂乂就從蜀郡強行查出了一萬多蔭戶。人才在哪裏？就在這些草頭百姓中，草根中藏龍臥虎，這是千古至理。

當然，蜀漢人才庫和曹魏、東吳比起來，因為疆域狹小、人口基數較小，所以選才的空間也相對較小。尤其是人口基數，魏國亡時，人口近五百萬，東吳亡時，人口二百萬。因為人口基數大，魏和吳的選才空間相對就比蜀漢要大許多。

雪上加霜的是，蜀漢本就不太豐裕的人才庫，因為各種原因，造成精英人才總量大幅銳減。蜀漢早期的人才損失，簡單歸納起來有三個原因：

一、孫權偷襲荊州：損失關羽、糜芳、士仁、郝普、潘濬、劉封、孟達、申儀、申耽（並失上庸等三郡），以及未來四十多年的荊州人才供應。

二、伐吳失敗：損失張飛、馬良、馮習、張南、傅肜、程畿、黃權。

三、戰死和早逝：龐統、霍峻、法正、劉巴、馬超、黃忠、鄧方。

以上這些人物中，絕大多數都是蜀漢文武兩條戰線上的一線精英，他們或投降魏、吳，或戰死，或早亡，都是蜀漢莫大的損失。所以在劉備伐吳慘敗，退回白帝城時，蜀漢人才庫確實有些空空蕩蕩，有不勝凋零之痛。

自從劉備病逝於白帝城之後，整個蜀漢官場唯一能算得上三國頂級人物的，也許只有諸葛亮了。但歷史並不是靠一個頂級人物來推動的，在這個頂級人物周圍，會聚集著許多幹才精英。他們為了共同的理想走到一起，在「天下三分，益州疲弊」的危難時刻，和諸葛亮共同迎接命運的挑戰。

不算蜀漢的后妃和宗室，在《三國志．蜀書》中，陳壽共為五十六人立了正式的傳記，而活到諸葛亮執政之後的，差不多有四十位。實際上在諸葛亮執政後，活躍在蜀漢官場一、二線的遠不只這四十位。

雖然蜀漢沒有立史官，陳壽搜集故國史料比較困難，但我們還是可以從其他史料上找到大量的蜀漢文官武將。大致來源有三處，一是《三國志．蜀書．楊戲傳》附載的《季漢輔臣贊中》，二是裴松之的注，三是東晉人常璩編撰的《華陽國志》。

《三國志．蜀書．楊戲傳》附載的《季漢輔臣贊中》，就提到了正史所不載的三十多位官員的生平簡介，其中有許多官場一線人物，比如陳到、吳懿、費觀、李福等人。

在《三國志．蜀書．李嚴傳》附載了一篇裴松之注的《公文上尚書》，在這篇彈劾李嚴的表章中，提到了許多正史所不載的蜀漢官員，比如前將軍袁綝、右將軍高翔、征南將軍劉巴（與劉子初同名）、偏將軍許允、篤信中郎將丁咸、討虜將軍上官雍、建義將軍閻晏、裨將軍杜義、武略中郎將杜祺、綏戎校尉盛勃等。

《華陽國志》中提到了大量蜀漢官員，從職務上看屬於一二線的有廣漢太守何祇、太常鐔承、五官中郎將五梁、尚書郎文立、漢中黃金都督柳隱、益州從事柳伸、巴東監軍柳純、梁州都督杜禎、尚書左選郎司馬勝之、督軍常勗、長水參軍常忌、光祿郎中主事何隨、尚書郎王化、巴東太守王振、大將軍主簿李密（《陳情表》作者）、蜀郡功曹杜軫、黃門侍郎壽良、廣漢太守張微（張翼之子）等人，再加上《三國志》的作者陳壽本人。

之所以不厭其煩地列舉這麼多蜀漢官員，只是想說明一個觀點，蜀漢擁有大量高精尖的人才，無論是武將、文臣還是博士。而且還有一點需要特別說明，《華陽國志》所提到的這些官員，大多數都是生活在蜀漢中後期，其中許多人後來都入了晉朝做官。

明末大儒王夫之在史評名著《讀通鑒論．三國》中提出了「蜀漢無人」的觀點，王夫之認為：「蔣琬死，費禕刺，蜀漢之亡必也，無人故也。圖王業者，必得其地。得其地，非得其險要財賦之謂也，得其人也；得其人，非得其兵卒之謂也，得其賢也。巴蜀、漢中之地隘矣，其人寡，則其賢亦僅矣。故蔣琬死，費禕刺，而蜀漢無人。」

王夫之認為蜀漢的疆域狹小，所以人才也少，這個論點上面已經講到了。蜀漢國小人才少，不代表除了蔣琬、費禕之後就沒有人才了。王夫之的論點基礎在於絕對量，而我們講的則是相對量。

當然王夫之是認為蜀漢缺少具體首席執政官能力的人才，從這個角度講，王夫之講的有一定道理。但上面提到的這一大批文官中沒有再出蔣琬、費禕，不代表他們的能力就比蔣琬、費禕差。

這些非主流文官缺少的不是能力，而是機會，最高統治層不給他們施展才華的空間，讓他們如何展翅高飛？人才是需要去發現的，總不能讓人才去找最高執政官，驕傲地說：「汝可取而代之！你能力不如我，還是讓我當宰相吧。」這只是個笑話。

不談宰輔的選才問題，再回到本篇提到的那個著名俗語：「蜀中無大將，廖化作先鋒。」認為蜀漢自五虎上將、魏延之後再無大將之才，這個觀點也是不客觀的。蜀漢的軍事人才其實還是相當多的，介紹幾個在《三國志》和《三國演義》上根本不見蹤影的蜀漢武將，看看他們是不是真的是全方面將才。

先說說柳隱，常璩對柳隱的評價相當高，「直誠篤亮，交友居厚，達於從政」。人品好、人緣好、政治情商高。柳隱並不是一個純粹的文職將軍，而是能兼文武的全才。

柳隱曾經跟著蜀漢大將軍姜維數次北伐中原，他一方面能給姜維出謀劃策；另一方面他還可以拎刀上戰場砍人，「當敵陷陣，勇略冠軍」。作為武將，能得到這八個字的評價，已經是相當難得了。

柳隱的職務並不算低，先當過牙門將，後來又出任蜀中重鎮巴郡的太守。不過真正讓柳隱大出鋒頭的，還是在任職漢中黃金都督的時候。蜀漢景耀六年（二六三），晉王司馬昭兵分三路，大舉伐蜀，其中主攻漢中的是鎮西將軍鍾會。

這時的鍾會早就名滿天下，但柳隱並不在乎你是鍾會，還是鄧艾，他知道堅守自己軍人的底線，那就是血戰到底，用鐵血和霸道來向鍾會證明：蜀中並非無大將！

鍾會是個很跩的人，他平時自視甚高，而且他手握重兵，再加上姜維對漢中軍防的災難性布局，導致鍾會很容易地就進入了漢中腹地。鎮守漢中各處軍防要塞的蜀漢將軍們見魏軍這次是動真格的，沒人再願意給老阿斗賣命，都當了英雄好漢，投降了。

鍾會一路上順風順水，心情大好，可鍾會沒想到會在柳隱面前碰上一顆大頭釘子。柳隱死守要塞，任憑魏軍使盡各種進攻手段，寧死不降，大漢的旗幟依然高高飄揚在崇山峻嶺之中。

柳隱知道他公然捋鍾會的虎鬚，一旦城破，可能會玉石俱焚。但柳隱並不在乎這些，他只想讓鍾會知道，男人是有尊嚴的。魏軍狂攻柳隱不果，鍾會實在耗不起了，現在被柳隱拖著，萬一要被鄧艾搶先進成都，自己就虧大了。鍾會不再理會柳隱，派部將率偏師繼續圍攻柳隱，自己急速南出漢中，和鄧艾搶食吃。

後來劉禪被鄧艾的孤軍給嚇破了膽，哆哆嗦嗦地做了亡國俘虜，隨後劉禪最後一次以皇帝的名義給柳隱下詔，命令柳隱就地投降魏軍。柳隱這才大搖大擺地去見鍾會，當老邁龍鍾的柳隱驕傲地站在鍾會面前時，不知道鍾會心裏在想什麼，也許會佩服這個老頭子的硬挺。

晉王司馬昭知道了柳隱堅守不降的事情，也非常地欽佩，男人就得有骨頭。柳隱在蜀漢滅亡時已經七十多歲了，不知道柳隱是何時進入官場的，但柳隱小時候就在家鄉成都非常的知名，應該也算是個老江湖了。像柳隱這種級別和層次的武將，總不至於比差不多同時代的廖化差吧。

說完了柳隱，再說另外一個強硬的男人常勗，之所以選擇常勗來講，是因為柳隱和常勗有很多的可比性。常勗也是成都人，而且同樣少年知名於鄉里，後來柳隱和鍾會對著幹，常勗則和鄧艾對掐。不過與柳隱更側重於軍事相比，常勗是個標準的文官。常勗的仕途生涯，基本上與軍事不沾邊，全是文職。

從常勗的履歷來看，常勗更像是一個安貧樂道的隱士、一個博學多才的知識份子。常勗在隱居期間，專攻《毛詩》和《尚書》，並博覽群書，灌了一肚子的墨水。像常勗這樣的人才，不出山為朝廷做事，實在太可惜了。

益州幕府知道了常勗的本事後，徵常勗出山，做了光祿郎中主事。後來又當上了尚書左選郎，級別都不算高，但人才施展能力，初始平臺還是不要太高的好，人才需要一個由低到高不斷歷練的過程。不知道過了多長時間，常勗改任益州督軍，主抓刑事審案工作。常勗為人清正剛直，處事公平，所以在斷獄時，「治訟平當」，為時人所稱道。

不過真正讓常勗名揚天下的，不是他的斷獄，而在他在蜀漢亡國時的鐵骨錚錚。歷史最容易記住四種官：功臣、奸臣、直臣、強項之臣，常勗應該算是第四種人。在蜀漢快要滅亡的時候，常勗改任郫縣的縣令。常勗在任期間，「為政簡而不煩」，是個能真心為老百姓辦事的好官。

西元二六三年，魏征西將軍鄧艾偷渡陰關，深入蜀中腹地，尤其是綿竹一戰，消滅了諸葛瞻率領的蜀軍主力，蜀漢已經基本失去了反抗能力。蜀漢的地方官們看劉禪真的要完蛋了，成群結隊地找鄧艾報到，至於什麼主辱臣死，早拋到了九霄雲外。

鄧艾看了一下花名冊，發現成都周邊各縣長官能來的都來了，只有郪縣常勗沒來。鄧艾派人一看，好傢伙，常縣令正帶著軍民在城上修建防禦工事，看樣子是要和魏軍血戰到底。雖然史料上沒提魏軍是否進攻過郪縣，但就衝常勗這份寧死不降的骨氣，鄧艾也有理由高看常勗一眼。

和柳隱一樣，常勗在得到劉禪的詔書後，才大搖大擺地去見鄧艾。常勗為自己掙足了面子，也用實際行動告訴鄧艾：莫謂蜀中無人！英雄向來是敬重英雄的，男人如果想得到別人的尊重，不一定非要成功，至少要用熱血捍衛男人的尊嚴，這樣的失敗比成功更能贏得發自內心的敬重。

上面講了王夫之認為自蔣琬、費禕之後，蜀漢再無戰略人才，這話說得絕對了，蜀中人傑地靈，什麼樣的人才沒有？就看有沒有機會施展才華了。在蜀漢滅亡時，有一個戰略型人才值得講一下，就是尚書郎黃崇。

黃崇是蜀漢早期名臣黃權的兒子，劉備伐吳慘敗時，時在江北岸督軍的黃權「降吳不可，還蜀無路」。投降了曹魏，深受魏國朝野器重。黃權雖然降魏，但他在益州留下了兒子黃崇。

黃崇不知道哪一年出生，但在西元二六三年時，至少四十歲了。尚書郎屬於尚書台的中級職務，不高不低。鄧艾偷渡陰平得手後，直下江油，成都大震。蜀漢朝廷立刻派諸葛亮的兒子、衛將軍諸葛瞻率軍北上，迎戰遊魂野鬼般的魏軍。

本來形勢對蜀軍非常有利，魏軍是長途機動作戰，遠離本土，後勤給養只能依靠以戰養戰。而蜀軍是本土作戰，熟悉地形，後勤充足，在這種情況下，蜀軍應該趁早和魏軍決戰，但諸葛瞻到了涪縣就不肯再北上。看諸葛瞻的意思，是打算放魏軍進平原地帶，然後圍殲。

諸葛瞻這樣的用兵簡直就是馬謖紙上談兵的盜版，縱虎歸山的道理他都不懂？後來劉裕伐南燕，公孫五樓就勸慕容超千萬不要放晉軍過大峴山進入平原，慕容超想在平原地區圍殲晉軍，不聽公孫五樓的建議，結果被晉軍打敗，一戰亡國。

隨諸葛瞻北進的黃崇看到了這一點，他不只一次勸諸葛瞻：一定要搶在鄧艾之前，佔據山險要塞，阻止魏軍進入平原地區。諸葛瞻可能是馬謖附了體，對王平附體的黃崇這個正確建議置之不理，他堅信自己的選擇是正確的。黃崇苦勸未果，他知道大勢將去，悲愴的黃崇仰天長哭，也許他報效國家的時候到了。

魏軍很順利地進入平原，士氣大振的魏軍擊敗了蜀軍的前鋒部隊，諸葛瞻無險可守，只好大幅後退。這時蜀軍已經喪了元氣，再加上魏軍最善於平原作戰，綿竹一戰，諸葛瞻、諸葛尚父子戰死。黃崇已經抱著必死的決心，督軍與魏軍血戰，最終力戰不支，悲壯殉國。

諸葛瞻所部被魏軍殲滅，直接導致了劉禪的投降，如果諸葛瞻聽黃崇據險而守的建議，鄧艾很難進入蜀中腹地，蜀漢未必就會這麼快滅亡。諸葛瞻的迂腐用兵，恰恰襯托出了黃崇的戰略眼光，只是替黃崇和蜀漢可惜，如果率軍北上的是黃崇，鄧艾還有機會一戰成名嗎？

蜀漢的滅亡，主要原因是在最關鍵的時候發生戰略短路，比如姜維在漢中災難性的軍防布局，縱鍾會進漢中；諸葛瞻錯失良機，縱鄧艾進平原。蜀漢國力雖然較魏為弱，但只要防禦戰略得當，縱然強大如魏國，也不能輕易滅亡。從這個角度看，蜀漢是自己把自己推進歷史墳墓的。

至於說蜀漢無人可用，導致亡國，這個論據並不充分。蜀漢有人才，但似乎都未得大用，只能坐視亡國。

十四、名士風流——嵇康和阮籍

自從漢武帝劉徹「罷黜百家，獨尊儒術」以來，中國人的主體思想漸歸統一，儒家思想統治了中國兩千多年。尤其是文人階層，歷代的文人絕大多數都是接受儒家思想的。

文人階層給後人的整體印象就是儒雅，文質彬彬，性情溫和，理性穩重。歷史從來都是相對的，有黑就有白，有大就有小，有儒雅的文人，自然就有狷狂另類的文人。

什麼是狷狂另類，通俗一點講，就是當大多數名士都在溫文爾雅地讀書時，這些狂生大呼小叫、東遊西竄、爬高上低、抱著酒罈子四處招搖、沒事就嗑藥、喜怒無常、到處罵人，甚至還隨地大小便。種種出格的行為，讓他們在士林中迅速成名，歷史牢牢記住了他們。

歷史上的狂生非常多，但如果說哪個時代的狂生最多，張口就來：魏晉！沒有哪個時代會像魏晉時期一樣，成群結隊地出現不遵禮教的狂徒，這就引出了中國文學史上著名的現象——魏晉風度。

二十世紀二〇年代中期，一代文豪魯迅曾經寫過一篇著名的文章《魏晉風度及文章與藥及酒之關係》，正式提出了「魏晉風度」這個文學概念。魏晉風度，說得雅一些，就是「簡約雲澹，超然絕俗」。能玩起魏晉風度的都是江湖名士，這是入門檻，不是名士根本進不了這個圈子。

論學問見識，他們絲毫不遜於那些正統派的名士，但兩者之間最顯著的區別就是對人生的態度。正統名士奉行儒家「入世」思想，積極面對人生挑戰，而這些狷狂名士在行為思想更接近道家的「出世」。在正統名士看來，世界是白色的，希望就在明天。而在狷狂名士看來，這個世界是黑色的，每天都是世界末日。

其實魏晉風度的出現，有很深的政治背景，自東漢統治崩潰，曹魏和司馬晉相繼統治北方，他們崇尚法術治國，雖然魏晉統治者都出身士林，但他們與士林名士往往保持著一種不遠不近的距離感。尤其是司馬懿父子執政以來，對士林採取高壓政策，甚至對反對派大開殺戒。

黑暗的社會現實，讓許多名士對前途感到絕望。這些狷狂派名士基本上都是儒生，他們也想入世有番作為，可殘酷的現實卻讓他們的夢想破碎。如果低首下心的給司馬懿父子當奴才，他們又不肯低頭，怎麼辦？只能佯狂醉歌於草野，用古怪另類的舉止行為來抗議司馬懿父子的殘暴統治。

在魏晉之際，狷狂派名士實在太多了，但如果要說其中最具代表性的人物，同樣可以張口就來：大名鼎鼎的「竹林七賢」！「竹林七賢」是指譙人嵇康、陳留人阮籍及其侄阮咸、河內山濤、河內向秀、沛人劉伶、琅邪人王戎。

在文學史上，一般都將竹林七賢劃入晉朝文學史範疇。其實「竹林七賢」都出生於司馬氏執政（二四九）以前，有的還出生在東漢末年，他們的出生年如下：山濤（二〇五）、阮籍（二一〇）、嵇康（二二三）、向秀（二二七）、王戎（二三四），阮咸比王戎大幾歲，劉伶生年不詳。

對於「竹林七賢」的時代劃定問題，視為晉人也可，視為魏人亦可，因為三國公認的結束年限是東吳滅亡的西元二八〇年，而「竹林七賢」中有四人（嵇康、阮籍、向秀、王戎）死於這一年之前，而「竹林七賢」的兩大領袖嵇康和阮籍均死於晉朝正式建立之前，他們更有理由被看成三國人，否則曹魏就成了東漢人了。

嵇康雖然不是七賢最早出生的，但卻最先離開人世，所以先講一講嵇康。與魏晉名士狷狂派代表人物阮籍相比，嵇康相對文雅了許多，他沒有阮籍那麼張狂，但嵇康卻比阮籍更符合道家出世的標準，嵇康飄逸俊灑、彷彿神仙中人。說到七賢中的道家風骨，首推嵇中散。

嵇康是魏晉時代著名的美男子，身長七尺八寸，姿貌甚偉麗。雖然嵇康不像同時代的許多名士沒事就塗脂抹粉，但絲毫不影響嵇康的名士作派，時人稱嵇康為「龍章鳳姿」，評價極高。名士是「腹有詩書氣自華」的外在形式體現，裝是裝不出來的。

嵇康天生就是個閒雲野鶴，他對做官的興趣不大，他最大的愛好就是遊山玩水、彈琴詠詩，典型的名士作派。嵇康最討人喜歡的是他人格的純粹，在嵇康的內心世界中，沒有浮雜的世俗之見，有的只是行雲流水般的寫意。有一次嵇康上山採藥，在名山大川中來回穿行，在大自然的清新薰陶下，嵇康忘記了所有世俗的煩惱，待在大山中避世。因為嵇康不注重外表打扮，披頭散髮，氣質飄逸，山人見之，驚呼為神仙下凡（嵇中散可愛之極）！

嵇康的性格溫潤如玉，不代表嵇康沒有個性，實際上嵇康的性格是非常強硬的。因為嵇康是曹魏宗室的親戚，再加上他在士林中的領袖地位，深受司馬昭的猜忌，所以嵇康有意遠離官場。最能代表嵇康厭惡官場的一件事，就是文學史上那篇著名的《與山巨源絕交書》。

巨源是山濤的字，時任選曹郎的山濤後來改任從事中郎，選曹郎人選空缺，山濤就向司馬昭舉薦嵇康。嵇康聽說這事後，非常不高興，就寫了這篇名作。嵇康明確告訴山濤：「近諸葛孔明不迫元直以入蜀，華子魚不強幼安以卿相，此可謂能相終始，真相知者足下無事冤之令轉於溝壑也。」意思很明白，嵇康責問山濤，他明知道自己厭惡官場，他卻還把自己往火坑裏推。我們交往這麼多年，你連我是什麼樣的人都不了解，還能算是至交好友嗎？

其實嵇康也知道，他曹魏宗室的身分並不是遭忌的主要原因，關鍵是他不認同司馬昭的治政方式，道不同不相與謀。當然只是嵇康向司馬昭低下頭，榮華富貴、三公之位是少不了他的。但嵇康卻不稀罕這個浮名浮利，他只想做一個純粹的人，而不是一台冰冷政治機器的零件。

嵇康不想招惹司馬昭，司馬昭也沒打算和嵇康玩貓貓，不理他就是了。嵇康最終出事，最主要兇手並不是司馬昭，而是後來滅蜀的鎮西將軍鍾會。鍾會雖然也是貴公子出身，但士林名望尚有待提高。有次鍾會去拜訪嵇康，想讓嵇康這個名人替自己吹喇叭抬轎子，出名其實很容易，傍個名人就行了。

鍾會雖然出身士林，但他身上的銅臭味太重，嵇康看出來鍾會根本就不是個求仙問道之人，何必和他扯在一起。嵇康沒理睬鍾會，這讓自視甚高的鍾會感覺受到了人格污辱，鍾會因此恨透了嵇康。鍾會是個容易記仇的人，嵇康得罪了他，他絕對不會放過嵇康。

鍾會竄到司馬昭那裏給嵇康潑髒水，說嵇康是當代臥龍，其志深不可測，主公應該早點除掉此人。這還不算最狠的，最狠的是鍾會誣告嵇康和當年在淮南作亂的毌丘儉有一腿，陰欲共反。司馬昭最恨的就是別人對他不忠，鍾會現在是他身邊的大紅人，司馬昭大腦一短路，也不多加考慮，決定殺掉嵇康。

魏景元三年（二六二）的某一天，嵇康被押到東市行刑，作為中原士林領袖，嵇康被殺的消息震驚了整個士林。三千太學生齊聚東市，哭泣著請求刀下留人，活嵇中散一命，沒有得到允許，只能眼睜睜看著一代宗師從此騎鶴西去。

嵇康對即將來到的死亡並沒有一絲恐懼，此時夕陽西下，更加襯托了嵇康臨刑的悲壯。嵇康淡然從容地請求在死前長彈一曲，以為人生絕唱，得到了允許。嵇康披髮坐而撫琴，那一聲聲從容而幽遠的曲調彷彿在向蒼天訴說自己這四十年人生的苦與樂，卻催哭了在場所有的太學生。

嵇康彈的這首曲子，就是中國古典音樂史上具有劃時代意義的名曲《廣陵散》，也是現在留存的中國古典十大名曲之一。此曲初起時較平淡，但漸漸轉入高亢，彈指間有金石迸擊之聲，彷彿萬川歸海之磅礴……

嵇康彈完後，勾斷琴弦，仰天長歎：「當年袁孝尼求我將此曲傳授給他，我因為愛此曲，未能相授，今日就刑而弦斷，《廣陵散》從此絕矣！」說完，嵇康微笑著閉上眼睛，等待著金光玄影之際，一切都化作蒼白。

嵇康之死，士林中人莫不含冤呼痛，嵇康這樣的絕頂風流人物，幾百年才出一個，就這麼被鍾會這個小人給毀掉了，誰不惜之？雖然嵇康死後，司馬昭就後悔了，可司馬昭也只是發點廉價的同情，不值一文錢。在司馬昭眼中，只有權力才是最值得珍惜的，至於文辭風流，司馬昭沒興趣。

其實即使司馬昭不殺嵇康，嵇康也視司馬昭如無物。和世俗的司馬昭相比，也許嵇康從來就不應該降臨凡間，這不是他該待的地方，他真正的樂土，在天上，那個虛幻縹緲的神仙世界。

宋人李清照有首《詠史》詩云：「兩漢本繼紹，新室台贅疣。所以嵇中散，至死薄殷周。」

整個以「竹林七賢」為代表的魏晉名士群中，有一對絕代雙璧，提嵇康必提阮籍，否則就是不完整的。少了嵇康，「竹林七賢」名不副實；同樣，少了阮籍，魏晉名士圈也少了陽光。

阮籍字嗣宗，生於東漢建安十五年（二一〇）。在漢末魏晉之際，陳留阮氏是著名的文學世家，才子輩出，阮籍的父親就是東漢著名文學集團「建安七子」之一的阮瑀。阮籍繼承了父親優秀的文學基因，但歷史記住阮籍的，除了他出色的文學成就外，還有他極度狷狂的為人處世。

如果說嵇康是一幅輕逸靈動的寫意山水畫，那阮籍就是恣意汪洋的狂草，如後世的草聖張旭一樣。阮籍其實是嵇康性格的另一個方向，嵇康內秀，阮籍張狂。嵇康性格是內斂型的，而阮籍則是外張型的，「任性不羈」，行事隨心所欲，灑脫至極，時人稱他為阮瘋子。

阮籍雖然行事狷狂，但阮籍的狂卻沒有讓人生厭，而是狂出了一種藝術，或說是一種境界。阮籍是有資本狂的，和天才嵇康一樣，阮籍博覽群書，灌了一肚子的墨水，尤其喜歡道家書籍，比如《老子》和《莊子》。

阮籍對道家思想的態度與嵇康不同，嵇康更傾向於「品」，而阮籍則重於「行」。阮籍是魏晉時代的超大號酒鬼，逢酒必醉，每醉必仰天長嘯。躺在大地上，面向悠悠蒼天，讓寂寞的靈魂和大自然親密接觸。人生貴於豁達，不得意時，學學阮籍仰天長嘯，未必不是一種快樂的解脫。

阮籍醉時，會弄來一架琴，一襲白衣倚坐樹下，素手弄弦，妙為天籟。宋人蘇東坡有首絕詞《行香子》，可贈阮籍：「清夜無塵，月色如銀。酒斟時，須滿十分。浮名浮利，虛苦勞神。歎隙中駒，石中火，夢中身。雖抱文章，開口誰親。且陶陶，樂盡天真，幾時歸去，作個閒人。對一張琴，一壺酒，一溪雲。」

因為政見偏中，所以蘇軾夾在新舊兩派的中間兩頭受氣，尤其是烏台詩案，幾乎磨平了蘇軾身上的所有稜角，他曾經的熱血已經漸漸冷了，有了野服騎鶴、浩然歸去的念頭。阮籍也是一樣，本來阮籍也想在政壇大展拳腳的，但當阮籍看到司馬師兄弟對士林的高壓政策，他的熱血也涼了。

阮籍逃避世事的辦法很簡單，就是佯狂醉酒，世間萬般煩惱，盡一大白，皆如浮雲飄散。當然，阮籍拼命地喝酒，也是向司馬氏統治集團表白自己的政治態度：不參與，不反對。我不動你的乳酪，你也別來找我的麻煩，井水不犯河水。

阮籍抱定一個宗旨，就是不蹚司馬師兄弟這潭渾水，有次司馬昭想和阮籍攀親家，希望能讓阮籍的女兒做司馬炎的媳婦。阮籍不敢明著反對，就是拼命喝酒，一連喝了兩個月，不省人事。司馬昭不是傻子，一看阮籍這架勢，知道阮籍不稀罕這門閒事，也就算了，沒難為他。

阮籍和司馬昭劃清界限，不代表他跳出三界外，不在五行中，阮籍依然在官場嬉戲玩耍，他這是大隱隱於朝。有次阮籍突然犯了官癮，來找司馬昭說想當東平相（太守），司馬昭見阮籍開了竅，也非常高興，立刻答應了。

沒想到阮籍根本就不是去做官，而是公費旅行。阮籍騎著一頭毛驢，懷中揣著酒葫蘆，優哉遊哉地蹓到了東平國。甫一到位，阮籍立刻砸掉了府衙內的牆，讓各個部門在一間大房子裏辦公。新官上任三把火，可阮籍只在東平待了十天，就騎驢回到了洛陽，司馬昭一看阮籍居然是這德性，傻了半天。

國相是一郡之長，大事小事都要處理，阮籍的心已經死了，他對當太守沒興趣。只要阮籍點一下頭，晉朝頭號權臣賈充的那個位置就是他阮嗣宗的，白癡皇帝司馬衷的皇后位子也是阮籍女兒的，也許西晉的局勢不會崩潰得那麼徹底。

阮籍對當官已經失去了興趣，但他依然保持著對酒的強烈熱愛，只要有酒喝，當什麼官都可以。不知道阮籍從哪打聽到了，步兵校尉的廚房中有三百斛好酒，正好步兵校尉位子空缺，阮籍就主動要求做步兵校尉，司馬昭立刻答應了。後人世稱阮籍為「阮步兵」，即源於此。

阮籍這個步兵校尉當得太瀟灑了，諸事不問，每天就是抱著酒罎子大笑狂飲。阮籍很會算賬，三百斛酒早晚要喝完，省酒的辦法倒有一個，就是蹭別人的酒喝。所以每逢朝廷舉辦各式宴會，阮籍必然到場，他才不看座上碌碌諸公，他關心的，只是杯中物。

官場中人都知道阮籍就是這副德性，也沒人和他計較，如果阮籍一天不猖狂，那也就不是他阮籍了。阮籍是官場上公認的狂徒，從來視禮教如無物，什麼男女大防，家庭人倫，阮籍根本看不到，他看到的，只是世界末日即將到來。

阮籍蔑視禮教最典型的一件事就是有次他嫂子要回娘家，按當時風俗，阮籍是不能和嫂子獨自說話的，可阮籍卻和嫂子「卿卿我我」，說了幾句話。有人嘲笑阮籍有「盜嫂之嫌」，阮籍嘴一撇：「你懂個雞毛，禮教是用來約束你們這些俗人的，清雅如我輩，豈屑為之！」

阮籍的鄰居是個賣酒的，鄰居之妻長得非常漂亮，酒店就是她開的。阮籍曾經拉著王戎去鄰居家蹭酒喝，有次喝醉了，阮籍就躺在美女的身邊呼呼大睡。鄰居一看阮籍居然睡了自己的老婆，大怒，準備當場捉姦。結果這位爺在旁邊偷看了半天，阮籍根本就沒和他老婆發生關係，原來阮籍只是睡覺，只是睡覺而已。

和嵇康一樣，阮籍的人格也是非常的純粹，用世俗的眼光根本無法理解他們這樣超凡脫俗的謫仙人。阮籍聽說附近有個出身兵家的美女去世了，阮籍打聽到了美女的墳墓所在，攜酒去墳前，號啕痛哭，悲不自勝。

阮籍根本不認識這位美女，姓甚名誰一概不知，但阮籍卻痛惜上天不成人之美，一朵美麗的花朵就這麼凋落了，換了誰不心疼。這就是阮籍，他熱愛美好的生活，卻厭惡這黑白顛倒的世界。

阮籍有時苦悶極了，就獨自駕車，沒有目標地隨意驅行。他的人生早就失去了方向。每次駛到了無路可走的盡頭，阮籍仰望蒼天，號啕痛哭，淚流滿面……

人活著最大的悲哀，一是失去自由，二是找不到人生的方向。在司馬昭的嚴密監管之下，阮籍的所謂自由也只是喝酒佯狂長哭而已。至於人生的方向，阮籍也曾經努力尋找過，可每次都走到人生的死胡同，只能「慟哭而返」。

阮籍的狂，是那個黑暗時代文人不得志的縮影，換言之，阮籍的狂是被殘酷的生存環境給逼出來的。由於阮籍狂得太出名了，他的文學成就反而在一定程度上被掩蓋了。實際上文學世界中的阮籍，絲毫不遜於那個狂放不羈的阮籍，一個人，可以交叉生存在兩個不同的世界裏，這不是神話。

讀阮籍著名的《詠懷詩》八十二首，很難感覺到阮籍的狂。相反，阮籍筆下流露出來的，更多的是悲傷和哀憫，悲悠悠蒼天，憫萬物蒼生。阮籍外表狂放不羈，實際上他的心思非常細膩，感情特別豐富，屬於多愁善感型的。

阮籍生活在一個讓士大夫看不到希望的時代，阮籍不支持以暴力崛起的司馬晉政權，他不敢公然反對，只能採取非暴力不合作的態度。阮籍的內心世界非常痛苦，想遠離這個充滿殺戮和謊言的世界，但他特殊的身分和地位，又讓司馬昭死死盯著他。即使他逃到了天邊，那也還是司馬昭的天下。

在各種悲情因素的催合下，江湖上出現了一個狷狂不羈的名士，讓後人引為笑談，可是又有誰看到阮籍的靈魂在屠刀下痛苦的扭曲。阮籍把未來交給了命運，可命運並沒有給阮籍一個完美的答案，阮籍能做的，只能是裝瘋賣傻。阮籍用這種方式，抗爭命運的不公，很悲劇，很悲壯，很悲涼。

阮籍留給歷史最有名的一句話是「時無英雄，使豎子成名」！這是阮籍在觀看楚漢戰爭的古戰場時說的，世多謂阮籍是瞧不起劉邦，罵劉邦是豎子。可真正讓阮籍瞧不起的「豎子」，是另外一個人。

這個人是誰？答案就在文章裏面。

說到阮籍，我們會在第一時間想到阮籍的狷狂不羈，其實在魏晉時代，尤其是「竹林七賢」中，還有一位可能比阮籍玩得還要瘋狂，這就是阮籍的侄子阮咸。

雖然阮咸的年齡並不大，但以阮咸的家世和作派，風流逸灑，絕世才華，早就成為中原士林最頂級的名士。因為年輕，身上有稜有角的阮咸相比於叔父阮籍來說，更加的任性放蕩，「任達不拘」，是典型的禮教否定派，深為當時的封建衛道士們所鄙薄，沒少指責阮咸的種種出格行為。

陳留阮氏在魏晉時代是個名門望族，但各家早就分開過日子，所以有窮有富。住在南街的諸阮經濟條件比較差，比如阮籍和阮咸這對活寶叔侄，住在北街的諸阮都是大財主。

按當時的風俗，每逢七月七日，家家都有曬衣服的習慣，這個習俗現在已經消失了。到了這一天，北街諸阮都把自己上等的華麗衣服曬在街前，件件光彩照人。北阮可能是有意提醒路人：北阮比南阮有錢，譏諷阮咸是個窮小子。

阮咸才不吃北阮那一套，有錢就了不起了？阮咸也曬了衣服。阮咸真夠絕的，他找來一根長長的竹竿，把自己平時穿的大褲衩子挑在竿子上，掛在街頭。北邊是華服盛裝，南頭是破爛的大褲衩子，這種強烈的滑稽對比，不知笑翻了多少路人。有人問阮咸為什麼要這樣，阮咸嬉笑道：「沒什麼，湊個熱鬧而已。」

最能體現阮咸特立獨行性格的，是阮咸與豬喝酒的故事。有一次，諸阮舉行酒會，阮咸自然到場蹭酒喝。諸阮喝酒與眾不同，他們不是每人一個杯子，而是把酒倒在一個大盆裏，諸阮圍著大盆，用勺子舀酒喝。

可能是酒味太香了，居然把院中養的一群豬給吸引了過來，這群另類的豬哼哼唧唧窩了過去，拱倒了諸阮，擠在盆邊喝酒。諸阮嫌豬髒，都不願意跟豬混在一起，都在旁邊看著。阮咸犯了酒癮，才不管三七二十一，學豬的模樣，趴在盆邊，用嘴拱在盆裏喝酒。與豬共飲後，阮咸仰天大笑。

阮咸和他叔父阮籍一樣，都是極度蔑視禮教的，阮咸曾經泡上了他姑媽家的一個鮮卑女奴，阮咸很喜歡她，後來母親去世了，阮咸在家守孝。可當阮咸聽說他姑媽準備將這個女奴送走的時候，當時就急了，向一個前來弔唁的客人借了一頭驢，拼命地追趕。果然在半路上截住了女奴，阮咸把女奴抱在驢上，二人騎著驢，優哉遊哉地回家了。

阮咸為了一個女人竟然置亡母靈柩於不顧，這等大逆不道的行為果然又收到了衛道士們大量的口水，差點沒把阮咸罵死。但阮咸就是這樣張狂，他隨心所欲，干卿甚事！從禮教角度來看，阮咸這麼做確實於禮有虧，但如果阮咸不這麼做，那就不是他阮咸了。

作為江湖上的頂級名士，阮咸自然也有一手絕活，不然拿什麼在士林中混？阮咸最擅長的是彈琵琶，常為天籟，時人多陶醉。阮咸的音樂素養極高，當代大音樂家、權臣荀勖都對阮咸甘拜下風。有一種琵琶現在還被稱為「阮咸」，足見阮咸對琵琶的影響之大。

阮咸在士林中玩得風生水起，但阮咸因為他過於桀驁不訓，深為衛道士們所疾惡，包括荀勖。荀勖自知音樂天賦不如阮咸，非常的嫉妒，沒少在晉武帝司馬炎那裏給阮咸穿小鞋。山濤舉薦阮咸當官，司馬炎不同意，說阮咸「耽酒浮虛」，有名無實，不肯用。

阮咸的這種性格，也根本不適合當官，盤踞在官場上的都是鐵公雞琉璃貓，阮咸哪是這些人的對手。阮咸的可愛率真，只有他在心無雜念的時候，才能完全地表現出來。一旦阮咸入了大染缸，他身上的稜角很快就會磨掉了。這對阮咸本人和後人來說，都是莫大的不幸。

阮咸因為貪酒不受重用，其實在「竹林七賢」最貪酒的還不是阮咸，而是歷史上鼎鼎大名的酒神——劉伶。劉伶實際上就是魏晉時代酒鬼的代名詞，講魏晉酒史不提劉伶，就等於講三國史不講曹操一樣。

劉伶的人生從開始到結束，從來沒有離開過酒，沒有酒，劉伶一天也活不下去。劉伶家境雖然不太富裕，但酒還是能喝得起的，還是雇得起僕人。劉伶最經典的一個鏡頭就是：劉伶坐在鹿車上抱著壚子喝酒，身邊跟著一個肩扛鐵鍬的僕人。劉伶醉醺醺地告訴僕人：「我在哪喝死了，你就地挖坑把我埋了。」

劉伶的妻子見丈夫天天泡在酒壚子裏，非常心疼，就勸丈夫不要再喝了。劉伶很聽話，不喝就不喝，但他有個要求，就是擺一桌酒席，向蒼天諸神發誓，從此戒酒。

劉夫人大喜，立刻準備好酒肉，只見劉伶跪在地上念念有詞：「天生劉伶，以酒為名。一飲一斛，五斗解酲。婦人之言，慎不可聽。」說完，劉伶以迅雷不及掩耳之勢，拿起酒壺，又是一番豪飲，醉倒地上。旁邊劉夫人卻哭了，她這輩子算是栽了，嫁給了這個冥頑不化的酒鬼。

劉伶不但喝酒喝出了藝術，而且嘴特別刁鑽刻薄，誰要是把他惹惱了，他能用語言噴死人家。有次劉伶瘋勁上來了，脫光了衣服，一絲不掛地在房間裏裸奔。有朋友來找他，見劉伶這副模樣，大笑譏之。劉伶嘿嘿一笑，說道：「我以天地為屋，我的屋子是我的褲襠，先生怎麼穿進我的褲襠裏來了？」朋友臉紅無語。

在「竹林七賢」中，劉伶活得最快樂，因為他不像嵇康、阮籍那樣處在權力高層，進退不得。反正劉伶只是個非主流人物，在官場上無足輕重，這反而能讓劉伶活出人生的精彩。當人沒有了世俗的牽絆，才能活出人的本色出來。

在「竹林七賢」中，最具「商業價值」的是上面講的那四位：嵇康、阮籍、阮咸、劉伶，而另外三賢王戎、山濤、向秀則相對落寞了些，他們和前四位相比，更符合主流價值觀的存在，所以「魏晉風度」相對淡了一些。不過能躋身「竹林七賢」，說明他們還是有可愛討巧的地方，不然都像賈充那般無趣，也進不了這個圈子。

王戎出身於琅邪王氏，典型的豪門貴公子，仕途一路通天，一直處在權力層核心。王戎之所以出名，一不是他官做得大，二不是他有多麼風流倜儻，而是王戎是江湖上出了名的鐵公雞琉璃貓，最是一毛不拔的主。王戎的吝嗇，已經達到了爐火純青的境界，可以稱之為鐵公雞藝術。

王戎能摳門到什麼程度？王戎是天下第一等的大財主，家產田園無數。像王戎這等身分，家裏應該有幾個管賬的大管家，王戎沒請管家，而是自己管賬。每天王戎抱著一把算盤，劈裏啪啦地算今天賺了多少，花了多少。睡得比狗晚，起得比雞早，時人笑之。

這還不算最絕的，王戎的摳門原則是六親不認，即使是至親，也休想從他口袋裏摟錢。王戎的女兒曾經向老爹借了幾萬錢，但一直沒有還，幾萬錢對王戎來說只是九牛一毛，但王戎不高興，沒少給女兒甩臉色。後來女兒明白了，把錢還給了老爹。王戎剛才還陰沉的核桃臉立刻笑開了花，對女兒非常地疼愛。（什麼人這是？）

最荒唐還是王戎鑽李核的故事。王戎家裏種了許多株李樹，每逢李子果實豐收的時候，王戎都要摘李子到市上去賣。賣就賣吧，王戎怕別人買了李子後，取李核自種，這樣會影響王戎在李樹行業的壟斷地位。王戎真狠，他不怕費事，將李子核一個個鑽出來，然後賣無核的李子。因為這事，王戎一夜成名，沒少遭到別人的笑罵：摳成這樣，都快成精了。

至於另外兩賢山濤和向秀，因為篇幅實在有限，就不多介紹了。山濤和嵇康，是魏晉時代士人的兩個人生方向，或者是說是兩種不同的價值觀。山濤的性格也閒逸如野鶴，但山濤比嵇康更能適應主流社會。山濤的名士風度，和嵇康、阮籍相比，相對遜色了些。

十五、三國文人不相輕

有句老話說過：文無第一，武無第二。

「武無第二」好理解，擺一個擂臺，兩位好漢上臺對打，被踢下來的就是輸家，誰是第一很容易看出來。但「文無第一」則沒有一個具體的量化標準，比文章誰是第一？給文章打分的是人，因為每個人的切入角度不一樣，評出來的分自然也就有高有低，反正是公說公有理，婆說婆有理。

從古就有打文章官司的，比如李白和王昌齡的七絕誰寫得更好，李白和杜甫誰是唐詩第一人等等。一個人一個標準，這種辯論永遠沒有結果，無非是各自堅持自己的觀點而已。不僅是看熱鬧的，即使是有些寫文章的大拿們，也是互相攀比，然後雙方吹鬍子瞪眼，互相噴口水，大有不把對方噴倒誓不甘休的架勢。

這就引申出了一個話題：文人相輕。文人之間互相瞧不起，都覺得自己的文章最棒。三國著名的大文學家、油滑政客魏文帝曹丕就在文學批評名篇《典論》提出這個著名的話題：「文人相輕，自古而然。」

文人自古就相輕嗎？要說文人之間有互相瞧不起的，自然大有人在。但如果說所有文人都相輕，那就絕對化了，否則曹丕如何解釋他和當時大才子吳質、繁（讀婆）欽等人的真摯友情？

世界萬物都是相對而言的，文人之間有互相輕視的，也有互相尊重的。文人也是人，他們也有感情，而且文人的感情更加豐富細膩。歷史上從來不缺少文人之間互相尊重、結為摯友的事例，文人之間的肝膽相照，和武將戰死殉國同樣的悲壯感人。

比如南宋遺民謝枋得被元朝強逼北上做官，謝枋得抱著必死的決心北上。行前，他的好友張叔仁作詩一首，勸謝枋得自盡以全忠節。詩中有名句：「此去好憑三寸舌，再來不值半文錢。」謝枋得讀此詩，仰天長哭，最終在大都絕食殉國。

在漢末三國時代的士林中，名士輩出，可謂星光璀璨，大腕雲集。雖然這些名士絕大多數都在仕途和士林這兩個不同的世界中同時存在，但仕途的艱難油滑，並沒有影響到他們的名士風範。

套用一句名言：不能在工作的時候讀書，那就在讀書的時候工作，三國名士也大抵如此。因為這種階層特質，三國的名士們在士林中的交往，是一種真摯友情的外露，而很少帶有功利性。

由於漢末戰亂不休，偌大一個東漢帝國被諸侯割據得四分五裂，最終形成三分天下。東漢的士林圈子被人為地分成若干個小圈子，但這並不影響名士們的友情。想念朋友了，寫封信往郵筒裏一扔，一切就OK了。

無論是任何時代，名士都是受到尊重的，名士之間的書信往來，各方統治者一般是不會為難他們的。在三國的「跨國友情」中，最典型的事例是曹魏的超級名士王朗與蜀漢的超級名士許靖之間真摯的友情，下面就講一講他們的故事。

許靖是中原名士，而王朗是江東名士，許靖也一直在朝廷做事，王朗則在外郡任職，但他們很早以前就有了交情，屬於江湖老友。因為許靖密謀誅殺權臣董卓的計畫失敗，為了躲避董卓的報復，許靖倉皇東逃。幾經輾轉，許靖來到了王朗任太守的會稽郡，老友重逢於刀兵流離之際，自有一番感慨。

雖然史書沒有明說王朗都給了許靖哪些照顧，但他們一則有舊交情，二都是天下名士，惺惺相惜是少不了的。可這平穩快樂的日子沒過多久，強悍的小霸王孫策就率兵渡江東下，攻城掠地。

許靖見會稽也不是個安穩的地方，甩下老朋友王朗，帶著家眷連夜就逃之夭夭了，許靖的人生下一站是交阯。許靖受到了交阯太守士燮的熱情款待，勉強安頓下來。在交阯，許靖見到了許多逃難到交阯的中原名士，比如陳國人袁徽。

袁徽出身於士林名家陳國袁氏，在江湖上也是能數得上名號的。士林圈子其實並不大，許靖和袁徽都知道對方在江湖上的地位，所以私交不錯。袁徽給曹操手下的頭號名士潁川荀彧寫了封信，在信中，袁徽極力讚美許靖，說許靖「英才偉士，智略足以計事」。

通過袁徽給荀彧寫信這件事情，能看出當時雖然天下分裂，但名士間的書信來往非常頻繁，估計許靖本人也沒少給外地的士林好友寫信，通報自己的生活情況，互通消息。後來許靖接受了益州牧劉璋的邀請，舉家入川，開始了他人生中另一段奇妙的旅行。

若干年後，劉璋的江山被荊州梟雄劉備連蒙帶騙給搶走了，許靖又在劉備手下混飯吃。雖然劉備瞧不起當初許靖背叛劉璋的不忠之舉，但在法正的勸諫下，劉備還是非常尊重許靖的。在蜀漢官場的排名中，許靖是當仁不讓的頭牌花旦，誰讓許靖是蜀漢唯一的帝國級名士呢。

許靖在蜀中做官的消息，通過各種管道，傳到了中原士林。自從建安元年（一九六），孫策出兵會稽，許靖南逃以來，許靖已經和他的老朋友王朗二十多年沒見面了。

這時的王朗已經是曹魏的一線重臣，也是魏國的頂級名士。王朗也許是某一天憑欄西望，已經沉睡二十多年的記憶突然不可遏制地湧上心頭，汝南許文休現在過得還好嗎？應該是在曹丕剛建立魏朝後不久，王朗提起筆，給在蜀漢快樂生活的老友許靖寫了一封感情非常真摯的信。

這封信很長，王朗在信的開頭向許靖表達了一個老朋友最真誠的問候，然後感慨道：「我們已經三十多年（應當是二十多年）沒見面了，天涯各自飄泊，每思至此，不禁愴然。自建安元年與足下會稽相別後，歷盡艱難，一言難盡。」

隨後王朗將自會稽別後，他這二十多年來的仕途和生活情況向許靖作了非常詳細的介紹，幾乎是王朗的人生回憶錄。王朗說有一次皇帝（曹丕）聚江湖名士座談，就談到了許靖，稱許靖為蜀漢「謀首」，可能是指許靖在蜀漢官場的頭牌地位。要說蜀漢的「謀首」，毫無疑問是法正，諸葛亮都得靠邊站。

由於二十多年沒有許靖的消息，王朗不知道許靖的家庭生活怎麼樣，就在信中問許靖：「文休足下現在膝下有幾個子女？今年多大了？」然後王朗介紹了自己的家庭情況：「我以前生過一個男孩一個女孩，可惜都不在了。現在膝下有兩個兒子，大兒子王肅二十九歲，文休是見過的。小子兒王裁只有一歲多。」

王朗和許靖山水相隔，而且他們都已經老了，這個時代已經不是他們的天下了，永無再會之日。但王朗卻沒有忘記許靖，朋友之交並非天天要見面，有些朋友是可以藏在心裏的。在一個陽光燦爛的日子裏，突然想到他們，那是一種溫暖……

其實和許靖有書信往來的魏國重臣，除了王朗，還有陳紀及其子陳群、袁渙、華歆等人，他們都是許靖當年的至交好友。關於這些人和許靖的來往，陳壽是這麼記載的：「（陳紀等人）魏初為公輔大臣，咸與靖書，申陳舊好，情義款至，文多故不載。」陳壽說得挺熱鬧，卻惜墨如金。

三國名士們的交情，還有一種特殊的情況，就是利用這種交情，來達到某個政治目的。比如蜀漢建興元年（二二三），諸葛亮在劉備死後剛剛執政，魏國的一些風流名士們，包括華歆、王朗、陳群、許芝、諸葛璋等人似乎是事先約好的，一窩蜂地給諸葛亮寫信，勸諸葛亮舉蜀漢向魏稱臣，實際上是想讓魏國不戰而滅蜀漢。

這些中原名士們和諸葛亮應該是沒有特別深的交情，甚至可能從來沒有見過面。不過大家都是江湖上的頂級名士，圈子就這麼大，誰不知道誰啊。這夥名士勸諸葛亮識時務，細胳膊是擰不過粗大腿的，魏蜀實力有天壤之別，何必拿著雞蛋往石頭上碰，場面很華麗，結果很難看……

如果諸葛亮要聽從他們的勸告，舉國投降，那還是諸葛亮嗎？諸葛亮連回信都懶得寫，直接寫了一篇文章，駁斥華歆等人的謬論，將曹操、曹丕以及這夥名士統統罵了個遍。

諸葛亮作為天下響噹噹的一線名士，同時是蜀漢的真皇帝，他如果投降魏國了，就不再擁有像蜀漢這樣的實權地位，最多成為華歆、王朗這樣的花瓶名臣。再者，諸葛亮統一天下的思想也容不得他去做這等苟且之事。

雖然蜀漢名士的數量不如中原的多，但益州自古人傑地靈，名士的相對數量也不少。諸葛亮不是蜀人，但自諸葛亮入蜀以來，和蜀中名士的關係還是不錯的，也結識了不少好友，比如張裔。

別看張裔的名氣不如華歆、王朗大，但早年入蜀的頂級名士許靖就曾經說過：「張裔如果生在中原，他的江湖地位不會比鍾繇差。」許靖可不是個隨便拍馬的人物，如果不是張裔「治公羊春秋、博涉史（記）、（漢）書」，為人機敏，許靖也犯不著捧張裔的臭腳。

諸葛亮剛剛執政的時候，南中發生大規模的武裝叛亂，益州郡土豪雍闓將時任益州太守的張裔強行押送到了東吳。後來諸葛亮派鄧艾赴吳與孫權聯合，鄧艾此行除了吳蜀結盟的大事外，諸葛亮交給他的另一個任務就是把張裔給要回來。張裔最終在孫權的不捨中，有驚無險地回到了成都。

張裔這人能力很強，文才也好，就有一樣毛病，心胸狹窄。他在吳國羈押期間，蜀郡太守楊洪依法懲辦了張裔犯事的兒子張郁，張裔就因這事記恨楊洪。還有就是諸葛亮重用了司鹽校尉岑述，張裔吃醋，沒少撒潑耍賴。諸葛亮看來是有必要給張裔提個醒了，就給張裔寫了封信。

諸葛亮在信中說：「君嗣（張裔字）當時在柏下和張飛作戰的時候，我聽說君嗣打了敗仗，生怕魯莽的張飛會做出對你不利的事情，非常擔心。後來你又被押在東吳，我更加地難過，現在你好容易回來了，我非常地高興。」

隨後諸葛亮話鋒一轉：「因為我們是知己之交，義同金石，所以有些話我不妨直說。君嗣是朝廷重臣，大道理不用我多講，不能因為個人恩怨而影響了國家大事。我之所以用岑元儉（岑述字），是因為他有才幹。君嗣連一個岑元儉都容不下，心中還能有天下嗎？」

不知道張裔看完諸葛亮的這封信後會是個什麼心情，估計會為此感到慚愧，張裔也不是那種不知進退的人。其實張裔的人品是非常好的，誰沒有缺點呢？張裔在青少年時代和犍為人楊恭關係非常好，是莫逆之交。後來楊恭死得早，留下了寡母孤兒。

「太太死了壓斷街，老爺死了沒人抬。」張裔卻沒有這麼勢利。相反，張裔主動把楊恭的母親和兒子都接到自己家裏，侍楊恭母如親母，侍楊恭的兒子如親子。後來楊恭的兒子長大了，張裔替世侄尋了個好姑娘，並出錢為他添置了產業。楊世侄可以自立門戶了，張裔也就無愧於早亡的好友楊恭。

什麼是朋友？就是當自己有難時，可以替自己上刀山赴火海的人。張裔雖然吃醋不足取，但寧取人一善，不取人一惡。能像張裔這樣將一個無血緣關係的孩子撫養長大，並不是件容易的事情。有些事情說的很容易，但要做起來，不知道有幾人可以做到。

人海茫茫，不是所有的人都可能成為朋友，這需要緣分。交朋友也是雙方共同認可了對方，才能成為朋友，一廂情願是不行的。三國名士中有沒有一廂情願與別人交朋友的？有，而且這個人的名氣極大，誰？曹操！

曹操當初還沒有發跡的時候，曾經仰慕過南陽的一個名士宗承（字世林），想和宗承交朋友。不過宗承卻瞧不起曹操的為人作派，三番兩次拒絕和曹操成為朋友。後來曹操迎天子令諸侯，一時風光無二，曹操又把宗承給強行「請」了過來，低三下四地問宗承：「世林兄，我們能成為朋友嗎？」

宗承是正宗的儒學名士，他對曹操威挾天子的行為非常不滿，根本不認曹操是哪根大蔥，冷冷地回了句：「松柏之志猶在！」意思是說：我以前對你什麼態度，現在還是什麼態度，我們不可能成為朋友。

宗承的骨頭真夠硬的，這可是權傾一時的曹操！宗承都視若無物，足見他的膽識和魄力。雖然曹操接二連三地吃了宗承的閉門羹，但曹操心胸還算寬廣，他並沒有為難宗承。

宗承不能成為曹操的朋友，卻成了曹丕和曹植兄弟的老師，二曹每見宗承，必然長拜。曹操以這種「曲線交友」的方式，勉強維持著他和宗承這種朦朦朧朧的的朋友關係。

說到三國名士的友情，還有一對非常地著名，就是東吳兩大軍界巨頭周瑜和魯肅的莫逆之交。周瑜和魯肅成為朋友，原因大家都是知道的，就是周瑜窮困時，路過魯肅家，向魯肅借糧。魯肅真慷慨，家裏有六千斛米，魯肅隨手就給了周瑜三千斛。

因為魯肅的慷慨大氣，徹底征服了周瑜，從此二人成為私交極好的朋友。後來魯肅準備北投盧江土霸鄭寶，周瑜聽說後，當時就急了，周瑜立刻給魯肅寫信，勸魯肅來江東效力，保證子敬能發大財。魯肅相信周瑜是不會拿他的前途開玩笑的，就去見了孫權，果然成就了一段傳奇。

周瑜和魯肅相交已久，彼此也很了解，還有一種交友情況是先聞其名，後交其人。這樣的例子在漢末三國也有，會稽名士盛憲有一次出門遊玩，突然在路邊遇到了一個面目清秀的小男孩。盛憲一問，這小毛孩子居然是名滿天下的神童孔融！

盛憲激動得不得了，立刻跳下車，抓住孔融的手，生怕他跑了。盛憲和孔融同乘一車，回到了家，二人言談甚歡。盛憲擺了一桌酒宴，弄了一隻雞，和孔融喝雞血拜了把子。盛憲果然是名士風範，激動的盛憲告訴他的母親：「恭喜老娘，賀喜老娘！老娘當初生下了我一根獨苗，現在我也有弟弟了。」

朋友的交往，其實就是一種彼此感情上的互相需要，這和國籍、民族、年齡、職業沒有任何關係，只要感情到位就行了。無論是官場、士林、江湖，只要對人懷有一顆坦誠之心，朋友是不難交到的。

朋友之間最講究兩點：平等和信任，這兩個條件少了哪一個，都不可能交到真正的朋友。當然不是說所有的人都會成為朋友，這是不可能的，物以類聚，人以群分，以及性格的差異。

朋友不在於數量，而在於是否交心。

十六、三國末路帝王的人生終局

世界上什麼人最尊貴？答案很簡單：帝王。

自從人類進入階級社會以來，帝王們就一直站在人類社會的最高層，一覽眾山小。帝王凌駕在萬人之上那份驕傲和霸氣，不是身臨其境，是很難體會出來的。帝王可以擁有一切，包括權力和美女，只要他們願意，可以做任何事情，而不受國法的約束。

當然，這說的是得勢時的帝王，在帝王們牢牢掌握權力的時代，整個世界都是他們的，他們是命運的寵兒。但如果帝王失了勢，尤其是失去了權力，或者被敵人消滅掉，那麼，他們就是世界上最可憐的人。失去了權力、失去了自由，成為別人刀下待宰的羔羊。他們除了戰戰兢兢地等待死亡，什麼也做不了。

歷史上有開國帝王，自然也就有亡國（失權）的帝王，這些亡國失權的帝王不一定是帝國的最後一個統治者。不過帝王的存在完全是依附在權力之上的，一旦失去權力，帝王也就名不副實了。

末路帝王有多可憐？南朝宋順帝劉準在將天下禪讓給蕭道成時，蕭道成的狗腿子王敬則前來逼宮。十歲的劉準知道晉恭帝司馬德文的下場（為劉裕所殺）就是他的下場，不禁號啕大哭，說了一句讓人非常心酸的話：「願後身世世勿復生帝王家！」帝王末路，欲為匹夫而不得，這就是歷史賭局的殘酷。

說到三國的末路帝王，其實人數不算少，如果算上傀儡漢獻帝劉協，計有魏齊王曹芳、魏高貴鄉公曹髦、魏元帝曹奐、蜀漢後主劉禪、吳少帝孫亮、吳末帝孫皓。再加上一些不算帝王的末代統治者，比如公孫瓚、呂布、袁尚、袁譚、劉琮、劉璋、馬超、公孫淵、陳容相當龐大。

有些人物前面已經講過了，比如曹芳、曹髦、孫亮等人，下面重點講三個末路帝王，就是魏蜀吳三國歷史終結的歷史見證者——魏元帝曹奐、蜀漢後主劉禪、吳末帝孫皓，先講一講曹奐。

曹奐雖然和劉禪、孫皓一樣都是亡國皇帝，但蜀、吳是被晉朝通過軍事手段消滅掉的，而魏國則是司馬氏通過政變奪權，最終被廢掉的。在歷史上，像曹奐這樣被新統治者所謂「禪讓」奪權失位的非常多（不包括齊明帝蕭鸞這樣內部「禪讓」的例子）。

從西漢孺子嬰「禪位」給王莽開始，有漢獻帝劉協、魏元帝曹奐、晉恭帝司馬德文、宋順帝劉準、南齊和帝蕭寶融、梁敬帝蕭方智、東魏靜帝元善見、西魏元廓、北周靜帝宇文闡、隋恭帝楊侑、唐哀帝李柷、吳末王楊溥、後周恭帝柴宗訓。在這些「主動禪讓」天下的末代帝王中，真正能在失位後善終天年的只有兩個，一個是漢獻帝劉協，另一個應就是曹奐。

本來曹奐是沒有資格當皇帝的，因為自從司馬氏控制魏國權力以來，魏國的政治局勢動盪不安，接連掛掉了兩個皇帝曹芳和曹髦。曹髦被司馬昭的打手成濟殺死之後，魏國的帝位出現了空缺。這時司馬昭自感篡位時機還不成熟，就假惺惺地從曹魏宗室中選擇一個金牌傀儡，繼續當他的擋箭牌。

先將曹魏的帝系給梳理一下：

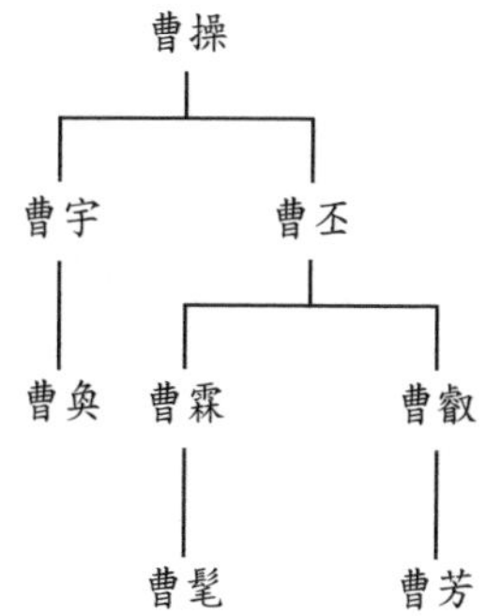

從輩分上來看，曹奐是曹髦的堂叔，但卻比曹髦小了五歲，即位時十四歲。曹奐來到洛陽皇宮的時候，曹魏天下早已經被司馬懿父子三人掏成了空殼。所有人都知道司馬氏才是魏國真正的主宰者，只不過司馬昭暫時還沒有正式掛牌而已，就如當年曹操掏空東漢帝國一樣。

以當時的形勢來看，無論是誰當上魏國皇帝，都只是司馬昭手上昂貴的橡皮圖章，例行公事而已。司馬昭之所以選擇曹奐，主要還是因為曹奐年輕不懂事，容易擺弄。再說有曹髦被殺的前車之鑒，司馬昭相信曹奐還不敢拿自己的小命開玩笑。天下，是司馬家的。

果然，曹奐很懂事，他剛即位後，就下詔封大將軍司馬昭為晉公。在唐朝之前的「禪讓」慣例中，先封公、再封王、再稱帝，是新舊政權交接的三部曲。曹操就是這樣把東漢天下玩弄於股掌之上的。

雖然司馬昭假惺惺地「禪讓」，但這不過是司馬昭擺出的假姿態而已。司馬昭是個聰明人，他懂得「寧要實權不要虛名」的道理，他還沒蠢到袁術那種地步。曹奐不過是掛了個皇帝的名，他手上什麼權力都沒有，一切都要聽司馬昭的安排。否則，曹髦的下場就是他的下場。

曹奐的皇帝生涯前後不過六年，做了幾年的傀儡，然後被司馬家摘了牌子，踢出洛陽，做一個衣食無憂的寓公。在這幾年皇帝生涯中，魏國軍政大事的一切得失都與他無關，無論是接受掌聲和鮮花，還是接受罵聲和臭雞蛋，那都是司馬昭的事情。曹奐，只是一個沉默的觀眾。

要說曹奐比前幾代魏國皇帝幸運的是，曹奐親眼見證了三國歷史的重大變遷：他名義下的大魏雄師揮刀西進，消滅了頑固抗爭命運的蜀漢王朝。雖然權力是司馬昭的掌上玩物，但曹奐作為合法皇帝，司馬昭有許多事情還需要曹奐來串場跑跑龍套。

曹奐「恢復祖業」的心，從他剛上臺的時候就已經死了，或者說曹奐根本就沒有「恢復祖業」的壯志，司馬昭可不是吃閒飯的。曹奐已經接受了命運對他的安排，司馬昭讓他做什麼，他就做什麼。雖然曹奐遠沒有曹髦有血性，可沒有實力的血性究竟能換來什麼？悲壯的歷史瞬間？可悲壯是不能當飯吃的。

從伐蜀之前的下詔，到劉禪來到洛陽後的安慰詔，以及揭露鍾會謀反的有罪詔，都是打著曹奐的旗號對外公布的。曹奐對這些例行公事早已經麻木不仁了，「吹皺一池春水，干卿底事」？

作為名義上的戰勝國皇帝，曹奐應該是見過安樂公劉禪的，不知道曹奐內心深處在想什麼。曹奐是勝利者？不，他和劉禪一樣，都是命運的失敗者。唯一與阿斗不同的是，他的身邊樹著一杆「勝利」的大旗，可這杆的旗手，卻是司馬昭，這就是曹奐的悲哀。

曹奐知道，司馬昭遲遲不肯接受晉公的封爵，就是司馬昭感覺軍功尚難服人，現在滅掉了蜀漢，司馬昭的威望到了頂點，是時候換牌子了。對於這一點，曹奐心知肚明。滅蜀後不久，曹奐就下詔封司馬昭為晉王，「命晉王冕十有二旒，建天子旌旗，出警入蹕，乘金根車」。事情發展到了這一步，傻子也知道司馬昭要幹什麼。

雖然司馬昭在當上晉王兩年後突然暴病而亡，但權力一直牢牢控制在司馬氏手上，司馬昭死了，晉王太子司馬炎順利接過父親留下來的權杖。既然司馬昭成為曹操第二，司馬炎就是當仁不讓的第二個曹丕。至於漢獻帝第二，自然就是曹奐。

那一天終於來了，魏咸熙二年（二六三）十二月，「天祿永終，歷數在晉」。曹奐面無表情地在政權更迭的文件上簽了字。洛陽南郊受禪臺上，司馬炎笑容燦爛；受禪台下，祭告上蒼的熊熊大火劈啪作響。在這一刻，曹奐依然是出奇的從容，彷彿他從來不曾出現在這個熱鬧喧天的場合。

從這一天以後，在歷史上煊赫一時的曹魏帝國永遠成為歷史深處的記憶。當年曹操意氣風發的時候，可曾想到，僅僅過了四十五年，他辛苦三十年才打拼出來的大魏帝國，就這麼輕易地被司馬氏換了塊牌子，從此易主。曹操的孫子曹奐不幸見證了這一讓人心酸的歷史瞬間，就如同當年漢獻帝劉協一樣。歷史，就是這麼詭異地輪迴。

由於曹奐對司馬氏俯首貼耳，百般順從，所以司馬炎也沒有難為他。司馬炎以晉朝皇帝的名義，降封曹奐為陳留王，定居鄴城，享食萬鐘。

曹奐在歷史上給後人最大的印象就是沉默，他面無表情地看著歷史的滄桑變遷：司馬昭滅蜀、鄧艾冤案、鍾會謀反被殺、劉禪東遷、司馬炎稱帝、晉軍六路伐吳、孫皓青蓋入洛、晉朝高層的腐化、破壞力驚人的八王之亂……

西晉太安元年（三〇二），五十八歲的陳留王曹奐在四海洶沸的大亂中默默地離開了人世。

上面我們講了，三國的末路帝王（包括實際統治者）非常多，在這十多個末路統治者中，要說名氣最響亮的，恐怕非蜀漢後主劉禪莫屬。劉禪的名字在歷史上並不是很響亮，但說起蜀後主或他的小名阿斗，那名氣就大多了。

先不說歷史作為，只說歷史知名度，阿斗絕對是三國一線人物，關於他的故事實在太多了，比如那兩個著名的典故：扶不起的阿斗、樂不思蜀。當然，阿斗之所以「小名垂宇宙」，主要還是傍上了三國兩大名人：他的親生父親劉備、他的相父諸葛亮。前面也說過了，出名其實很簡單，傍上個名人，一切就OK了。

劉禪作為皇帝，他還有一項三國所有帝王都無法比擬的紀錄——在位時間最長。從西元二二三年繼位，到西元二六三年亡國，劉禪當了四十一年的皇帝！孫權的實際統治時間更長，共五十三年，不過孫權稱帝的時間只有二十四年。

劉禪和孫權都是富二代，如果沒有劉備和孫策在腥風血雨中打下江山，憑他們的開拓能力，很難站在歷史風雲的最頂端。不過雖然孫權的能力遠強於劉禪，但有一點，孫權是比不了劉禪的，就是劉禪多災多難的命運。

劉禪的經歷其實非常讓人心酸，他不是劉備第一個兒子，他的母親甘夫人也不是劉備第一個妻子。劉備早期在中原闖蕩時，妻子數喪於敵手，在荊州被曹操追殺時，還丟了兩個女兒。

西元二〇七年，劉禪生於新野，第二年，曹操大軍殺向荊州，劉備倉皇南逃，甘夫人和兒子劉禪被拋在荒野。幸虧名將趙雲捨命相救，劉禪才避免填埋於溝壑的悲劇命運。三年後，劉備大舉進蜀，孫尚香想趁機偷走劉禪，又是趙雲「截江奪鬥」，劉禪再次避免了厄運。如果劉禪被掠到江東，估計難逃孫權毒手。

都說庸人多福，這話有點道理，阿斗天生就是皇帝命。為了保證阿斗將來能繼承基業，劉備不惜殺掉了立功卓著的養子劉封。劉備也知道，如果留下劉封，性格兇悍的劉封將來必然會給才具平庸的阿斗帶來巨大的威脅，劉封奪位的可能性並非不存在。

劉封死後，作為劉備實際上的嫡長子，劉禪的太子位置牢牢不可動搖，他需要做的，就是等待劉備成為「先帝」。西元二二三年四月，伐吳失敗的劉備病逝於白帝城，一個月後，十七歲的劉禪在成都繼位。

從常理上來說，十七歲的孩子已經具備了相對成熟的心理，但劉備對這個兒子向來不太放心，畢竟劉禪從來沒有單獨執政經驗。劉備為了確保蜀漢政權的長久生存，舉國托孤於諸葛亮，劉禪成了諸葛亮的乾兒子。劉備在死前明確告訴劉禪：「汝與丞相從事，事之如父。」你親爹死了，你乾爹還在，要老實聽話。

劉禪之所以要比同樣是傀儡皇帝曹芳、曹髦等人幸運的是，曹芳們面對的是兇悍跋扈的司馬師兄弟，而劉禪面對的則是忠誠不二的諸葛亮。如果諸葛亮稍有異心，不是沒可能踢掉劉禪，「自立為成都之主」。

劉禪能擁有諸葛亮這樣的千古賢相，是蜀漢的幸運，也是劉禪的幸運。在諸葛亮當政的十二年裏，「（蜀漢）政事無巨細，咸決於亮」。劉禪在這個時候所能做的，還是當一枚昂貴的橡皮圖章，相父需要以他的名義下詔，劉禪直接蓋上大印就行了。

諸葛亮的名聲自不必多說，但諸葛亮不是神，他也有許多缺點，比如諸葛亮的權力癮。在他執政期間，大事小事一一過問，卻忽略了給劉禪鍛鍊的機會，這也是諸葛亮執政時最大的失誤之一。劉禪後期的昏瞶，尤其是缺乏臨機判斷能力，這和諸葛亮不重視培養劉禪的早期執政經驗有很大的關係。

諸葛亮死後，劉禪有限度地接觸國家大事，蔣琬和費禕執政時，都分了一部分權力給劉禪，但為時已晚。亡羊補牢是沒錯，可惜羊都跑光了，補牢還有什麼用？諸葛亮不給劉禪鍛鍊機會，任由劉禪自生自滅，劉禪的青年期就這麼給浪費了，好端端一棵樹苗，結果長成了歪脖子樹。

「後主漸長大，愛宦人黃皓」。劉禪實際上被諸葛亮排擠出了權力核心圈子，百無聊賴的劉禪沒事幹，就天天和太監黃皓混在一起，種下了蜀漢亡國的禍根之一。如果劉禪一直做一個花瓶皇帝，倒也不會對蜀漢國勢造成多大的負面影響，但長大後的劉禪已經表現出了對權力的興趣，這不是一個吉兆。

世界上有許多種悲哀，其中之一就是明明沒有這方面的能力，卻偏偏在這個行業裏摸爬滾打，除了滾出一身泥巴外，什麼也得不到。劉禪就是這樣，自延熙九年（二四六）蔣琬死後，費禕常年領兵駐外，劉禪開始「自攝國事」。

花瓶很好看，但外人眼中的讚歎，卻是花瓶本身的悲哀。劉家的天下，劉禪當然有資格收回來，但劉禪卻明顯不具備劉備、諸葛亮那樣對權力超強的控制力。劉禪親政後，對劉禪嚴肅管教的副宰相董允與蔣琬同年去世，劉禪終於擺脫了最後一道牢固的枷鎖，可以為所欲為了。

劉禪親政後，蜀漢官場迅速躥紅了兩股勢力，一是大太監黃皓，一是尚書令陳祗。陳祗是蜀漢著名的笑面奸臣，唐朝大奸臣李林甫其實就是陳祗的加強版。陳祗當政期間，勾結大太監黃皓，狼狽為奸，嚴重干擾了蜀漢政權機器的正常運轉。

尤其是西元二五三年，宰相費禕被刺殺之後，劉禪徹底自由了，再也沒有人敢管他了，包括大將軍姜維。姜維在蜀漢軍界的地位無人能及，但他最大的失敗就是在官場混得一團漆黑。因為得罪了黃皓，姜維連成都都不敢回，遠遠躲在外面避禍。

姜維勸劉禪殺掉黃皓，劉禪是和黃皓從小一起廝混大的，感情很深，他不可能隨便就殺掉黃皓。劉禪縱容黃皓的勢力在官場高層蔓延，劉禪分辨是非的能力非常差，他看不到黃皓和陳祗對蜀漢政權機器的嚴重破壞。如果劉禪能看出來陳祗是個奸臣，那也就不是他劉阿斗了。

蜀漢的亡國，姜維至少要負一半的責任，另一半的責任，當然要由劉禪來負了。黃皓和陳祗是奸小，可信用奸小的肯定是昏君，這個黑鍋，劉禪是背定了。

鄧艾雖然偷渡陰平得手，並消滅了諸葛瞻的蜀軍主力，但如果劉禪能堅守成都，勝負尚未可知。可劉禪壓根就沒考慮抵抗，要麼逃到東吳，要麼逃到南中，要麼直接投降。劉禪還不如他的兒子北地王劉諶有血性，在亡國之際，劉諶哭拜昭烈廟，自刎以謝先祖，為蜀漢的滅亡添上了一抹悲壯的色彩。

五十七歲的劉禪，成為了五十三歲的司馬昭的俘虜，被司馬昭請到洛陽喝茶去了。不過司馬昭可能是出於穩定蜀漢人心的考慮，他非常厚道地安置了劉禪，封為安樂公，食邑萬戶，除了失去了自由，劉禪還可以繼續花天酒地。西元二七一年，劉禪善終於洛陽，晉武帝司馬炎諡劉禪為安樂思公。

劉禪作為歷史上非常著名的亡國皇帝之一，圍繞他身上最大的爭議就是那段著名的典故「樂不思蜀」。因為這件事情，劉禪被扣上了「沒心沒肺」的帽子，司馬昭大笑，所有人都在大笑。他們想不到劉備英雄一世，居然生下了這個愚蠢無能的兒子。從此，阿斗就成了昏庸無能的代名詞，這帽子一扣就是近兩千多年。

劉禪傻嗎？舉一個著名的例子，西元九七五年，南唐被北宋滅亡，南唐後主李煜北遷汴梁。從一個自由的帝王淪為他人的階下囚，李煜每天以淚洗面，懷念故國，這種強烈的思鄉情緒最終爆發，凝成了詞史上極著名的那首《虞美人》：

春花秋月何時了，往事知多少！小樓昨夜又東風，故國不堪回首月明中。雕欄玉砌應猶在，只是朱顏改。問君能有多少愁？恰似一江春水向東流。

一個亡國帝王，在戰勝國的土地上公然懷然故國，這是對戰勝國皇帝公然的蔑視和挑戰。不要說趙光義這樣「陰賊險狠」的皇帝，換了任何一個皇帝，都不可能容忍李煜這樣的行為。趙光義狠毒的毛病一發作，灌了李煜一肚子的牽機藥，李煜慘死。

同樣的道理，如果劉禪當著司馬昭的面，痛哭流涕地說懷念蜀漢，以司馬昭的狠毒性格，劉禪未必就能見到第二天的太陽，弄不好九族俱毀。其實司馬昭在劉禪面前安排蜀宮女跳蜀舞，就是在試驗劉禪，一旦劉禪表現出了對蜀漢的一絲懷念，司馬昭是絕對不會放過他的。

如果劉禪是傻子，他怎麼可能在諸葛亮死後，能主政三十年？雖然晉安帝司馬德宗是個白癡，但司馬德宗身邊都是權臣：司馬道子、桓玄、劉裕，都不把司馬德宗當盤菜。而無論是諸葛亮、蔣琬、費禕或是姜維，都對劉禪畢恭畢敬。沒有點手腕，劉禪怎麼可能鎮住這些人精子？

所以，綜合來看，劉禪在司馬昭面前根本就是在演戲，故意裝傻，來換取司馬昭對他的放心。曹髦是怎麼死的，劉禪應該是知道的。劉禪從來就沒有想過像兒子劉諶那樣自殺殉國，他人生的原則就是好死不如賴活著。

既然劉禪決定了在司馬昭的刀口底下混飯吃，那只能將裝傻進行到底，拼命地給司馬昭裝孫子。給人裝孫子，說的容易，真要做的時候，未必容易。裝孫子，無關於演技，有關於尊嚴。

劉禪犧牲了自己的尊嚴，卻「苟全性命於亂世」，安然度過餘生。劉禪的行為雖然有些讓人不爽，畢竟他是劉備的兒子，但劉禪在亡國之際，能保全九族性命，未必就不是劉禪裝傻換來的。

從這個角度看，劉禪的人生又是成功的。

下面我們來談談東吳的亡國皇帝孫皓。

在進入正題之前，先把孫皓的名字講一下。孫皓的「皓」本應該做「晧」，讀音都一樣，意思也相同（意為光明），讀為「號」。晧是皓的異體字，現在一般都作「孫皓」，所以下面都寫成「孫皓」。

孫皓是吳大帝孫權的孫子，廢太子孫和的兒子。孫皓的帝位，可以說來得僥倖，也可以說是他應得的。如果不是孫和在那場可怕的政治鬥爭中失敗，孫亮和孫休都沒機會上臺，天下依然還是孫皓的。而孫皓的僥倖，是因為孫休在晉滅蜀，東吳風聲鶴唳中驚死，兒子又小，東吳朝野決定議立長君，這才給了孫皓機會。

首先推薦孫皓當皇帝的，是孫皓的朋友、左典軍萬彧。肥水不流外人田，估計是萬彧想當宰相，可他又不是孫休的嫡系，乾脆抬出孫皓，自己也好佔佔便宜。萬彧到處吹捧孫皓，說孫皓是長沙桓王（孫策）附體，英明神武，千古一帝。朝中大佬濮陽興和張布聽信了萬彧的鬼話，四處聯繫，最終決定由孫皓入嗣大統。

吳永安七年（二六四）八月，二十三歲的孫皓被命運推向了時代的風口浪尖上。

三國鼎立的格局，在孫皓繼位的時候，已經消失了，所以孫皓面對的是和前幾任東吳皇帝完全不一樣的局面。司馬氏在滅蜀之後，已經完全控制了長江上游，雖然晉朝暫時還沒有大舉伐吳的打算，但東吳的軍事壓力，相較於三國鼎立時期明顯地增大了。東吳上上下下都在看著孫皓，他們希望這個年輕皇帝能帶領東吳走出歷史的泥沼……

剛上臺的孫皓，處處還表現出明君的風範，「發優詔，恤士民，開倉稟，振貧乏，科出宮女以配無妻」。甚至連動物們都享受了大吳皇帝的無上恩澤，全被放生了。東吳朝野無不歡欣：長沙桓王果然靈魂附體了……

哪知道他們的笑容還沒有褪去，一個個就全都傻眼了。等孫皓的明君癮過完後，他的本來面目終於露出來了，孫皓狂妄殘暴，貪酒好色，這哪是什麼明君？活脫脫一副暴君嘴臉！

看到孫皓這副混蛋模樣，丞相濮陽興和左將軍張布後悔得直想撞牆，當初怎麼就信了萬彧這個政治騙子的鬼話，立了孫皓這個冒牌明君。可這世界上哪有賣後悔藥的？

孫皓是三國罕見的超級暴君，他的殘暴指數和後來的南朝宋、北齊有得一拼。這些殘暴帝王有一個共同特點，就是殺起政敵（包括他認為的政敵）來毫不手軟，尤其同宗至親，孫皓在這方面表現特別突出。南朝宋和北齊的皇帝特別喜歡誅殺至親，其實他們都是跟孫皓學的本事。

孫皓的帝位，實際上是吳景帝（孫休）皇后朱氏最終拍板定下來的，朱皇后從保全東吳的高處著眼，說「我寡婦人，安知社稷之慮，苟吳國無損，宗廟有賴可矣」。按說朱皇后是孫皓的政治恩人，可孫皓上臺後，卻直接拿皇嬸開刀，不知道用了什麼下三爛的手段，逼死了可憐的朱皇后。

最讓人無法容忍的是，孫皓這個忘恩負義的小人不但逼死了朱皇后，還殺死了皇叔孫休的兩個年齡稍大的兒子。孫皓這麼狠毒，無非是怕孫休的兒子們長大後，對自己的帝位構成威脅。孫皓不愧是孫權的孫子，孫權刻薄對待孫策的後人，就怕孫策後人奪位，孫皓照貓畫虎，直接剷除了政治威脅。

殺完了孫休一系，緊接著，孫皓開始對五叔孫奮下手。因為孫皓有段時間因思念亡妃而閉門不出，江湖上便傳言孫奮有可能將入嗣大宗，孫皓最忌諱別人窺視他的權力。不管是誰，只要是膽敢越紅線，統統都要殺。孫奮平白招來一場大禍，連同五個兒子被孫皓誅殺。

不要說這些外支旁宗，就是孫皓的同父弟弟孫謙，因為被動成為野心家施但的政治旗號，也遭到了滅頂之災。按說孫謙是無辜的，可孫皓不管這些，直接灌了孫謙和他的母親一肚子的毒酒，送上了西天。至於外姓政敵濮陽興和張布，孫皓更不可能放過他們，隨便尋了個罪名給殺了，夷三族。

孫皓在位十六年間，實際上就是一部蔚然壯觀的殺人史，只要孫皓發威了，什麼人他都敢殺。即使是萬彧這樣對孫皓來說恩重如山的寵臣，也照樣難逃孫皓毒手。剛開始的時候，萬彧還很受寵，當上了宰相。可沒過多久，孫皓就對萬彧膩歪了，三拳兩腳就將萬彧打翻在地，賜酒，歸天。

在孫皓的潛意識中，他就是上天派到人間的主宰，誰敢觸犯他的利益，那就必須殺掉。除了個別幸運的，其他人基本上都被夷了三族，孫皓是個冷酷沒有人性的變態暴君，他從來不會考慮別人的感受，即使別人是無辜的。

不過話說回來，但凡歷史上這些殺人如麻的暴君，他們往往都對控制權力有相當的手段。比如孫皓、石虎、拓跋燾、劉駿、蕭鸞、高洋、高湛、劉龑、朱棣、康熙等人。暴君不等於昏君，暴君們除了會殺人，也會玩權術，能力上並不差，有的還是千古大帝級的人物，如朱棣。

拋開殘暴這一層講，從東吳的利益角度來看，實際上當初朱皇后、張布等人選擇孫皓是正確的。孫皓在位期間，東吳內政非常的混亂，叛亂迭起，但東吳的生存形勢卻一直很樂觀。雖然晉朝對東吳虎視耽耽，不過司馬炎基本上是老虎吃天，無從下口。

孫皓是個聰明人，他可以隨意殺任何人，但有一種人他是不會殺的。不但不殺，反而重用，就是東吳的邊臣將帥，如陸凱、陸抗、陶璜等人。這三個人是東吳末期擎天柱式的邊臣重將，二陸駐守荊州、陶璜駐守交州，從西線和南線頂住晉朝的軍事壓力。

這是孫皓的幸運，恰也是孫皓的悲哀，因為二陸死得很早，陸凱死於西元二六九年。陸凱死後，荊州防務由陸抗及時頂上來，可陸抗死於西元二七四年，年僅四十九歲。吳郡陸氏從陸遜開始，鎮守荊州長達五十年，吳郡陸氏出了三位名將：陸遜、陸凱、陸抗。可他們都死在孫皓之前，荊州的防務自陸抗死後，出現了混亂。

東吳從建立開始，就奉行「荊州至上」的防禦戰略，西線控制荊州，牢牢堵死蜀漢和魏國的進攻，確保江東本部的安全。蜀魏皆為晉所併，但因為有名將二陸在，即使是晉朝頭號名將羊祜，也拿二陸沒辦法，尤其是陸抗，羊祜只能和陸抗委蛇周旋，最終遺恨千古。

晉朝的對吳戰略，實際上也是「荊州至上」，一路從北線襄陽南下，一路從西線益州順江東進，再加上東線揚州萬艦過江，東吳被晉朝三線合圍，形勢非常危險。東吳要想立國長久，唯一能指望的就是晉朝內部出現大動亂，然後中原分崩，然後東吳繼續鼎立江東。

可惜孫皓的好運氣已經用完了，在東吳滅亡十年後，晉朝才爆亂了破壞力驚人的八王之亂。如果孫皓能再多堅持十年，東吳未必不可能立國百餘年，甚至還真有可能西取益州，與中原形成南北對峙格局。

司馬炎雖然不斷地下臭棋，但這些臭棋的惡果卻處在萌芽狀態，在司馬炎統治前期，晉朝還是積極向上的。司馬炎之所以拖了十五年才決定大舉滅吳，一是內政建設需要梳理，二是北線和西線邊患不斷，司馬炎要不停地滅火。司馬炎暫時還顧不上在江東過逍遙日子的孫皓，所以孫皓幸運地做了十六年的皇帝。

等到晉朝緩過元氣了，尤其是暫時搞定了北線匈奴、鮮卑，西線羌、氐的軍事反抗，司馬炎終於可以騰出手，對付孫皓了。孫皓主政江東十六年，已經鬧得天沸人怨，六路晉軍浩蕩入吳，孫皓終於向命運低頭了，無可奈何地做了司馬炎的俘虜，被司馬炎請到洛陽做寓公去了。

東吳的滅亡，原因很複雜，有政治原因，比如孫皓失人心；也有軍事原因，比如名將凋零，新生代頂不上來。任何一場戰爭，其實都是雙方主帥的智謀博弈和能力比拼，軍隊再強大，沒有一個合格的主將，是成不了大事的。

羊祜雖然被耗死了，但晉朝卻不缺少名將，最大號的：杜預，其次還有王濬、王渾、胡奮、唐彬等人。特別是杜預，放在任何時代，杜預都是最頂級的風流名將，類似於東吳的周瑜、陸遜。而孫皓這邊有什麼大號名將？不知道。好容易出了個名將陶璜，還被按在交州，遠水解不了近渴，眼睜睜看著孫皓亡國。

司馬炎是個厚道人，他知道孫皓是個暴君，也沒有為難他。不過同樣是亡國皇帝，孫皓的待遇明顯不如劉禪。劉禪來到洛陽時，當時名義上的皇帝曹奐對劉禪大吹特捧，好話說盡，給足了劉禪面子。劉禪死後，晉朝官方以高規格稱為「公泰始七年薨於洛陽」。

劉禪的經濟條件也不錯，封為安樂公，食邑萬戶、賜絹萬匹、奴婢百人，還有其他許多賞賜。劉備的後人有五十多人封侯，一個戰勝國對戰敗國的宗室這麼待遇，實在是難得。

而孫皓和劉禪相比則寒磣多了，司馬炎不鹹不淡地說什麼：「孫皓窮迫歸降，前詔待之以不死。」封孫皓為歸命侯，擺明了污辱孫皓。安樂公是正式的爵位，歸命侯是幹什麼的，專給亡國帝王備用的。

在經濟上，孫皓只得到了「田三十頃，歲給穀五千斛，錢五十萬，絹五百匹，綿五百斤」。而孫吳宗室的待遇也明顯不如蜀漢宗室，他們只是得到了郎中的虛銜，沒得到幾個大錢。孫皓死後，陳壽只是不帶任何感情地寫了句：「（太康）五年（二八四），皓死於洛陽。」

雖然陳壽是蜀人，他對故國有感情是可以理解的，但畢竟陳壽是在晉朝的統治下寫《三國志》的。如果不是得到司馬炎的官方認可，這本書能不能流傳下來都是個問題。陳壽在劉禪和孫皓的待遇上厚蜀薄吳，很大程度上是代表了晉朝官方對劉禪和孫皓的喜惡。

孫皓很悲劇，但這一切都是他自找的，得不到任何人的同情。

劉禪也很悲劇，但劉禪至少是個忠厚老實人，他極少殺人，比孫皓厚道多了。在這一點上，非常厚道的司馬炎自然在感情上就偏向劉禪一些。

十七、三國官制

講到官制，說得通俗一些，當官就是管老百姓的；說得正式一些，就是國家統治機器中的重要組成部分。自從人類進入階級社會以來，出現了統治者和被統治者，被統治者有成百上千萬，而統治者只有一個帝王。當然帝王不可能以一人治天下，而要集天下之眾力，幫助他來進行有效的統治，所以就出現了官。

從遠古的堯舜時代，也就是原始社會末期，就有了專職管理人員，有主管農業的，有主管林業的，有主管刑法的，有主管禮樂的，等等。不過這時的「官」還沒有嚴格的等級管理體系，比較隨意。

官員制度真正的成熟期是在商朝，在商朝時期，政府管理層的建設已經非常細緻了，有六典、五官、六府、六工等，這是統治核心層的官制結構。在地方上，還有「八州八伯，五十六正」等，相當於後來的州牧、節度使等地方長官。

而到了周朝，綿延中國封建社會兩千多年的官員制度才真正成型，最典型的是六卿制度，即天官塚宰（宰相）、地官司徒、春官宗伯、夏官司馬、秋官司寇、冬官司空。另外還有三公：太師、太傅、太保，以及諸卿百官。

以後的秦漢諸朝的官員制度都是在周朝官制的基礎上略加損益，特別是漢朝官制，對後世影響非常大。王莽曾經對周漢官制進行了大規模的改制，搞得亂七八糟，但劉秀後來建立東漢，又恢復了漢朝官制。

東漢官制相對於西漢官制來說，基本上沒有什麼太大的變動，無非是修鍋補灶，敲敲打打而已。東漢崩亂之後，作為從東漢軍政體系中脫胎而出的三國，他們的官制也基本上是沿用東漢官制，下面就簡單說說三國的官制，先說魏國。

作為三國之中實力最強大的魏國，天下十三州，魏佔其九，橫東跨西，就帝國氣勢而言，魏無疑是最有資格代表東漢的。從官制角度看，三國的政權制度建設，魏國最為完善。

不過曹魏的政權體制建設和東漢、吳蜀有一個最大的不同，就是曹魏曾長期控制東漢朝廷，以朝廷的名義號令四方。曹操在東漢朝廷之外，還有一個屬於自己獨立控制的政權機構，一般稱為霸府。

所謂霸府，是名義上從屬於中央政府，但又實際控制中央政府，並代替中央政府行使權力的政治軍事集團。霸府自有其一套與中央政府職能相對應的職務，這個名分比較低的職務實際上又是該職能的實際執行者。

東漢建安元年（一九六），曹操聽取了智囊荀彧和程昱「尊天子以討不臣」的正確戰略主張，迎四處流浪的漢獻帝劉協入許。劉協封曹操為大將軍，終漢兩代，大將軍是最高軍事長官，在通常情況下都是「輔弼」幼主執政的實際政策制定者，比如霍光，再比如曹操之前的何進。

隨後曹操任丞相，直到曹丕繼立，曹氏集團都是東漢中央政府的實際控制者。曹操的反對者主要集中在藩鎮，比如袁紹、孫權和劉備。在中原，幾乎沒有能和曹操相抗衡的政治集團，不過是零星的幾個反對者，對曹操代替中央政府行使權力沒什麼影響。

曹操霸府大體有四類職能，主簿，長史諸曹掾，司馬參軍，司直、校尉等，各有一套與中央政府職能相對應的權力。曹操並沒有對漢以來官制做什麼太大的變動，基本上在原有制度的基礎上進行有利於自己控制權力的調整。曹操甚至還設置了所謂發丘中郎將、摸金校尉，專事盜墓取寶，發死人財。

在曹操消滅袁紹集團後，派西曹令史梁習主政并州，梁習是以「司空府別部司馬」的身分主政并州的，也就是說并州刺史已經歸入司空職權範圍之內。東漢時司空本掌水土事，類似後來的工部尚書職能。建安十三年（二〇八），曹操廢三公，自任丞相，滅袁紹後，曹操對中央政府職能的全面替代和控制。

曹操霸府中的權力職能很多，比如二十四曹，如東曹主二千石遷降，西曹主內府吏的任用，類似於後來的吏部，有人事控制權。若戶曹主民戶，類戶部；辭曹主刑訟，類刑部；兵曹主軍事，類兵部；金曹主食貨鹽鐵，類工部等。

後來的司馬集團控魏，劉裕控晉，蕭道成控宋，蕭衍控齊，陳霸先控梁和宇文泰控制西魏、高歡控制東魏，都是參仿曹操的霸府建制，建立自己一套名義上從屬但實際反過來控制中央政府的政權決策機構。

到了魏國正式建立後，非正式的霸府職能逐漸演變成正式的權力決策機構，比如尚書台建設。從東漢開始，朝廷最高決策機關是尚書台，而三公雖然名望隆重，但實際上都是榮譽性職務，有虛名無實權的。但東漢時的尚書台主政制度剛剛形成，在內容上還有許多不太完善的地方。

比如尚書台在東漢時還不是獨立的決策機關，而是隸屬於少府。少府卿的品秩是中兩千石，而尚書僕射和六曹尚書卻只有六百石，明顯不是一個重量級的。到了漢末魏初，尚書台從少府中脫離出來，單獨成為最高決策機關。

尚書台的最高長官是尚書令，下面還有諸曹尚書和尚書郎。用現代政治語言來解釋的話，尚書台是國務院，諸曹尚書是各部部長，尚書郎是各部司局長。漢成帝時，將尚書分為四曹，漢光武帝劉秀增加為六曹，即三公曹、吏部曹、民曹、客曹、二千石曹、中都官曹，初步出現了後世六部尚書的原型。

到了曹魏時期，對諸曹體制進行了大規模的變動，將六曹改為五曹，即吏部曹（相當於吏部）、左民曹（工部）、客曹（禮部）、五兵曹（兵部）、度支曹（戶部），再加上尚書左右僕射（射讀「葉」）以及尚書令，合稱尚書八座。

諸曹尚書之下的尚書郎比較多，西漢置尚書郎四人，東漢則猛然漲到了三十六人，到了曹丕時，又回落到二十三人，分別是：殿中、吏部、駕部、金部、虞曹、比部、南主客、祠部、度支、庫部、農部、水部、儀曹、三公、倉部、民曹、二千石、中兵、外兵、都兵、別兵、考功、定課。沒過幾年，魏明帝曹叡又增加了都官郎和騎兵郎，共二十五人。

尚書台作為魏國的最高決策機關，時間並不長，實際上早在曹操當魏王的時候，為了加強集權，曹魏統治集團開始有意識地分化尚書台的權力。曹操設立了秘書令，「典尚書奏事」，承擔了一部分尚書台的職能。

曹丕上臺後，將秘書令改為中書令，歷史上正式出現了中書令的稱謂。曹丕安插進他的心腹劉放和孫資入中書，「並掌機密」，實際上劉放和孫資才是真宰相。到了曹叡時代，中書令的職能更重，「號為專任，其權重矣」！尚書台的職能反而在相當程度上被弱化了，成為花瓶機構。

除了尚書台、中書台這些權力決策機構外，還有其他輔助性的諸司衙門，就是著名的九卿制度。九卿從夏朝就開始設立，東漢的九卿分別是太常、光祿勳、衛尉、太僕、廷尉、大鴻臚、大司農、宗正、少府，曹魏建立後，依然繼承了漢朝的九卿名號，沒有進行改動。

古代的封建統治者除了注重權力機構建設，同時也非常重視官員的糾察彈劾制度建設，這方面的職能主要由御史台來負責，最高長官是御史大夫。在秦朝和西漢時期，御史大夫是三公之一，位望隆重，和宰相職能基本相近，在西漢末期甚至成了專職宰相。

即使御史大夫不是最高行政長官，也是第二行政長官，屬於宰相的候補人選。有個有趣的歷史現象，在漢朝，凡是當上御史大夫的，無不在暗中詛咒宰相早死，自己好取而代之，背後亂打王八拳的大有人在。因為這個原因，東漢乾脆取消了御史大夫的設置，曹操當政後，復設，但已經沒有什麼實際意義了。

御史台的監察職能，實際上落在了御史中丞的頭上，御史中丞也稱為御史中執法，專門彈劾人的。御史中丞的品秩只有千石，但在朝會的時候，卻有資格與尚書令、司隸校尉單獨跪坐，而其他官員都要擠在一起，官場上稱為「京師三獨坐」，足見御史中丞屬於那種位低權重的實權職務。御史有「風聞言事」的權力，說得通俗點，就是彈劾了你，即使你無罪，也不承擔責任，彈了白彈。

自古官場都是文武兩道並行，文的一手和武的一手都要狠抓，否則國將不國。

古代武將制度有一個明顯的分水嶺，就是南北朝。在南北朝之前，武將制度相對比較簡單，就是一個大將軍、驃騎、車騎、前後左右、四征四鎮四平四安諸衛，外加一些雜號將軍。南北朝至唐之後，武將制度越來越複雜，到了宋朝之後，乾脆連將軍名號都懶得用了，取而代之的是行營招討使、經略安撫使等等。

在兩漢時期，大將軍是公認的武將之首，凡出任大將軍者，基本都是兼領宰相職務的官場首輔，比如霍光、王鳳、梁冀、何進等人。到了漢末三國，雖然夏侯惇曾經做過大將軍，但這不過是榮譽性的虛職。

從這之後，大將軍也基本成為虛職，因為大將軍的權力實在太大了，當皇帝的不放心。而司馬師、司馬昭兄弟先後擔任魏國大將軍，明眼人一看就知道他們要篡位，這樣的大將軍，和真皇帝沒什麼區別。

魏國武將中真正挑大樑的職務，主要還是四征四鎮四平四安。所謂「四」，是指東西南北，比如征西將軍、鎮南將軍。四征將軍在武將班中品秩最高，位在三公之後，屬於官場中的一線職務。

由於三國鼎立，魏國的主要軍事壓力來自於西線的蜀漢和東線的吳國，所以在這些征鎮平安將軍中，以東線和西線的專職將軍為重。曹魏武將中的一線人物，比如征西將軍夏侯淵、張郃、郭淮、鄧艾，征東將軍張遼，安西將軍曹仁，安東將軍曹休，鎮南將軍毌丘儉，鎮東將軍諸葛誕，鎮西將軍鍾會等。

雜號將軍是指大將軍、四征四鎮四平四安諸衛將軍之外非常置的將軍名號，屬於二線武將，一般都由官場上的二線人物擔任，但有時也由一線人物出任。三國比較著名的雜號將軍有破虜將軍李典（孫堅）、討逆將軍文聘（孫策）、鷹揚將軍曹洪、武威將軍于禁、橫江將軍魯肅、牙門將軍趙雲等人。

在武將制度中，除了各號將軍外，下面還有許多次一級的武官，最著名的應該算是中郎將了，比如大名鼎鼎的五官中郎將曹丕。中郎將系列中比較重要的職務有五官中郎將、左右中郎將、東西南北中郎將、虎賁中郎將（桓階）、軍師中郎將（諸葛亮）等。

還有一些中郎將屬於專職，比如專門對付匈奴的匈奴中郎將、專門對付南越的平越中郎將、專門開採金屬資源的司金中郎將，當然也包括曹操專門發死人財的發丘中郎將。除了匈奴中郎將這樣的專職武將外，曹魏還沿襲東漢，設有全權處理對羌事務的護羌校尉，鄧艾就擔任過這個職務，以及護烏桓校尉。許多重號將軍經常在地方上駐防，有時也兼任地方刺史，但武將和地方官畢竟是兩個截然不同的系統，下面就講一講魏國的地方官系統。曹魏和東漢一樣，都是在地方上實行三級管理制度，即州刺史－郡太守－縣令、長。

東漢總共有十三個州，所以能當上州牧刺史的，都是官場一線人物，到了東漢末期，各州牧基本上都演變了割據軍閥。曹魏也有十三個州：司、豫、徐、兗、青、幽、冀、并、涼、秦、雍、揚、荊。州刺史位高權重，如果管轄境內沒有駐防的重號將軍，則刺史在管轄境內文武兩道通吃。

而州刺史以下的輔官，史書上稱為「佐吏」，比較重要的州輔官有別駕、治中、主簿。別駕的全稱是「別駕從事史」，因為這個職務每逢州刺史出行時，可以享受專門配小車的待遇，所以稱為「別駕」，是州官員系統中僅次於刺史的二號職務。勾引劉備入川拐走劉璋江山的張松，就是益州別駕。

州實際上是政權的地方微縮版，除了名號級別降一等外，實職功能是上下對接的。州牧刺史是「皇帝」，別駕就相當於丞相，治中是諸曹尚書，專管具體的政務。還有就是主簿，具體職能就相當於現在的秘書長，比如最有名的一個主簿——楊修。

除以上州輔官之外，還有部郡國從事史、祭酒從事史、中正等職務。部郡國從事史具體負責州下各郡的監察工作。每州有幾個郡國，就設幾個專職，相當於省區紀委駐各地市的特派員。祭酒從事史相當於現在的專職副省長，具體負責實際事務，「掌諸曹兵、賊、倉、戶、水、鎧之事」。中正，大體就當相於現在的人事部長，專門給朝廷和州里選拔優秀人才的。

州以下是郡，就是現在的地級市。不過在名稱上，不是所有的二級行政區劃都稱為郡，如果某個郡是親王的封地，那麼就稱為「國」，比如中山國、北海國。按漢魏制度，郡守稱為太守，而「國」則稱為「國相」，或簡稱為「相」，晉朝改為「內史」。國相和郡守的職責權力相等，只是換個稱謂罷了。

如果某個郡是國家的國都，那級別和待遇就比太守、國相稍高一些。魏國國都定在洛陽，所以洛陽的「郡守」就稱為河南尹。河南尹在天子腳下，實際上不算是地方官，而算是京官。

因為經濟或軍事上的原因，郡和郡之間在級別上平等，實際上在官場上的地位有重有輕。比如魏郡，作為魏國早期法理意義的國都，魏郡太守的分量就明顯高於其他郡。比較大的郡有中山、河間、趙、南陽、河內、太原、河東、弘農、潁川、汝南、譙、京兆等，相當於現在的計畫單列市或副省級城市。

在漢魏時期的郡下屬吏中，有一個著名的職務，因為《三國演義》而名揚天下，就是督郵。演義中張飛怒鞭督郵的故事很出名，實際上讓督郵吃鞭子的是劉備。為了突出張飛的魯莽形象，劉備的血性就這樣被羅貫中給抹掉了。督郵的職務其實就是州裏「部郡國從事史」在郡裏的功能，相當於市紀委在各縣的巡視員。

郡以下是縣，按漢魏制度，每個縣的人口過萬戶，長官稱為縣令，不過萬戶的稱為縣長。縣級行政人員編制也比較多，比較有名的幾個職務如縣尉（劉備就當過縣尉）、門下書佐、小史。

在魏晉時代有一個極著名的美男子，就是周小史。周小史應該不是他的本名，這個姓周的美男子可能做過縣小史這個職務。古代將姓與官位合稱是比較常見的，比如孔北海、劉豫州、張江陵。

還有一個在歷史上鼎鼎大名的小人物也做過小史，晉元帝司馬睿的生父極有可能並不是琅邪王司馬覲，而是小史牛金（或作牛欽）。這個小牛金的職務是琅邪國小史，有機會接近王妃夏侯氏，在一個月黑風高的夜晚，小牛金悄悄地鑽進了夏侯王妃的被窩……

縣並不是地方行政編制的最後一級，在縣下面，還有「鄉官」，就是村鎮級的行政編制。三國時期的鄉官建設基本沿襲了秦漢以來的舊制，沒有什麼太大的變動。縣下面就是鄉，如果一個縣人口過萬戶，則置四個鄉，過五千戶的置三個鄉，過三千戶的置二鄉，五百戶以上的一個鄉。

鄉的行政事務負責人稱為「嗇夫」，財政一把抓，尤其是上級分配下的稅收任務。在嗇夫之外，還設有「三老」，主抓農村精神文明建設，比如評選孝子、順孫、貞女、義婦、好人好事等等。

鄉下面是亭，每鄉一般設有十個亭長，亭長就相當於現在的鄉派出所所長，主要維持地方治安。亭長可能是歷代所有鄉官中最有名的一個職務，大名鼎鼎的漢高祖劉邦就當過泗水亭長，東漢末年的超級名士陳寔也做過西門亭長。

漢制，亭長的下一級是「郵」，一亭有兩郵，也是主抓地方治安的。每「郵」下設五個「里」，「里」的頭稱為里魁，一個里約管百戶，相當於現在的村長了。里之下就是什，管十戶人家，相當於村民小組組長。什之下是伍，管五戶人家。他們的具體工作就是監督百姓，如果發現誰有不法舉動，立刻報官。

三國官制和東漢官制的區別不大，基本上是一脈相承，而魏國可以在相當程度上成為三國官制的範本，至於吳蜀，因為偏霸一方，與東漢朝廷沒有直接的繼承關係，而且國勢弱小，所以篇幅稍短一些，簡單地介紹一下。

因為蜀漢堅持認為自己才是東漢王朝的正牌繼承者，所以蜀漢官制也不可能另起爐灶，否則豈不是砸了自己的招牌？蜀漢官制其實和曹魏沒有本質的區別，大致上的行政編制，都在上一節講過了。

和曹魏前期相比，蜀漢政治最大的特點就是「相權」非常突出，劉備托孤給諸葛亮後，實際上諸葛亮才是蜀漢官場的第一人，皇帝劉禪只能排第二。從名義上講，劉禪第一他第二，由於這種政治特性，所以蜀漢有意無意地廢止了三公的設置，不能允許有人名義上的官位大過諸葛亮，否則讓諸葛亮如何施政？

就江湖地位而言，蜀漢早期還真有一位名望江湖超過諸葛亮的大佬，就是司徒許靖。諸葛亮這樣的牛人權臣，見著許靖，都要老老實實地下拜，這是江湖規矩，半點馬虎不得。在勸劉備稱帝的蜀漢官員排序中，時任漢中王太傅的許靖第一，諸葛亮第三。

不過許靖早在西元二二二年就去世了，許靖的死，其實是解放了諸葛亮沉重的壓力。如果許靖多活十年，諸葛亮再氣焰喧天，也要生活在許靖的陰影之下。自許靖後，除了諸葛亮之外，蜀漢幾乎不再設置三公，給足了諸葛亮面子。

繼諸葛亮之後的蜀漢首席執政官蔣琬和費禕都不再擔任丞相，而是以大將軍的名義節制兩川軍政。至於其他諸卿百官，則和曹魏幾無差別。蜀漢也有尚書台，最高長官是尚書令，以下也設諸曹尚書、尚書郎。不過由於蔣琬和費禕是以大將軍銜錄尚書事，尚書台是他們的後花園，尚書令有名無實。

雖然笑面奸臣陳祗做過尚書令，也是真宰相，但這是由於劉禪喜歡陳祗，和尚書令本身的職能許可權無關。蜀漢制度：凡錄尚書事為真宰相，兩晉南朝因襲此例，就如同唐宋時不加「同中書門下平章事」銜的宰相不是真宰相。

蜀漢的武官系統比較簡單，除了大將軍外，主要有驃騎、車騎、四征四鎮外加前後左右、諸衛將軍。另外也有一定數量的雜號將軍，最有名的一個雜號將軍——翊軍將軍趙雲，不過趙雲後來也當上了征西、鎮西這樣的重號將軍。

至於蜀漢的地方官編制則有些特殊，因為蜀漢只有一個益州，而益州刺史基本上被首席執政官諸葛亮、蔣琬、費禕給承包了，所以蜀漢的地方官實行的是雙重負責制。益州的地方官一方面要向朝廷（中央政府）間接負責，另一方面要向益州刺史直接負責。

由於蜀漢國土狹小，只有二十二個郡，所以蜀漢的郡太守在官場上的分量很重，幾乎相當於曹魏州刺史的分量。在蜀漢的郡中，有幾個一線重郡：蜀郡、巴郡、巴西、漢中、廣漢、犍為。而吳蜀邊境的巴東郡雖然分量不重，但由於巴東是永安都督的駐防區，所以在官場上的實際地位並不低。益州南部的庲降都督，雖然名義上屬於益州管轄，但由於南中問題的特殊性，庲降都督區實際上相當於大軍區編制。

無論是曹魏的官制，還是蜀漢的官制，都基本脫胎於東漢的官制，魏蜀都自稱自己是東漢的繼承者。而東吳的官制和魏蜀皆有不同，魏國實行的是群體決策制，一個皇帝加若干重臣；蜀漢實行的是相臣決策制，首席執行官包攬朝政；東吳則是雙頭鷹的權力格局，孫氏主揚州（交州），陸氏主荊州。揚州（交州）和荊州名義都是孫權的地盤，但荊州實際上是陸遜的私有領地，荊州大小事務都是陸遜說了算。孫權也不敢和陸遜硬頂，他知道，沒有陸遜就沒有荊州的安全。從某種意義來說，荊州是東吳的自治區。

在東吳中央政府的行政編制上，實行的是強君弱相制度，即東吳雖然設有丞相，但丞相一般只負責日常政務，東吳真正的大掌櫃還是孫權本人。無論是孫邵還是顧雍，他們都不具備諸葛亮那樣的權力。如果說諸葛亮是蜀漢首席執行官，那顧雍等人只是孫權聘用的職業經理，凡事還是要聽老闆的。

東吳也有三公的設置，但東吳三公時有時無，而且東吳三公多是榮譽性職務，沒有實權，比如孫皓時期的太尉范慎、司徒丁固、司空孟仁。倒是太傅諸葛恪手抓東吳軍政大權，不過諸葛恪真正的身分是大將軍，身兼太傅而已。孫權這麼安排，無非是在官場上強行給諸葛恪增加威望，讓官場都服諸葛恪。

從整個東吳行政編制來看，東吳丞相向來是沒有什麼實權的，倒是東吳的武官系統，則基本上可以視作真宰相。且不說坐鎮荊州的上大將軍陸遜是東吳的二號皇帝，再看看其他武官，比如繼任的上大將軍呂岱、大將軍諸葛瑾、左大司馬朱然、右大司馬全琮，這些人才是東吳權力層的核心人物，丞相倒成了花瓶。

東吳的尚書台建設是三國中最不完善的，尚書台的最高長官當然是尚書令，可東吳的尚書令居然是由九卿之一的太常兼任的。具體人物是出使魏國期間，和曹丕鬥嘴皮子的陳化。東吳的尚書台只有四個分曹：選曹、戶曹、左曹、賊曹，下面的尚書郎設置不詳。

不但尚書台有名無實，就是中央政權百官象徵的九卿，東吳也是丟三落四的，在孫權時代，九卿從來沒有設齊過。東吳早期只有六卿，直到吳景帝孫休永安二年（二五九）三月，才將九卿湊齊。

相比於尚書台，東吳的御史台比較完備，御史台的最高長官是御史大夫，下有御史中丞，前益州軍閥劉璋的兒子劉闡就當過東吳的御史中丞。御史中丞以下還有御史中執法，專門負責京師的官場都察工作。東吳的御史監察部門還設有專門的對口監察職務，有專門監督軍糧的御史，有專門監督農業生產的御史。

在東吳的監察系統中，還有一個比較特別的監察職務，就是「察戰」。察戰相當於朝廷派到地方上監察日常政務的巡視員，同時肩負體訪下情的任務，官員百姓，都在察戰的監督範圍之內。

東吳的地方行政編制比蜀漢略複雜一些，東吳有三個大州：揚州、荊州、交州，後從交州中析置出廣州，時設時省。東吳州的最高長官是州牧或刺史，但有一點奇怪的是，在東吳建立以後，在現有史料中很難發現有別駕、治中、主簿這樣的高級輔官。

在郡一級的編制中，東吳還有一個特殊情況：不是所有的郡一級區劃都稱為「郡」。在揚州的區劃編制中，曾經設立過「典農校尉」，典農校尉是郡級待遇，而且單獨治理一個郡級區劃，比如現在江蘇的鎮江、常州、無錫，當時就是東吳的毗陵典農校尉轄地。

東吳的縣和郡一樣，有些縣不設縣令或縣長，而設部校尉，比如會稽郡的長山（今浙江金華）西部都尉、桂陽郡的始安（今廣東韶關）南部都尉等，但數量不多。

下面還有一點篇幅，講一講三國官制的品秩等級，就是我們經常提到的「九品」官階。

第一品：三公、大將軍、丞相；

第二品：重號將軍，如四征四鎮四平四安，以及將軍加「大」者；

第三品：侍中、諸散官、尚書令、中書令、九卿、司隸校尉、河南尹；

第四品：諸雜號將軍之上者如振威積射、有武將銜的州刺史；

第五品：諸雜號將軍之下者如鷹揚折沖、無武將銜的州刺史、太守；

第六品：尚書左右丞、郎、各專業中郎將校尉（如司金中郎將、司鹽校尉）、縣長官祿千石者；

第七品：各將軍之下的長史、司馬、門下督、舍人、縣長官祿六百石者等；

第八品：諸重號將軍之下的參軍、郡以下的長史、諸縣丞尉、軍司馬等；

第九品：校尉部司馬、軍司馬等；

我們在閱讀漢魏時代的史書時，會經常看到「二千石」這樣的名詞，其實這是漢魏官員的俸祿級別。

萬石，每月實發三百五十斛大米：三公；

中兩千石，每月實發一百八十斛：御史大夫、九卿、河南尹；

二千石，每月實發一百二十斛：太子太傅、將作大匠、司隸校尉、步兵校尉、各州刺史、郡守國相；

比二千石，每月實發一百斛：光祿大夫、侍中、各中郎將、護羌校尉、射聲校尉等；

千石，每月實發九十斛：丞相長史、大司馬長史、御史中丞、各重號將軍長史、萬戶以上縣令；

比千石，每月實發八十斛：大將軍軍司馬、太中大夫、謁者僕射、九卿丞等；

六百石，每月實發七十斛：太史令、郡丞等；

比六百石，每月實發六十斛：光祿議郎、中郎、太常博士祭酒等；

不過有時未必都是發米穀，朝廷可以通過折價的方式，按市價將大米折算成銅錢，給大臣們發工資。還有一種情況，就是發一半大米，發一半銅錢。其實就算是發大米，大臣們也可以將大米在市場上出售。在漢末三國的戰亂時代，糧食是稀罕物，寧要糧食不要銀子，所以糧食價格一直居高不下，不愁沒錢花。

十八、三國禮儀制度

中國自古就是禮儀之邦，在傳統的儒家思想體系中，「禮」是一個非常重要的組成部分，「不學禮，無以立。」儒以禮立。具體來講，「禮」是古代的統治階級為了維持自己的統治，自上而下推行的一種人與人之間的等級觀念、交往規範，以及主流的道德價值觀。

一代儒家聖人孔子就說過：「夫禮，先王以承天之道，以理人之情，失之者死，得之者生。故聖人以禮示之，天下國家可得而正也。」歷代統治階級都異常重視「禮」，舉止必遵禮數，半點馬虎不得，帝王也不能特殊。如果誰違反了禮數，史必譏之，會收到大批封建衛道士的口水。

一般來說，「禮」分為大禮和小禮，小禮是指非正式場合中的人與人交往的行為舉止規範，這個沒有硬性規定，跟著慣例走就行了。大禮是政治場合中的正式禮數，非常嚴格正規，每一步怎麼走，該說什麼，該穿什麼，都有嚴格規定。

在階級社會中，無論是什麼樣的禮儀制度，最終享受到最高禮節的肯定是高高在上的帝王。漢高祖劉邦稱帝後，接受群臣山呼後，就非常得意地說：「今天我才知道當皇帝是多麼的快樂！」古代的禮儀制度的核心，主要還是圍繞著帝王作文章。「禮」是等級分明的，沒有帝王這個源頭，什麼都談不上了。

中國古代的禮儀制度博大精深，即使是三國的禮儀制度，內容也非常多。因為篇幅有限，所以只能挑一些重要的禮節制度簡單地講一講。

因為從王莽以「禪代」的方式奪取政權，直到宋朝陳橋兵變，政權之間的權力更迭，基本上都是以這種方式完成的，所以各朝更迭、新建之際的禮數特別繁雜。在漢之後、唐之前，凡是權臣加九錫、給予「贊拜不名，入朝不趨，劍履上殿」者，多是篡位的前兆，三國頭號梟雄曹操就是如此。

漢建安十七年（二一二），漢獻帝劉協在各方面勢力的脅迫下，給予曹操「贊拜不名，入朝不趨，劍履上殿」的特權：

按照嚴格的古禮制度，大臣在正規場合見皇帝時，必須由近臣通報該大臣的姓名。曹操可以不必通報姓名，這就是「贊拜不名」。大臣見宮殿上見皇帝時，要邁著小碎步，快速地走到自己的座位上跪坐，曹操可以大搖大擺地慢行，這就是「入朝不趨」。大臣在進宮殿之前，必須把自己的佩劍解下來交給近侍，同時要脫掉鞋子進殿跪坐。曹操可以佩劍上殿，同時不用脫鞋子，這就是「劍履上殿」。

在曹操之前，除了西漢開國名相蕭何，一般很少有人享受到這三種待遇。曹操接受這三種待遇，當然不是為了學蕭何，曹操和蕭何也不是一種類型的人。曹操這是在向天下人進行心理暗示：要變天了……

西元二一三年，劉協策封曹操為魏公，加九錫，曹操走出了篡漢建立新政權的正式一步。九錫，本來是帝王專用的禮儀器物，九錫是指一、車馬；二、衣服；三、樂懸；四、朱戶；五、納陛；六、虎賁三百人；七、；八、弓矢；九、秬鬯；合稱九錫。九錫是輕易不授人臣的，像齊桓晉文這樣的天下霸主，都沒有享受到這個待遇。

曹操的這個「魏」，嚴格意義上來說是漢朝內部的一個異姓諸侯國，既然是「國」，曹操就有資格在「魏國」內建置自己的權力機構，比如尚書、侍中、六卿等。曹操的魏公爵位不算最高，上面還有諸王，但「魏公位在諸侯王上」，從爵位角度講，漢朝除了皇帝劉協，就是曹操（當然是在他的統治區內）。

建安二十一年（二一六），曹操進爵為魏王，曹操可以建天子旌旗、在魏國內建立曹氏宗廟。在第二年的十月，曹操加快了篡漢的步伐，劉協被迫給曹操加了「冕有十二旒、乘金根車，駕六馬」的特權。

按古代制度，只有皇帝才有資格戴十二旒的冠冕，乘金根車、享受六匹馬拉的車。到了這一步，曹操基本完成了掏空漢朝的偉大計畫，雖然他始終不想當皇帝，但（中原）天下，早已經成為曹家的囊中物，只不過具體儀式由曹丕來完成了。

新舊政權的「禪讓」更迭，過程非常繁瑣麻煩，首先要由皇帝劉協下退位詔書，然後派近臣奉著皇帝璽綬，「命令」魏王曹丕接受「禪讓」。曹丕當然不會接招，要虛偽客套一番，曹丕推說自己無德無能，還是另找賢人吧。都這個時候了，上哪找「賢人」去？即使找到了「賢人」，誰敢接招？

曹丕表演完了，接下來出場的是魏國群臣，這夥人不知道從哪翻出幾本古書，編造所謂的讖語，勸曹丕登基。不過他們都不是玩讖語的專家，說服力不夠，接著由太史令許芝出場，胡說什麼某地黃龍現，某地麒麟出，烏龜兔子大麻雀們上竄下跳，齊聲高呼請魏王即皇帝位。

群臣們隨後再出場，打著許芝的旗號，再勸曹丕稱帝。曹丕繼續裝十三，說什麼無論你們怎麼逼我，我都不上鉤，「三軍可奪帥，匹夫不可奪志」。不知道曹丕是不是笑著寫下這句話的，他不想當皇帝？鬼都不信。

不是曹丕不怕麻煩這麼折騰，而是這是當時設計好的禪讓程序，他必須三揖三讓，以此證明他的帝位是劉協強行塞給他的，不是他自己搶的。讓了三次後，曹丕覺得時機差不多了，不再演戲，再裝下去，大尾巴就要掖不住了。

按制度，新政權建立時，需要在京城外建一個受禪台，曹丕緩緩登壇，有侍臣在他旁邊念禪讓詔書，然後百官伏拜三呼。在登基儀式進行的同行，在壇下還要放幾把大火，這叫「柴燎告天」，給老天爺塞銀子的。隨後要改元，大赦天下，最終完成禪讓儀式。

而劉備稱帝，不是「禪讓」，而是「上紹漢統」，以漢朝正統繼承人自居。在官場上混，個個都是演戲高手，劉備的稱帝過程也非常麻煩，不比曹丕輕鬆。先是蜀國群臣以曹丕篡逆，請漢中王繼帝位，劉備也是再三推辭，戲誰不會演啊。然後由懂讖語八卦的學士出面，開始牽強附會地給劉備稱帝找「依據」，凡是古書上帶有「備」字的，全都當成劉備應該稱帝的理由。劉備虛偽地推讓一番，還是羞羞答答地在成都建漢稱帝，史稱蜀漢。過程和曹丕差不多，在郊外設壇，柴燎告天，改元大赦。

新皇帝登基後，一般還有個祭天詔書，向老天爺彙報自己為什麼要稱帝。自蜀漢迄隋唐，近乎所有的開國皇帝都會在祭天詔書上這麼寫：皇帝臣某，敢用玄牡，昭告於皇天上帝后土神祇……

所謂玄牡，其實就是黑色的公牛，是古代統治者專門用來祭祀天地的犧牲（名詞）。不過在孫權賜遼東軍閥公孫淵的詔書中，卻提到了玄牡二駟，就是黑色的公馬。不過後來西晉、宋、南齊、梁、陳、北齊等政權在祭天詔書中都用的是玄牡，沒有提到「駟」，用的應該都是黑色公牛。

在中華古代文明中，有一個特殊的文化現象，就是五德說。所謂五德輪迴，就是金木水火土，五行相生相剋理論。歷史上的第一個王朝「夏」是火德，然後商是水德、周是土德、秦是水德、西漢先稱火德，後水德土德、最後又回到火德，新莽是木德、東漢上繼西漢，也是火德。

到了東漢末年，天下三分，魏蜀吳各自稱正統。「德」是一個政權是否正統的極關鍵標準，半點不能馬虎。曹魏方面翻了一大堆古書，最終給自己定的是土德。蜀漢方面以東漢正統自居，自然繼續稱火德。至於孫權，他比懶羊羊還懶，直接抄襲了魏國的土德。至於統一三國的晉朝，屬金德。

五德不是隨便起的，與五德相對應的是顏色，金色尚白，土德尚黃、水德尚黑、火德尚赤、木德尚青。曹魏既然是土德，所以曹魏的服色以黃色為主調，甚至連第一個年號也叫「黃初」。孫權也一樣，連續兩個年號都帶有黃字：黃龍、黃武。

在古代的政治語境中，「天地」、「社稷」、「祖宗」都具有同等的尊崇地位，帝王們不但要祭天地，更要祭祖宗，這就有了宗廟。祭祖是人類社會的自然屬性反應，普通百姓家誰沒有幾座祖宗的墳頭？帝王家是人類社會的統治者，他們的宗廟制度更加完善和嚴格，因為事關統治的合法性，沒人敢開玩笑。

按古代禮法制度，天子可享用七廟，諸侯可享用五廟。七廟，通常是指開國皇帝的父親、祖父、曾祖父、高祖父，高祖父的父親、祖父，再加上該政權認定的最遠古的祖宗。

一般來說，開國皇帝建立新政權後，必須要給祖宗們上一個合適的廟號以及謚號。舉個例子，比如曹操，他在史書中正式的尊稱是太祖武皇帝，「武」是謚號，「太祖」是廟號。

廟號制度本來是非常嚴格的，尤其是在西晉之前，各政權很嚴格地遵守「祖有功而宗有德」的舊制，非有大功德的皇帝，只有謚號，沒有廟號。漢末董卓和蔡邕等人商議，自東漢和帝以下，皆無廟號。不過到了東晉十六國之後，廟號開始氾濫成災，遍地祖宗。

在唐朝之前的廟號制度中，最常用的有以下幾對：太祖太宗、高祖高宗、世祖世宗，以及顯宗、肅宗。但三國的廟號制度還在遵守舊制，像劉備這樣的開國皇帝，就沒有廟號，只謚為昭烈皇帝。

阿斗更慘，因為是亡國皇帝，連個謚號也沒有。還是幾十年後的劉淵發善心，送給阿斗「漢孝懷皇帝」的謚號。不過劉備雖然沒有廟號，卻還有專門的祖廟，北地王劉諶在自殺前，就哭拜了祖父的廟。

曹魏皇帝的廟號比較齊全：太祖武皇帝曹操、世祖（高祖）文皇帝曹丕、烈祖明皇帝曹叡。後邊的三個小皇帝曹芳、曹髦、曹奐因為都是末路皇帝，沒有廟號，只有曹奐撈到了一塊「元皇帝」的鋁合金招牌。

曹魏完善宗廟制度是在曹叡時期，為了湊夠七廟，曹叡搞笑地把自己也算成了曹魏「祖宗」，一頭扎進了死人堆裏。從曹節開始算：曹節—高帝曹騰（大太監）—大帝曹嵩（曹騰養子）—武帝曹操—文帝曹丕—曹叡，也只有六廟。

東吳的廟號制度也不健全，只有兩個帝王有廟號：始祖武烈皇帝孫堅（後來追謚）、太祖大皇帝孫權。孫策開創了江東百年基業，卻只撈到了「長沙桓王」的名號，自然也沒有廟號。一般祖宗廟都設在京師，孫堅廟卻設在長沙，但滑稽的是，京城建業卻有長沙桓王孫策的廟，孫和就是去了孫策的廟才出事的。

人臣一般是沒有資格建廟的，但有一個人例外，就是大名鼎鼎的蜀相諸葛亮。在蜀漢滅亡的那一年（二六三），劉禪就下詔在沔陽（今陝西勉縣）給諸葛亮立廟。其實在此之間，蜀漢民間就已經私下拜祭諸葛亮了。在蜀漢還沒有滅亡的時候，諸葛亮就已經被神化了，羅貫中不過是將神話諸葛亮集大成而已。

歷代帝王在給祖宗建廟時，都要將祖宗的妻子們一同供在桌子上。父親是「考」，母親就是「妣」；祖父是「祖考」，祖母自然就是「祖妣」，往上以此類推。不過皇帝的考、妣之前都要加個「皇」字，以便與老百姓區別開來。

雖然古代講究的是「男尊女卑」，但這是在民間，在帝王圈中講究是的「妻以夫貴」、「母以子貴」，誰敢瞧不起皇帝的老婆？當然這是在帝王得勢的時候。皇帝處處與凡人不同，皇帝娶妻不叫「娶」，而稱為「納」，一字之別，等級分明。順便閒插一句，古代婚禮其實正確的寫法是「昏禮」，「婚」字是後來改的。

皇帝納后是封建政權中的重大事件，禮節非常繁瑣，三國的皇帝納后制度今已不存，以東漢制度為準，簡單講一下。皇帝在納后時，一般先要給女方家下聘禮，漢桓帝劉志給了梁皇后家兩萬斤黃金（應該是黃銅）。

在納后的這一天，皇帝正裝面向南端坐在殿上，殿下百官陪位，皇后則面向北站著。太尉站在殿下，手上端著一個漆盤，漆盤上放著皇后的璽紱。婚禮開始後，由宗正面著西，朗讀冊封皇后的冊文。宗正讀完後，皇后要跪在地上，給皇帝行大禮，要自稱「臣妾謝恩」。然後由太尉親授璽紱，中常侍（宦官）跪地，雙手平伸，手掌向上，接過璽紱。接著由女史（宮中女官）出場，將璽紱依次交給婕妤、昭儀等人，最終轉交給跪在地上的皇后，這就算基本完成了冊后儀式。

一個女人做了皇后，她就是「天下之母」，除了皇帝，天下人見著皇后都要行跪拜大禮的，包括皇后的父母。在《紅樓夢》中，元妃賈元春回寧國府省親，父親賈政、母親王夫人都要跪在府門外恭迎賈元春。漢末三國同樣如此，漢獻帝的岳父伏完在朝堂上見著女兒伏皇后，也要跪拜如儀。不過父女之禮亦不可廢，在非正式場合，皇后要反過來給父親跪拜。

另外還有一種情況與此類似，就是在位皇帝不是出自帝系的旁支，那麼皇帝的本生父也必須向皇帝兒子稱臣，跪拜如儀。比如魏元帝曹奐是燕王曹宇的兒子，但曹奐入繼的是曹丕一系，所以在名義上與曹宇不再是父子關係。

曹宇給曹奐的賀冬至表，開始就稱「臣」，這是規矩。隨後曹奐的答覆格式是「皇帝敬問大王侍御」。不過曹宇畢竟是曹奐的本生父，在待遇上要提高不少，他的名字也要避諱，「其非宗廟助祭之事，皆不得稱王名，奏事、上書、文書及吏民皆不得觸王諱，以彰殊禮」。

諸侯王雖然也非常尊貴，但畢竟不是皇帝，所以各方面的待遇都要低一等，活的時候是這樣，死的時候也是這樣。皇帝的大喪，不是一家一姓之私事，而是整個天下（統治區內）的國喪。

介紹幾個專用名詞，皇帝如果生病了，叫「不豫」；死了叫「崩」、「登遐」；在皇帝死後還沒有得到廟號或諡號的這段時間，稱為「大行皇帝」。歷代新君皇帝繼位後，都會下詔稱讚先帝，格式基本雷同：「大行皇帝邁仁樹德，覆燾無疆，昊天不吊，寢疾彌留。某月某日奄忽升遐，臣妾號咷，若喪考妣。」

給皇帝辦喪事可是一個技術活，而且手續非常繁雜。首先百官要盡穿孝，披上一層白衣，不能戴帽子，現在民間辦喪事，也基本如此。然後由皇后、皇太子、諸皇子跪地號哭。至於是真哭還是假哭，只有他們自己知道。百官也不能閒著，都要上前號哭，這是政治任務。

老皇帝雖然掛掉了，但他畢竟是天下的君父，兒女們給亡父母守喪是天經地義的事情。按古禮，天下臣民要為先君守喪三年，三年喪期滿了，才能「除服」，也就是脫掉喪服。

漢文帝劉恒曾經對喪禮進行了一次歷史影響極大的改革，就是將服喪三年改為三天，不能讓死人干擾活人的正常生活秩序。不過從王莽開始，又恢復了服喪三年的制度，直到曹操死前，再次取消了服喪三年制度，而是「葬畢，便除服」。劉備臨死前，也要求諸葛亮等人給他辦喪時，以服喪三日為準。

皇帝下葬後，埋葬皇帝的墳墓稱為「山陵」，歷史上最有名的皇帝陵墓，自然就是秦始皇陵了。秦漢帝王本著「事死如事生」的原則，拼命地往墳頭裏塞金銀財寶，最終都便宜了曹操。因為曹操盜過墓，所以他不希望後人也來砸他的墓，所以曹操用的是薄葬，沒有太多的隨葬品。

皇帝死了稱大行，皇后死了也要稱大行皇后，始作甬者是魏明帝曹叡。魏景初元年（二三七），已經失寵的毛皇后被薄情寡義的曹叡賜死，可能是曹叡覺得對不住前妻，就在葬禮上大搞文章，企圖彌補自己的罪惡感。

曹叡下詔稱毛皇后為「大行皇后」，遭到了尚書孫毓的反對，孫毓的理由是漢朝皇后及本朝前幾任皇后崩後都不稱為「大行」。曹叡是出了名的自戀狂，根本聽不進去，依然強行下詔定規矩，以後皇后崩了，要稱為大行皇后。

下面我們講一講帝王的服飾。

我們都知道在古代，只有皇帝才有資格穿黃袍，黃色成為帝王的專用顏色，除非是出於特賜，否則臣民是絕不能僭用黃色的。其實黃色成為帝王的專用顏色，是從唐朝開始的。唐高祖李淵，成為歷史上第一個吃螃蟹的皇帝，從此之後，黃色為帝王專用。最有名的黃袍故事，自然是宋太祖趙匡胤黃袍加身了。

唐朝因為是土德，所以服色尚黃，李淵穿黃袍也算有理論根據。不過三國的魏和吳都自稱土德，卻並沒有對黃色有什麼偏愛，而是嚴格遵守周漢以來的服色舊制。

皇帝在正式場合，比如在宮殿上召見群臣，或舉行什麼盛大的活動，都要戴冠冕、穿袞服。冠冕，就是皇帝的帽子。冠冕的樣式大體是這樣：先用上等好玉製做一塊長七寸、寬二寸的長方形冕板，不過前面稍圓一些。然後在這塊冕板的前後兩邊各裝上十二道旒，旒是用白玉珠串成的，冠冕通常為黑色。

不過魏明帝曹叡喜歡和祖制作對，沒事就在禮法制度上搞創新。他可能嫌白玉珠不好看，平時喜歡玩弄女人裝飾的曹叡將白玉珠換成了珊瑚珠，顏色上可能更亮麗一些。

這種前後掛著二十四串珠子的冠冕戴起來非常麻煩，看不清眼前的東西不說，叮叮噹噹的也鬧心。除了冠冕之外，還有一種大裘冕，就是沒有珠簾子的玉板，大裘冕戴起來比較舒服。

袞服分為上下兩部分，上半部分稱「衣」，下半部分稱「裳」。關於袞服的顏色，一般是赤黑色的上衣、大紅色的下裳。袞服和冠冕是一個整體，合稱「袞冕」，不能分開穿戴，否則就要鬧笑話。

至於公卿大臣們正式場合穿的服裝，就是朝服。漢魏時代的公卿在朝會時一般穿的是深衣，不分上衣和下裳，相當於袍。根據季節的不同，公卿朝服分為五種顏色：春天著青色、夏天著紅色、夏秋之際著黃色、秋天著白色、冬天著黑色，不過通常情況下，都以著黑色為主。

前面也講過了，公卿百官參加朝會時，要解下佩劍，脫下鞋子。漢魏時代的朝會很有古風，通常在一個很大的宮殿裏議事，皇帝坐在最上方，兩邊放上許多席墊。大臣們要跪坐在席墊上，後腳跟緊頂著臀部，雙手垂放膝上，這是漢魏時代朝會時大臣們的標準坐姿。漢魏時代的皇帝不像後來的明清皇帝坐在龍椅上，那時只有御床。兩個漂亮宮女脫掉鞋子，上御床跪坐在皇帝身後，也是一道美麗的風景。

公卿大臣在朝會中，每人手上都會豎拿著一塊長方形的玉板，稱為「笏」，也稱「手板」。大臣們執笏奏事，一來為了點綴，二來可以把今天要奏的事情提前寫在笏上面，直接看著笏讀內容。如果大臣忘記了要奏事的內容，這是欺君，輕者罰俸，重者貶官。

重臣的笏還有一個特權，就是在笏上可以掛著一支白筆，比如尚書台、中書省及二品以上的文官，王公武將則不加白筆。笏一般有兩種攜帶的辦法，一是直接將笏別在腰帶上。一是在朝服的肩上搭一個紫布兜，將笏放在布兜裏。

如果是德高望重的老臣，皇帝會允許他們拄著木杖上朝，誓死不降曹魏的東漢太尉楊彪就享受過這個待遇。曹丕篡漢時，楊彪已經近八十歲了，楊彪出身東漢第一等的清流名門——弘農楊氏，再加上楊彪的兒子楊修被曹操給殺了，所以曹丕特別優待楊彪。

帝王雖然在宮殿裏生活辦公，但他們也要經常離開宮殿，去祭祀天地祖宗，或者巡幸地方，這就需要交通工具。古代的車主要是指馬車，條件稍差些的有牛車、驢車。如果想玩風雅，可以坐羊車，比如晉武帝司馬炎和宋文帝劉義隆。搞笑版的還有狗車，幾十條狗拉著車，汪汪亂叫著滿世界撒歡，場面非常滑稽。

在古代官場上，坐車是有嚴格講究的，什麼身分坐什麼樣級別的車，否則就是越制。自從秦始皇以來，皇帝們坐的專車是用金子裝飾的金根車，金根車由六匹馬拉著，正式稱法是「駕六馬」。曹操在封魏公時，就得到了「乘金根車、駕六馬」的政治待遇，明顯是要篡位。

古人坐車時的馬匹數量體現了等級制度的森嚴：帝王駕六馬、諸侯駕五馬、公卿駕四馬、大夫駕三馬、士駕二馬、庶人駕一馬。當然這個庶人也是指沒有官職的富人，草根百姓誰坐得起馬車？古代的馬可是珍稀的資源，漢魏時代的一匹好馬至少要三萬錢（約一萬元），相當於現在的一輛豪華摩托車了。

除了正式場合出行的金根車，皇帝還有許多專業用車。比如皇帝要去郊外耕種示範天下，就乘坐用四匹馬拉的耕根車（也稱三蓋車）。曹魏時皇帝到郊外耕作時，一般要打著紅旗。皇帝去郊外打獵，就乘坐用四匹馬拉的獵車，曹魏稱為蹋獸車。這名起得真好，皇帝到郊外打獵，不就是去糟蹋野獸的嗎？

如果皇帝去參加軍事活動，就乘坐四匹馬拉的戎車。如果皇帝要出遠門，身邊還會帶有許多專業的車輛，比如放衣服的車、放書籍資料的車、放藥品的車，這些車都是用牛拉的。

還有一種車比較罕見，就是大象拉的車，象車不是皇帝坐的，而是皇帝為了安全設置的。歷史上只有晉武帝司馬炎用過，他滅吳後，得到了許多頭大象，司馬炎每次外出，都要派象車去踩橋道，看看是否結實。如果大象都踩不塌的橋，司馬炎才能放心地坐著馬車通過。

皇帝大多數時間還是在皇宮裏的，宮內殿閣林立，坐車不太方便，那就坐轎子。漢魏時代的轎子稱為

「輿（軟輿）」，其實這種輿就相當於一張床，床下有洞，將杆子橫豎插進去，由人抬著前行。一般這種輿都是有靠背的，皇帝可以半躺著，上面還撐著一把傘，用來遮陽或擋雨。

下面還有一點篇幅，簡單講一下古代帝王避名諱的問題。在專制社會中，帝王與眾不同，他們的名字也絕不能被人隨便亂叫，所以就產生了避名諱。無論是非帝王的人名，還是地名、山名，只要與帝王的名字相同，就必須要改。

關於避諱最有名的一個典故就是「只許州官放火，不許百姓點燈」。宋朝某個州官名叫田登，這位大爺不允許百姓點燈，因為「燈」、「登」同音。正月十五按風俗要點花燈，州裏不能提「燈」字，只好改成「放火」，成了官場著名的笑話。

五嶽之一的恒山，因為與漢文帝劉恒的名字相同，被漢朝強行給改成了「常山」。秀才這個詞，在東漢要避光武帝劉秀的名諱，稱為「茂才」。東漢著名隱士嚴莊，因為名字冒犯了漢明帝劉莊的諱，被改成了「嚴光」。晉人為了避司馬昭的名諱，四大美女之一的王昭君被改成了「王明君」。

晉元帝司馬睿的妃子名叫鄭春，所以凡是地名帶「春」的，都改成「陽」，比如壽陽、富陽，甚至連經典巨著《春秋》都改成了《陽秋》。宋高宗趙構更狠，為了避他的名諱，民間絕不能提「狗」這個字，一律稱為「犬」。

三國時的避諱也不少，比如後來叛蜀投魏的孟達，他本字子敬。後來為了要避主公劉備的叔父劉敬的名諱，被改成了「子慶」。比如現在的浙北名城嘉興，東吳初年從「由拳」改名為禾興。孫皓即位後，為了避父親孫和的名諱，將禾興縣改成了嘉興縣，一直沿用至今。

十九、迷霧中的木牛流馬

中華文明的博大精深讓世人為之讚歎，從思想、哲學、文學、經濟、軍事，以及科學技術等各個範圍，都在世界文明發展史上佔有非常重要的地位，影響之大，不用多言。

雖然近代中國衰落了，一個重要的原因就是科學技術水準沒有跟上西方大工業化時代的步伐，不進反退，最多就是在原地踏步。但無可否認的是，古代中國的科學技術成就非常的燦爛輝煌，為後世留下了一個又一個的驕傲。

科技強國，道理一點都沒錯，一個沒有在科學技術上有重大突破的民族，是很難在競爭極其慘烈的叢林世界中博得一席之地的。現代如此，古代也一樣。古代的科技水準自然無法和現代科學相比，也沒有形成嚴謹宏大的學科體系，但這是我們的祖先在未知世界中艱難的開創。我們之所以站得高、看得遠，是因為我們站在祖先們的肩膀上。

在中國古代的科學技術史上，漢唐宋明這幾個大王朝的科技發展的關注度是比較高的，許多具有重大歷史意義的科技發明都產生在這幾個大王朝。其實在那些烽火連天的亂世中，中國的科學技術之路也沒有被打斷，而是艱難地在探索，為後世的科技輝煌鋪平了道路，三國的科技創造，就是如此。

說到三國時代的科技發明，我們首先想到的，可能就是諸葛亮發明的大名鼎鼎的木牛流馬。在某種意義上，傳說中的木牛流馬就是三國科技的代名詞。不過關於木牛流馬，在歷史上的爭議非常大。

雖然陳壽在《三國志》明確提到了諸葛亮確實製造過木牛流馬，裴松之附載的《魏略》更是詳細記載了木牛流馬的製作方法，但由於沒有留下實物和圖紙，木牛流馬具體是怎麼製造的，一直是眾說紛紜。

木牛和流馬是兩種交通運輸工具，主要的功能是用來運輸糧食。因為益州和漢中的交界地帶處在秦嶺深處，這裏高山峻嶺綿延不絕，運輸一直是諸葛亮北伐時非常頭疼的問題。如果用馬力或牛力來運糧，需要大量的糧草成本，而木牛流馬不需要吃飯，能省下不少成本糧。

一般觀點認為木牛是一種四腳的人力推車，但其中的機械構造相對於普通的兩輪或獨輪車複雜許多，甚至在特定的環境中還能實現「自動化」行走，大大節省了運輸時間。

從物理學角度看，木牛流馬屬於木製機械，主要是運用了物理學中的槓桿原理。木牛流馬的內部構造說起來不算特別複雜，內部由一套連動槓桿，只要扭動機關，槓桿原理發生反應，木牛流馬就會自動行走。南北朝偉大的科學家祖沖之曾經按諸葛亮的方法打造了木牛流馬，可惜也沒有流傳下來。

諸葛亮確實是個天才，他不但會搞政治、玩軍事、做名士，也是一個優秀的發明家。不過話說回來，搞科技發明，畢竟只是諸葛亮的副業，沒有人把諸葛亮當成三國著名的發明家。不過三國確實有一位在歷史上極負盛名的偉大發明家，就是魏國扶風人馬鈞。

馬鈞在《三國志》中無傳，幸虧裴松之在《三國志．方伎傳》中附注一篇晉人傅玄的文章，才沒有讓馬鈞的絕世才華泯沒於歷史的塵埃中。馬鈞有許多偉大的發明創造，其中之一就是指南車（也稱司南車）。

我們都知道，四大發明之一的指南針發明於宋朝，對後世的大航海時代產生了重大影響。實際上早在周朝初年，就已經出現了指南車。從周朝開始，到東漢末年，指南車一直是軍事重器。有了指南車，軍隊就不失迷失方向，有利於作戰。

東漢末年天下大亂，指南車從此消失，幾十年內不見於世。直到魏明帝後期，曹叡命令時任博士的馬鈞，讓馬鈞依照古法，製作指南車。指南車的具體做法是找來一輛馬車，然後雕刻一個木頭人，固定在車中心。這個木頭人的手平舉著，無論車子如何轉動方向，木頭人的手永遠指著南方。

指南車和指南針的科學原理大致相同，指南針利用地球磁極的微弱磁力陰陽相吸原理，通過磁針來完成指南的方向。而指南車原理也是靠地球磁極的引力，內部架構相對複雜一些，指南車的車上還有一個車廂，裏面有一套木製齒輪的傳動器。車子在轉動方向時，車廂內的齒輪會通過不停地調整，使木頭人的手保持原指方向不動。

順便講一個有趣的小故事，實際上指南車的出現，是馬鈞賭氣製造出來的。有一次馬鈞在朝會時，可能是提到了指南車的問題，與常侍高堂隆和驍騎將軍秦朗當場辯論起來。

高堂隆和秦朗根本不相信世上有什麼指南車，實物誰也沒見過，所謂指南車不過是上古傳聞而已。馬鈞則認為以前確實出現過指南車，不過是後來失傳了而已。高堂隆和秦朗則對馬鈞冷嘲熱諷，馬鈞被逼急了，乾脆說咱們在這鬥嘴沒意思，我給你們造出一輛指南車，讓你們閉嘴。

高堂隆和秦朗一直想出馬鈞的洋相，就聯名找到魏明帝曹叡，說馬鈞有本事做出指南車，曹叡這才下令讓馬鈞造車。結果馬鈞真的造出了精美實用的指南車，那兩位老先生面對著指南車，面面相覷，無話可說。

不過馬鈞最有名的一件發明，是改良了農業灌溉機械，也就是「翻車」，也稱龍骨水車。水車是古代農村最常見的灌溉機械，在翻車沒有出現之前，農民澆灌莊稼，都是用人力拎水。

後來發明了轆轤，就是在有水處架一個木槓，將舀水工具用繩索拴住，慢慢放在水裏，舀水上來澆灌。這樣的澆灌方式，雖然比人力取水進步了許多，但有一個重大的缺陷，就是只能從高處往低處取水，而且同樣需要人力拉放，人力成本比較高。

在東漢末年，著名發明家畢嵐發明了翻車，不過這時的翻車功能主要是澆灑道路，還沒有普及於農業灌溉。幾十年後，馬鈞在畢嵐翻車的基礎上進行改造，成功了製作使用效率非常高的新式翻車。

翻車的形狀像一架呈四十五度角傾斜的梯子，由木板鏈合而成，這是輸水槽。翻車的輸水槽底部放在農田邊的水源裏，底部設有刮水板，藉助風力，或者人力在上面踩，通過齒輪運轉，翻動刮水板，將水不停地刮進輸水槽裏。

因為翻車的動力主要依靠風力或畜力，人力的蹬踩只是起到輔助力的作用，所以馬鈞改進的翻車能大大節省人的體力，甚至兒童都可以輕鬆地蹬踩翻車。在靠天吃飯的農業社會裏，人的體力是重要的生產力之一，翻車的出現，在中國農具發展史上具有劃時代的意義。

隨著古代社會科技整體水準的提高，其應用的範圍絕不只是在農業生產上，軍事領域也是科學成果重要的展示平臺。科技不但能強國，同樣可以強軍，為什麼近代中國在反擊外來侵略時會付出這麼慘重的代價？一個最重要的原因就是武器落後。不提高軍隊的科技含金量，是很難取得勝利的。近現代的歷史已經證明，絕對的唯武器論是不正確的，但絕對的非唯武器論也是不正確的。

在中國古代的武器發展史上，有一個明顯的時代分水嶺，就是戰國。在歷史學界有個說法，將戰國以前稱為「青銅時代」，戰國之後則稱為「鐵時代」。鐵器的出現和成熟運用在經濟、軍事領域，實現了社會發展的重大跨越。

在冷兵器時代，軍隊作戰最常用的近戰武器主要有戈、戟、槊、刀、槍，在鑄煉技術運用成熟之後，鐵製殺傷器被廣泛運用到這些武器上面。特別是西漢以後，生鐵冶煉技術已經達到相當高的程度，這時的技術主要先將生鐵加熱燒熟，形成黏稠狀，提粹雜質，然後鑄造兵器。

不過上面這種鑄鋼方法比較麻煩，因為要煉成兵器，至少要經過幾十次的鍛煉打造，晉人劉琨那句極著名的「百煉成鋼」就是受到這種煉鋼方法的啟發。雖然鑄造出來的兵器還是擁有巨大的殺傷力，但品質上還不盡如人意，稍顯粗糙，還有很大的技術提高餘地。

差不多是在東漢三國時代，中國出現了灌鋼技術。灌鋼技術的出現，是古代鍛煉史上具有劃時代意義的重大科技成就，灌鋼技術從出現，直到十七世紀前，都是世界上最先進的鑄造方法。

灌鋼法的主要過程是先鍛煉出生鐵，然後將黏稠狀態的生鐵澆灌在熟鐵板上，經過若干次的鍛煉加工，鋼鐵是怎麼煉成的？回答：就是這樣煉成的。古代的鋼鐵需求量非常大，除了製造農業機械、兵器外，達官貴人們也都要配一柄上等好劍，這是身分的象徵。

在階級社會中，人有等級之分，物品也一樣，俗話說一分錢一分貨，這是客觀的經濟規律。兩漢以來，國人尚武成風，無論文臣還是武將，都有佩劍的。魏文帝曹丕喜歡擊劍，他曾經下令魏國的冶工部門，精選上等好鐵，「精而煉之」，打造了一柄好劍，供曹丕擊劍使用。

一柄上等好劍的市場價值是多少？魏國名將鍾會的舅舅、後來成為晉朝權臣的荀勖就有一柄好劍，市值居然高達一百萬錢。一百萬錢相當於現在的三十多萬元，可謂價值連城，足見造工之精細。鍾會早就看上了這柄劍，就利用自己會書法的優勢，模仿荀勖的字跡，從保管這柄劍的鍾會母親那裏騙走了這柄劍。

三國時代戰爭不斷，所以需要大量的精造武器，吳黃武五年（二二三），孫權下令大規模掘挖武昌銅鐵，打造了十口寶劍，可能留作自己或近臣懸佩的，另外打造了一萬口長近一米的上等好刀。每口刀上還刻有「大吳」篆字，可以想見當時冶煉工藝的先進。

最能體現三國先進冶煉工藝的，是蜀後主劉禪曾經打造過一柄劍，這是在蜀漢延熙二年（二三九）時，劉禪下令冶工部門打造了一柄長達近三米的大金劍。如果沒有相當先進的冶煉工藝，這等長度的劍是很難打造精美的，當然這種長劍誰也佩帶不了，是用來鎮山的，可惜這柄長劍後來不知所蹤。

蜀漢境內擁有豐富的銅鐵資源，比如南中，所以蜀漢的武器數量很大，這也在最大限度上保障了蜀漢北伐的武器來源。劉備在章武元年（二二一）從金牛山中精選上等的鐵礦石，精心打造了八柄劍，一柄自用，太子劉禪、梁王劉理、魯王劉永、諸葛亮、關羽、張飛、趙雲各得一柄。當時關羽已經被孫權襲殺，可能是把這柄劍賜給了關羽的後人。至於趙雲得到這柄劍，可以證明趙雲在蜀漢軍界的地位並沒有想像中的那麼低。

古代的兵器一般分為兩種，一是近戰兵器，比如上面講的戟、刀、槊等，還有一種就是遠戰兵器，就是弓箭、弩機，相當於現在的遠距離發射器，比如手槍、火箭炮等。三國是遠戰兵器運用非常廣泛的時代，最有名的遠戰兵器，自然就是天才發明家諸葛亮發明的連弩。

弓是單發的遠戰武器，每張弓一次只能裝上一支箭，而且射擊距離不算很遠。每次射完後，需要從箭筒裏取出箭，搭在弓上，瞄準目標再射，過程比較麻煩，影響作戰效率。

早在戰國時期，就出現了弩，弩的射程比弓要遠得多，能達到五六百米，威力非常巨大。但這種弩的構造原理和弓一樣，只能單發。諸葛亮在這種單發弩的基礎上進行改造，諸葛亮連弩的優點不在於射程，而在於連續發射能力，這種連弩一次能連續發十支箭。

這種連發弩的正式名稱是「元戎弩」，有時也稱為「諸葛弩」。不過諸葛弩的用箭明顯要比單發弩的箭要短，每支長八寸，箭頭是用精鐵打造的。這種弩機的樣式和單發弩差不多，只是射槽下面有一個箭盒，上面一支箭射出去後，箭盒中的下一支箭會自動頂到箭槽裏，這樣能最大限度的提高作戰效率。

後來馬鈞不知道從什麼地方得到了一支諸葛弩，可能是戰場上繳獲的蜀軍戰利品。馬鈞仔細分析了諸葛弩的內部構造，有些不屑地說：「諸葛孔明的這種弩殺傷力確實很強，不過我能造出連發五十箭的連弩。」可惜因為種種原因，馬鈞沒有機會打造這等更加可怕的新式武器。如果五十發連弩真要做出來了，蜀軍可就要吃大苦頭了。

漢末三國時代的科技發明，除了上面講的應用在農業、軍事等領域外，在生活中的各個方面都產生了重要的作用。比如在文化傳承中作出重大貢獻的紙張，在漢末三國時就取得了重大的技術突破。

一般觀點認為雖然早在西漢時就出現了「灞橋紙」，但灞橋紙還不是真正意義上的紙，而且這種紙表面極糙，難以用來書寫文字。直到東漢中期，著名的宦官發明家蔡倫改進了造紙工藝，史稱「蔡侯紙」。蔡侯紙的主要原料是樹皮、棄用的碎布、麻頭還有一些纖維製品，然後將這些原料搗製成漿狀，再加上草灰水等輔料，磨鋪晾曬，最終做成了紙。

蔡侯紙從品質上來說遠勝於西漢的灞橋紙，但紙的潔白度還不太高，手感比較粗糙，這可能是蔡侯紙出現之後，東漢官方還以竹簡或帛等作為主要書寫材料的原因。到了大約東漢末年的靈帝、獻帝時期，一位生活在山東的發明家左伯在蔡侯紙的基礎上提高了紙的品質。

左伯造紙的具體操作流程沒有流傳下來，不過自左伯紙出現之後，受到了社會各界的強烈追捧，好評如潮。左伯紙最大的優點就是手感平滑、潔白可人，紙面上沒有雜質。

科技發明的一個根本生存原因就是「優勝劣汰」，左伯紙在運用於社會生活後，迅速淘汰了舊有的紙張，成為當時最主要的書寫材料。當然不能因為左伯紙的優質，就否定蔡倫的偉大貢獻。還是那句話，左伯之所以看得遠，是因為他站在了蔡倫的肩膀上。由於左伯紙的品質相當出色，在魏晉時代，左伯紙是與張芝筆、韋誕墨齊名的三大文化用品，謂為三絕。

還有一件很有意思的發明，利用最後一點篇幅講一講。唐朝人段成式的名作《酉陽雜俎》記載了這麼一件事，說魏國名臣王肅曾經為了驅趕老鼠，製造出一個「逐鼠丸」。

唐朝之前有兩個魏國名臣王肅，一個是三國北魏名臣王肅，一個是南北朝北魏名臣王肅。這兩個王肅在歷史上同樣大名鼎鼎，都是士林中的頂級名士，不知道段成式說的到底是哪一個王肅。不過綜合各方面情況來看，製造逐鼠丸的極可能是三國的王肅。

這種逐鼠丸的構造說起來很簡單，王肅用精銅打造了一個銅球，然後將銅球固定在一個金屬架上。不知道王肅用了什麼方法，能讓銅球在金屬架上晝夜不停地旋轉。因為老鼠偷東西最怕旁邊有動靜，把逐鼠丸放在糧倉等存儲食物的地方，就能起到嚇跑老鼠的作用。

二〇、算一算三國的經濟賬

中國古代是叢林世界？說得書面化一點，就是「弱肉強食，適者生存」。說得通俗一點，就是「有本事吃肉，沒本事看人吃肉」。人類社會的存在核心是什麼？有許多種解釋，但有一點是公認的，那就是競爭！

競爭的核心是利益，「天下攘攘，皆為利往；天下熙熙，皆為利來」。說得很有道理，從這個角度來說，人其實就是利益動物。利益是相對而論的，只要有兩個人，或兩個具有不同利益主體的集團存在，競爭就不可避免。

人類的競爭實際上就是一個搶蛋糕的過程，誰的力氣大，誰就能搶得多。當然人類這麼聰明，是可以自己做蛋糕的，但問題有三個：一、你有沒有足夠的原料，比如麵粉、食用水、糖料。二、你會不會做蛋糕？三、你千辛萬苦做出來一個大蛋糕，別人會不會搶？

如何保護自己做出的美味蛋糕不被人搶走？那需要有強大的武裝力量來保證自己的利益不被侵犯。不過這個話題屬於軍事範疇，不是本篇講的這個主題。本篇要講的是，我們如何做蛋糕。一個人吃的蛋糕是蛋糕，而一個國家吃的蛋糕，那就是經濟。

一輛汽車，如果沒有了汽油，就只能原地趴窩。同理，足夠強大的經濟實力，就是一個國家（獨立的利益集團）的汽油動力。如果一個國家的經濟出了問題，那必定是全局性的，影響所及，政治、軍事都將受到沉重的打擊。

經濟基礎決定上層建築，沒有錢，政權機器無法運轉，老百姓吃不上飯，從而引發一系列的社會問題，危及社會穩定和政權安全。還是那句被引用了無數遍的至理名言：錢不是萬能的，但沒有錢是萬萬不能的。經濟決定政治，古今中外，莫不如是。

古代的經濟架構沒有現代這麼完備，尤其是古代中國，以農業經濟為主，但內在的經濟規律是一樣的。現代經濟和古代經濟相比，無非是鳥槍換炮而已，沒什麼本質的區別。古人向來是非常重視經濟問題的，「身無分文，不敢橫行」的道理，古人當然懂。老大，你兜裏沒錢，誰跟你玩啊？

《尚書．周書．洪範篇》就提出了「經濟決定上層建築」這個概念：洪範八政，食、貨為先。所謂食、貨，按《漢書．食貨志》的解釋：食是糧食，包括一切人類可以吃的東西；貨是指布帛衣服，包括礦產、水產，以及貨幣。從《漢書》開始，歷代就將食貨志列為記載前朝經濟活動最權威的官方史料。

不過遺憾的是，尊為前四史之一的《三國志》，卻只有紀傳，沒有志，更別提什麼食貨志了。《三國志》無食貨志，不代表三國官方不重視經濟發展，而是陳壽沒有搜集到相關的經濟資料。如果曹操、劉備、孫權等人不搞經濟，他們吃什麼啊？弟兄們早就作鳥獸散了。

古代的經濟基礎構成，主要包括土地制度（農業生產）、在編戶口（賦稅勞役）、礦產開發、機械製造、內外貿易，交通運輸、貨幣流通等範圍，和現代經濟基礎構成基本差不多。

古代經濟和現代經濟一樣，都存在著一個受歷史大環境影響的問題，尤其是大規模的戰爭。三國也是這樣，三國是從東漢末年全國範圍的軍閥混戰中脫胎出來的，自然會不同程度上受到了戰亂的影響。所謂「天步艱難，之子不猶」。我們就來算一算三國的經濟賬。

三國承東漢末年戰爭之餘，「白骨露於野，千里無雞鳴」。社會生產力遭到了極大的摧毀破壞，尤其是中原地區。最能體現一個時期社會生產力是否遭到嚴重破壞的是人口資料，因為小農社會裏，人的自然力（體力）是第一生產力。而且人口的多少，和朝廷徵收賦稅的多寡直接掛鉤。

三國的人口到底有多少？我們先來看一看東漢全盛時期的人口資料，漢桓帝永壽三年（一五七），官方統計的戶口數為一千零六十七萬，人口數為五千六百四十八萬。如果以曹魏統治的地盤人口來算的話，中原地區共有人口三千一百三十八萬。而到了近百年後的魏晉禪代之際，曹魏人口只有四百四十三萬，只有東漢極盛時人口的百分之十五左右。

據現有史料，從東漢末年黃巾大起義，經過軍閥混戰以來，中原人口急劇下降了十之八九，「建安之際，海內荒殘，人戶所存，十無一二」。陳群說魏國總人口不過能抵上漢朝全盛時的一個大郡人口。陳群的資料稍誇大了一些，東漢人口最多的郡是荊州的南陽郡，約為二百四十三萬。其次是汝南郡，約為二百一十萬。魏國總人口抵上漢朝兩個人口大郡，比較合理一些。

當然，這裏說得曹魏人口是官方統計的在編人口資料，是朝廷可以徵入賦稅的人口量。東漢末年，軍閥混戰，世族豪強兼併土地人口的現象非常嚴重，有許多農戶都被豪強們強行隱藏不報，就是「蔭戶」。

現在有一種觀點認為，如果加上豪強們隱匿不報的蔭戶數量，再加上曹魏的官方統計數，曹魏總人口大約在二千萬上下浮動。雖然曹魏與吳蜀的戰爭不斷，但中原地區自曹操統一後，就沒有再發生大規模的戰爭，人口恢復性增長是必然的。

關鍵的問題就是豪強隱匿的人口數量實在驚人，居然吞佔了全國總人口的百分之八十！有時懷疑是不是歷史記載的資料有問題？不然豪強們的能力真能大到如此地步？

蜀漢和東吳的人口統計和曹魏差不多，蜀漢滅亡時的在編人口只有九十萬，而東漢全盛時期的益州人口有七百二十七萬。益州並沒有像中原那樣遭受到大規模的戰爭破壞，人口怎麼會憑空下降近十分之九？歸其原因，無非是豪強隱匿人口，

關於東漢時期的益州人口總數，有一個疑問，就是《後漢書．郡國志》記載益州永昌郡人口居然達到了一百八十九萬！在漢魏之際，永昌屬於經濟非常落後的地區，哪來的這麼多人口？而鄰近的益州郡（建寧郡）也不過只有十一萬人口。懷疑永昌郡的人口資料是不是傳抄有誤？

東吳在編人口大約是曹魏在編人口的一半，西元二八〇年東吳滅亡時，有二百三十萬人口。當然東吳的實際人口數遠不止此，東漢全盛時期的揚州、荊州（不算魏佔南陽）、交州共有人口九百三十多萬。不過東吳受戰亂的波及程度比較大，人口銳減是可能的，但也不可能平空死去七百萬，無非是被豪強們隱匿了蔭戶。

有了大量的人口，尤其是壯勞力，一方面可以耕種土地，朝廷可以徵收賦稅吃飯。另一方面，朝廷也有充足的兵源，沒槍桿子，皇帝老子靠什麼混江湖？當然能參軍的壯勞力畢竟只是少數，多數勞力還是被拴在土地上。

吃飯問題，從來都是最大的政治，人活著為了什麼？不要講什麼治國安邦平天下的大話，所有人活著，都是為了吃飯。無論古今中外，土地都是人類最重要的生存資源，說得天花亂墜，沒有飯吃，一切都是白扯。

在小農經濟中，土地的開發（糧食的產量）除了與勞動力的數量掛鉤外，還與政治形勢有很密切的聯

繫。東漢順帝建康元年（一四四），全國共有可耕作土地近三千五百萬畝，多數集中在黃河流域地區。

東漢末年的戰亂導致了勞動力的大量減少，大量土地荒蕪，糧食產量的銳減，出現了「人相食」的悲慘局面。軍閥混戰時，他們手上的糧食也並不寬裕，甚至連弟兄們的軍餉都發不出。袁紹發給弟兄們的「工資」是桑葚果和棗子，袁術更絕，發給弟兄們的是水草和田螺。

曹操的情況也好不到哪去，但曹操比袁紹等軍閥有眼光，如果成天拿棗子糊弄弟兄們，弟兄們早晚要是餓急的。而且活人不能讓尿憋死，辦法總是有的。曹操的辦法其實很簡單，就是屯田。

中原地區缺少的不是肥田沃土，而是勞動力。戰亂雖然造成了大量傷亡，但人口基數還是有的，只是為了避戰亂，許多百姓都藏進了山裏。曹操通過各種手段，徵募百姓，在許昌附近實行了大規模屯田。

許昌屯田試驗大獲成功，「得穀百萬斛」，很好地解決了軍民的吃飯問題。手上有糧，心中不慌，也有利於穩定統治區的形勢。此後，曹操下令在各州郡推行屯田法，設立田官，監督指導屯田工作。曹操最終統一中原，和屯田制有最直接的關係。

蜀漢的情況和曹魏略有不同，中原地區遭受戰亂的破壞程度非常嚴重，而益州地區除了劉備入川時的戰爭稍具規模，但破壞程度一般。益州的經濟基礎沒有受到太大的破壞，再加上諸葛亮非常重視糧食生產，益州基本上實現了「足食足兵」。

東吳受戰爭的影響比較大，尤其是荊州，連年戰亂。荊州今天是曹操的，明天是劉備的，後天是孫權的，三家輪流坐莊，成天打來打去。直到吳黃武五年（二二三），陸遜還要求孫權允許荊州諸將開拓農田，理由是「所在少穀」。

屯田是三國普遍的耕作方式，軍隊在無戰事時就地開墾荒地，比如東吳設有「典農校尉」，職同郡守。典農校尉的任務就是在轄境內拓荒屯糧，以備戰事之需。

老百姓耕種土地，獲得了收成，大致有三種用途：自己吃、在市場上銷售、上交朝廷規定的各種賦稅。汽車上路跑，先把油喝飽，沒有油，汽車只能趴窩。權力機器正常運轉所需要的油料，就是從民間徵收上來的賦稅，以及其他雜役。

漢朝政府對民間的財物徵收主要有兩大塊：田租、賦稅，再加上一些亂七八糟的雜稅。田租就是土地收益，漢朝的田租比較輕，西漢初年規定百姓只須交納總收入的十分之一，以穀物結算。漢景帝更是進一步減輕了農民負擔，「三十稅一」。東漢光武帝時，又恢復了「三十稅一」的制度，天下大治。

賦稅主要是指算賦（成年人交納的稅金）和口賦（未成年人交納的稅金），就是俗稱的人頭稅。此外還有貲金（家庭財產稅），均以貨幣結算。在算賦之外，還有一種附加的收稅方式，就是「更賦」。

因為成年人通常要承擔國家下達的勞役任務，這是法定義務。如果成年人不想勞役，也有變通的辦法，就是可以出錢交給朝廷，以錢代役，你的勞役任務就免了。朝廷可以通過徵收上來的更賦錢，另尋他人完成勞役。

算賦、口賦的制定沒有一個統一的標準，隨意性很大，老百姓苦不堪言。本來種糧就沒多少收成，被官府砍去了一部分之外，還要交納人頭稅。第一個廢除人頭稅的，不是別人，正是一代梟雄曹操。

人頭稅是按個人計算的，一戶有五人，就要交五份人頭稅，以此類推，這樣的收稅方式對人口多的家庭是非常不公平的。曹操廢止人頭稅的主要原因有兩個，一是維護相對的社會公平，曹操曾經明確說過：「有國有家者，不患寡而患不均，不患貧而患不安。」就是針對人頭稅銳講的。

另外一個原因：人頭稅是以貨幣結算的。但自東漢末年董卓廢罷五銖錢，別鑄小錢以來，錢幣品質大大降低，造成了「貨輕而物貴」的局面。錢幣的混亂必然造成物價飛漲，當時一斛穀子值五十萬錢，一斛豆麥值二十萬錢。那時有錢不如有糧，所以此後幾十年裏「錢貨不行」，貨幣流通基本廢止。

在這種情況下，徵收實物就成了一個不錯的選擇。收上來貨幣，又不能吃銅錢，還是要用錢來購買實物。與其這樣麻煩，不如直接徵調實物，公私兩便，何樂不為。糧食的徵收有田租這一塊，所以實物徵收主要是絹布。歷史上稱這種用徵收實物取代人頭稅的方式為「戶調」。

戶調改變以個人為單位計算的徵收模式，而是以家庭（戶）為單位。東漢建安九年（西元二〇四年），曹操平定河北後，下達了歷史上第一道戶調令。曹操規定以後每戶除了田租之外，另外只須交納二匹絹、二斤棉。每匹絹的市值大約是多少？粗略算一下，漢魏時代，每匹絹約等於五石穀子的價值。一戶普通百姓一年上交五石穀子，不算多，比人頭稅厚道多了。

其實早在建安五年，曹操就在統治區試行了戶調製度，效果不錯，然後正式推行。曹操嚴格約束官府，「他（物）不得擅興發」，曹操現在需要最大限度地收買人心，人心穩不穩，先看老百姓能不能活下去。

另外，曹操還減輕了田租，規定每畝可耕地上交四升穀子。古制：十升為一斗，十斗為一斛，每畝徵四升，已經算得上是薄傜了。曹操統一河北之後，中原地區的農業出現了恢復性增長，和曹操實行的薄傜輕役政策有很直接的關係。

與曹魏隔江對峙的東吳政權，並沒有實行戶調制度，而是繼續實行算賦和口賦的徵收方式，所以東吳百姓的負擔最重。三國的歷代統治者中，東吳的統治者最貪得無厭，苛捐雜稅多如牛毛，而且絲毫不體諒百姓生計艱難，騎在百姓頭上作威作福。

有些心地尚善的東吳地方官不忍見老百姓受算賦和口賦的敲詐，沒有在當地徵收人頭稅，比如會稽太守車浚和湘東太守張詠。雖然他們的做法是對的，但卻不符合東吳統治者的利益，西元二七六年，暴君孫皓將車浚和張詠斬首，理由就是不上交當地的人頭稅。

車浚、張詠被殺後，他們的人頭被孫皓的使者徇行諸郡，意在警告：誰敢廢除人頭稅，車浚和張詠就是他們的下場。從這條史料上可以判斷東吳是沒有廢除人頭稅的，孫皓管什麼百姓死活？他連最基本的道義都不講，指望他愛民？笑話！東吳在強行徵繳人頭稅之外，還不定期地徵調鹿皮、麂皮、孔雀、水牛皮等物，這是典型的「苛捐雜稅」，和戶調不是一個概念。

至於蜀漢，因為史料嚴重短缺，不清楚蜀漢是否實行了戶調制度。在蜀漢滅亡後，中原士人在討論諸葛亮北伐得失時，曾經說了這麼一句話：「諸葛亮……無歲不徵，未能進咫尺之地，開帝王之基，而使國內受其荒殘，西土苦其役調。」

蜀漢因為連年興兵北伐，發動百姓服勞役是在所難免的，甚至包括婦女。楊洪在諸葛亮問他是否應該強攻漢中時，說過：「男子當戰，女人當運。」不過這都屬於正確的勞役範疇。關鍵是「役調」中的「調」字做何種解釋？

在我們的印象中，蜀漢國土狹小，再加上不斷發動戰爭，經濟壓力可想而知。實際上蜀漢經濟的整體基礎還是不錯的，蜀漢與魏、吳的經濟形態相比，有一個特別的地方。蜀漢的經濟支柱，除了糧食之外，還有生產力強大的紡織產業。

蜀漢滅亡時，官方統計的存糧有四十萬斛，但這還不是蜀漢政府收入的主要來源。除了這四十萬斛糧食，還有蜀錦、綺、彩、絹各二十萬匹，這是一個非常驚人的數字。

諸葛亮曾經說過：「今民困國虛，決戰之資，唯仰錦耳。」可見蜀錦的內外貿易才是蜀漢財政收入的大頭。當然蜀錦自古已有，非自蜀漢政權建立才有的。劉備佔領益州後，就曾經賞關羽、張飛、諸葛亮、法正每人一萬匹蜀錦。四萬匹蜀錦隨手就賞人了，足見蜀漢的紡織業發達到了什麼程度。

在小農經濟社會裏，耕種土地是政權的立國之本，也是財政大宗。不過僅靠種糧吃飯是遠遠不夠的，還要有許多副業產生出來的財政收入來支撐政治機器的正常運轉。除了種糧外，還有種植經濟作物，比如桑麻，以及飼養畜類。在畜類飼養中，最重要的，是養馬。

古代的馬，就相當於現在的重型機械，馬不但能耕種，還能騎乘，最重要的可以組成戰鬥力最強悍的騎兵部隊。歷史早已經證明，騎兵作戰是步兵作戰更先進的戰爭模式。不過由於地理上的原因，北方產馬，而南方基本不產馬。這也是為什麼歷代北方政權總是能最終戰勝南方政權的一個重要原因。

北方產馬區主要集中三個地區：遼東、漠南、隴西。這三個產馬地區或處在曹魏控制之下，或與曹魏接壤，所以曹魏佔了這個便宜，戰馬來源不成問題。比如曹操和袁紹決戰前夕，時任司隸校尉的鍾繇就從關中給前線運送了二千匹戰馬，曹操興奮得差點沒蹦上天去。

袁紹之所以敢在他面前這麼牛叉，就是仗著大隊精良的北方戰馬，從地理位置上來看，袁紹的馬主要是遼東馬或漠南馬。曹操得到了隴西馬，足以和袁紹的精銳馬隊抗衡。曹操最終戰勝袁紹，鍾繇送的隴西馬作出了重大貢獻。

蜀漢的情況比曹魏要差一些，但蜀漢的北方邊境和傳統的隴西產馬區接壤，和羌、氐來往密切，也能獲得大批優良的隴西馬。東吳比蜀漢還不如，東、南兩面靠海，西、北兩面瀕臨魏蜀，馬源幾乎為零。

東吳的戰馬一般有兩種來路，一是與魏蜀作戰時俘獲的，一是吳蜀聯盟時，蜀國贈送的。東吳和曹魏短暫的蜜月期間，曹丕也送給孫權一些戰馬，但數量不多。蜀漢則出手很大方，有一次就給了東吳二百匹戰馬。蜀漢不定期的向東吳贈送馬匹，有時東吳還能放下臉面，到蜀漢求馬。

在以上兩種得馬方式外，孫權意外地獲得第三種方式：與遼東軍閥公孫淵結盟，獲得遼東戰馬。孫權可著勁地巴結公孫淵，目的很明確，就是要馬。不僅是遼東的馬源，甚至是高句麗的馬匹，孫權都得到過。有次高句麗送給孫權數百匹優良戰馬。孫權知道沒有馬，他就沒法對付曹魏，開拓馬匹來源，是孫權的重要工作。

吳黃武元年（二二九），孫權稱帝，不久蜀漢派衛尉陳震來武昌，與東吳正式結成抗魏聯盟。吳蜀共同宣布了分魏方案：如果吳蜀消滅魏國，魏國的幽州、青州、徐州、豫州歸吳，兗州、冀州、并州、涼州屬蜀。至於曹魏的司州，以函谷關為界，東屬吳，西屬蜀。

從地理位置上來看，蜀漢分到冀州後，將吳國分到的幽州和青州在陸地上隔開，幽州成了東吳的飛地。在古代交通不發達的情況下，飛地是很難管理的，尤其幽州還隔著海。孫權當然知道這種地理概況，他為什麼一定要得到幽州？原因很簡單，孫權要幽州的戰馬！

幽州的轄境比較狹長，東部是遼東地區，西部緊靠漠南，這是兩大馬源基地。孫權心裏明白，一旦吳蜀滅魏，隨後吳蜀就將大打出手。蜀漢本來就有馬，再加上得到了并州、涼州，優良戰馬會更多。在這種情況下，如果吳軍不配備大批優良戰馬，根本打不過擁有精銳騎兵的蜀漢。出於這種戰略考慮，孫權寧可不要與江東本土更近的兗州，也要隔海相望的幽州。

前面我們講了，在東漢三國時代，一匹好馬的市值大約是三萬錢。但由於馬是極珍貴的重要戰略物資，所以有錢都未必能買到馬。當然，話說回來，錢不是萬能的，沒有錢是萬萬不能的。不管能不能買到自己想要的商品，兜裏裝著硬通貨，這才是真理。

說到古代的錢，我們最先想到的可能就是「孔方兄」，即外圓內方的銅錢。這種銅錢早在戰國時代就已經進入商品流通領域了，到了秦始皇統一六國後，「孔方兄」就成了法定貨幣。此後一直沿用了兩千多年，直到清朝末年廢止。

不過秦朝時的銅錢（稱為半兩錢）只是古代貨幣中的輔幣，也稱為下幣。上幣是黃金，以鎰（每鎰二十兩）為計量單位。但黃金一般是不進入商品流通領域的，只是對外貿易和大宗結算時才用黃金，銅錢才是主要流通貨幣。

銅錢是國家法定貨幣，銅錢的鑄造權當然屬國家所有，這也是國家權力威嚴的一個重要體現。在西漢初年，諸侯王一度擁有錢幣鑄造權，比如吳王劉濞就曾經「鑄錢煮鹽」，收其利以抗衡朝廷。西漢初年採取「與民休息」的政策，允許民間私人鑄錢，最終導致貨幣體系的混亂，而且財富外流。

在漢武帝之前，社會上依然流行秦朝的半兩錢，只不過幣制上下浮動，前後不一。到了漢武帝劉徹建元元年（前一四〇），下詔廢半兩錢，改行三銖錢。元狩元年（前一一八），劉徹又廢止三銖錢的流通，取而代之的，是歷史上大名鼎鼎的五銖錢。

五銖錢的式樣也是外圓內方，在銅幣方孔的兩邊刻上五銖兩個字。自此以後，五銖錢成為了主流貨幣，存在了七百多年，直到唐朝建立，才正式廢止了五銖錢，流行通寶錢。唐朝至清朝，流行的皆是通寶錢，就是銅錢上刻四個字「××（年號）通寶」，通寶錢是現在最常見的一種銅錢制式。

雖然漢武帝時出現了年號，但終漢魏時代，一直沿用五銖錢。中國最早出現的年號錢是十六國成漢時鑄造的「漢興錢」，南北朝也有個別皇帝鑄年號錢，比如宋孝武帝劉駿、北魏孝文帝元宏。不過在唐朝之前，五銖錢始終是錢幣的主流形態。

五銖錢從某種意義上來講，是漢朝的代稱，唐人劉禹錫就將劉備建立蜀漢稱為「勢分三足鼎，業復五銖錢」。五銖錢在漢朝流通的三百多年間，曾經有過兩次災難，第一次是王莽罷廢五銖錢，改行「當泉五十」。王莽將貨幣制度改得亂七八糟，官民兩不便，東漢建立後，劉秀又恢復了五銖錢。第二次是董卓專權時期，董卓罷廢五銖錢，改行小錢。這種小錢的品質極差，外形非常難看，外不圓內不方，在民間根本不流通。貨幣的幣值下降，購買力也跟著下降，一斛穀子能賣到幾十萬甚至上百萬錢。

到了曹操取得中原統治權，又恢復了五銖錢的流通，不過因為戰事繁忙，曹操並沒有鑄錢，而是繼續流通散存在社會的五銖錢。經過董卓大規模的收鑄，兩漢的五銖錢已經存世不多，而曹操又沒有新鑄錢，所以漢末的五銖錢購買力又大大提升。

因為漢末的五銖錢存世太少，流通起來確實不太方便，當時社會上主要的流通方式還是以實物結算，或者把糧食或絹布當成貨幣進行流通。魏黃初三年（二二二），曹丕下詔廢除五銖錢，正式認可了糧食和絹布的貨幣功能。

但不久後，問題就來了。什麼問題？很簡單，就是造假。以前流通五銖錢的時候，社會上就有大量假五銖的存在。曹丕以為廢除了錢幣，就能避免造假，這只是他的一廂情願而已。

糧食和絹布也能造假嗎？具體地說，不是造假，而是摻假，比方有一次交易，買方購買了對方的貨物，需要付出十斗穀子。如果想佔便宜，很容易，把穀子在熱水中浸泡，增加重量，然後以十斗穀子的重量進行交易。用絹布的交易也是這樣，減輕絹布的重量，一匹絹抽了一部分，然後以一匹絹的重量交易。

這種摻假的情況在曹魏初期非常普遍，雖然朝廷每每以嚴刑峻法懲罰摻假行為，但畢竟其中的利益太大了，有些人還是鋌而走險，法禁不止。在司馬芝等人的建議下，魏太和元年（二二七）四月，曹叡恢復了五銖錢的鑄造，並流通於市。

曹魏五銖錢的貨幣購買力是一比一，即一枚五銖的價值等同於其本身的幣值。而蜀漢和東吳的貨幣則有些特殊，蜀漢和東吳也鑄錢，但蜀吳錢的幣值卻不是一比一，而是一比一百，甚至是一比五百、一比一千。

說得具體一些，蜀漢在劉備剛進成都後，因為劉備為了收買軍心，曾許諾弟兄們進城後搶財物。結果等府庫空了之後，劉備才發現他手上沒錢花了。這時劉巴給劉備出了個主意：鑄值百錢的五銖。即一枚五銖的幣值是舊幣值的一百倍，一枚新五銖等於一百枚舊五銖。

孫權是個摟錢高手，他玩得比劉備還狠。嘉禾五年（二三六），孫權「鑄大錢，一當五百」，稱為「當泉五百」。一枚錢價值是舊五銖的五百倍。同時孫權還購買吳國臣民手上的銅料，沒銅料拿什麼鑄錢啊。

最值得注意的是，孫權還下詔禁止私人鑄錢，違反者，依法論處。由此看來，東吳前期的私人鑄錢之風盛行。如果允許私人鑄錢，那利潤都流到了個人腰包，朝廷一根毛都拔不到，不與民爭利，官府喝西北風啊？

孫權鑄大面值的錢上了癮，僅僅兩年後（二三八），在侍御史謝宏的建議下，孫權又鑄造了面值一千的錢，稱為「當千大錢」。當千大錢還不是東吳面值最大的貨幣，在東吳後期鑄造了更狠的錢：當泉二千、當泉五千。

無論是當泉一百，還是什麼當泉二千、當泉五千，這種非正常面值的錢進入商品流通領域，官府的目的很明確，就是敲詐百姓的財富。東吳的當泉一千出臺後，在流通市場上引發了大混亂，物價飛漲，商人百姓苦不堪言，民怨極大。

九年後（二四六），孫權才總算發了點善心，下詔進行自我批評，說當初不應該相信謝宏的鬼話，讓百姓們受苦了。隨後孫權廢除了所謂的當泉一千，同時回購民間的當泉一千，全部熔化。從這條史料上來看，東吳的當泉二千和當泉五千應該都是暴君孫皓的「傑作」。

吳蜀錢幣制度的混亂，導致吳蜀五銖的實際購買力非常不穩定，而曹魏流通的是幣值穩定的五銖，所以中原地區的經濟復甦，穩定的貨幣政策是其中一個重要原因。

在古代的經濟社會中，除了土地、絹布、貨幣之外，還有一種特殊的財政收入大宗，就是鹽利。鹽和糧食一樣，都是人為了保持正常生存狀態而必須吃的，「無鹽則腫」。

糧食能榷稅，鹽同樣也能榷稅，所以在很早以前，統治者就意識到了鹽對於國家財政的重要性。早在春秋時期，沿海諸國比如齊國就大興煮鹽，販鹽於列國，獲利無數。

漢末三國時期，雖然連年戰亂，但鹽利的問題依然受到了統治階層的高度重視。曹操手下的尚書郎衛覬就說過：「鹽，國之大寶也！」鹽利是國家財政的重要收入，所以鹽一直是官營的，但因戰亂，政府已經失去了對採鹽權的控制。私人霸佔鹽池，財富都流入了個人腰包。

衛覬建議通過強行的國家行政手段將鹽池的開採經營權收回來，然後實行專營，用賣鹽的收入購買國家需要的戰略物資，同時改善百姓的生活條件，穩定人心。曹操認為此議可行，只要霸住了鹽池，就不愁沒錢花了。如果不是兜裏缺銀子，曹操也不至於去掘古人的墳頭，發死人財，落得萬世罵名。

中原地區的主要鹽產地有河東、太原、渤海、雁門、漁陽、隴西、關中等地。鹽一般產於天氣乾燥少雨的地區，比如涼州的武威、酒泉，雍州的長安、天水、南安等地。在魏明帝曹叡在位期間，涼州刺史徐邈就修復隴西鹽池，司馬懿建議從冀州抽調五千精壯農夫赴關中採鹽，「以益軍實」。

魏國通過賣鹽發家致富，蜀漢也有辦法靠賣鹽發財。蜀漢境內有許多著名的鹽產地，比如臨邛、朐肕、西充國、牛鞞等地。與中原地區的鹽池不同，西南地區的鹽是通過開發鹽火井取得的。

益州的鹽產量非常豐富，賣鹽利潤非常高。劉備剛定益州時，就非常重視鹽的開採銷售工作，置鹽府校尉、司鹽校尉，專管鹽、鐵。《三國志．王連傳》就記載：「（王連）遷司鹽校尉，較鹽鐵之利，利入甚多，有裨國用。」在蜀漢政府的財政收入中，鹽利佔了相當大的一部分。

東吳的食鹽開採則是另外一種情況，這裏沿海，主要是通過煮鹽來賣錢。西漢的吳王劉濞「東煮海水為鹽，以故無賦，國用饒足」。僅靠賣鹽的收入就能養得起一個大國，足見鹽利之豐厚。

東吳的產鹽地主要有海鹽、高要、番海等地，都是沿海地區。東吳也設有司鹽校尉，專門負責鹽務。東吳的鹽產量是非常豐富的，東吳大將朱桓死後，因家境貧寒，孫權賜給朱桓家人五千斛鹽。當然辦喪事用不了這麼多鹽，這些鹽可以到市場上銷售，換取現錢。

三國經濟的事情，就講到這裏吧。

二二、三國法律制度

自從人類進入階級社會以來，維持社會等級秩序就成了統治者面臨的重要任務，統治階級需要什麼樣的規矩來管理龐大而複雜的社會？簡單來說，有兩把刷子，一把刷子是道德，一把刷子是法律。

孔子說過：「道之以政，齊之以刑。」道德是約束人們日常行為的禮儀規範，不具有強制約束力，全憑個人自覺。如果有人違反了道德標準，最多是「世人譏之」，也不能把人怎麼著。

法律則沒有道德標準那麼有人情味，法律是一把冰冷鋒利的劍，通過對犯事者的懲罰，來震懾人們，從而達到維護社會穩定的目的。當然，在等級社會中，「王子犯法與庶民同罪」這話是說給傻子聽的，千萬別信。所謂竊鉤者誅，竊國者侯，法律，從來都是統治階級鎮壓被統治階級的強有力武器。

在古代的社會體系中，法律具有非常重要的地位，《白虎通》有言：「聖人治天下，必有刑罰。」下面，我們就講一講三國的法律制度。

早在迷霧中的堯舜時代，就制定出了相關法律，比如有鞭刑、撲刑、流刑，甚至還有贖刑（花錢減罪）等。中國歷史上最早的一部國家刑法大典是《禹刑》，《夏刑》有刑法三千條，「大辟二百，臏辟三百，宮辟五百，劓墨各千」。之後的殷朝有《湯刑》，殷朝最有名的刑法就是「炮烙」，這是紂王的傑作。

到了周朝，刑法制度日趨完善嚴密，大致來說，周朝具五刑之法，「墨罪五百，劓罪五百，宮罪五百，刖罪五百，殺罪五百」。周刑的禮法等級制度非常嚴酷，規定殺親者處火刑、殺貴族者處磔刑（即車裂）。不過周朝法律中還有許多人性化的舉措，比如報仇自首者、殺盜賊者皆無罪。

戰國時代的刑法，尤其是秦國的刑法，較之周法更加殘酷，出現了滅族、具五刑（凌遲）、定殺（溺死）、阬（活埋）、腰斬、連坐等。秦法中有一條現代人非常熟悉：「失期，法皆斬。」就是說如果戍卒沒有按事先指定的時期達到服役地點，無論有什麼不可預料的客觀困難，所有人都要被殺掉，打響反秦頭炮的陳勝就是因為這個原因被逼反的。

秦朝大舉嚴刑酷法，最終亡國的教訓，被漢朝統治者引以為鑒。劉邦初入咸陽時，就頒布了著名的「約法三章」：殺人者死，傷人及盜抵罪。亂世當用重典，劉邦的輕刑政策並沒有改變社會治安混亂的局面。

不久後，相國蕭何以「三章之法不足以禦奸」為由，制定了「九章律」，在秦法的基礎上進行改進。九章是指：盜律、賊律、囚律、捕律、興律、戶律、雜律、具律、廄律。漢初的法律並沒有廢除夷三族、大辟等嚴刑酷法，一代戰神韓信就被夷了三族。

後來漢文帝劉恒認為肉刑太過殘忍，下詔廢除肉刑，將肉刑改為鞭刑（笞刑）。不過鞭刑最多時要打五百鞭子，輕的也有三百鞭，犯人基本上都被鞭死。笞刑和肉刑實際上沒什麼區別，無非是以牛易羊的把戲而已。

東漢初年以寬仁治世，所以廢除了嚴刑酷法，社會富足安定。東漢法律制度的敗壞，始於漢安帝劉祜，「法稍苛繁，人不堪之」。不過整體來看，東漢法律還是相對寬鬆的，甚至沒有肉刑。

到了漢獻帝初期，天下大亂，禮崩樂壞，法制不存。在這種嚴酷的社會背景下，統治階層意識到非嚴刑酷法不足以震懾奸人，「咸以為宜復肉刑」，主要代表人物是鄭玄、陳紀，只是因故未能施行。曹操迎獻帝入許，自權朝政，再一次將恢復肉刑提到了議事日程上，從而引發了法律史上著名的「肉刑辯」。

是否恢復肉刑，干係重大，曹操把這個議案交給了手下重臣們進行討論，徵求一下大家的意見。在這個問題上，只有兩個人堅決要求恢復肉刑，一個是司隸校尉鍾繇，一個是御史中丞陳群，其他人如王朗等則堅決反對恢復肉刑。

鍾繇雖然建議恢復肉刑，但同時主張用肉刑代替死刑，這樣既能震懾犯罪，又能活人一命，豈不善哉！陳群不太認同鍾繇以肉刑代替死刑的想法，但卻堅決認為不恢復肉刑，則不足以震懾犯罪。

曹操本人認可鍾繇、陳群的建議，要不然也不會提出這個議案。但由於反對派人數眾多，再加上戰事繁忙，無暇操辦此事，就暫時把恢復肉刑的事情擱置了下來。

到了曹丕時期，鍾繇再次提出了恢復肉刑的主張，只是當時魏國正與吳蜀兩國激烈交戰，也沒時間管這事，又擱置在一邊。幾年後，年邁蒼蒼的鍾繇再一次耐不住寂寞，第三次提出恢復肉刑。

鍾繇主張恢復肉刑以取代死刑，每年都至少救三千條人命，這些受肉刑者雖然身體殘疾，但還能生育。現在中原地廣人稀，正缺少人口，有了這些人口，就有賦稅，他們生育的下一代壯丁還可以服兵役。鍾繇的提案未必有些泥古不化，但出發點是好的。救人一命，勝造七級浮屠。

鍾繇的議案再次遭到了老朋友王朗的強烈反對，王朗認為鍾繇議案的出發點值得肯定，但王朗認為鍾繇純屬畫蛇添足。王朗的理由是現行法律中已經有「減死一等（由死刑改判為其他刑罰）」的輕罪處罰，這已經是法外開恩了。既然有「減死一等」條款的存在，又何必再多此一舉地恢復肉刑？

王朗和鍾繇一樣，同樣是站在政治高度來看待是否恢復肉刑的建議。王朗覺得現在天下尚未統一，如果現在就恢復肉刑，就等於授吳、蜀以柄，反過來對我們進行抹黑宣傳，不利於我們的統一。

王朗提出來一個補充議案：不如將肉刑改成服勞役。如果將犯罪的壯丁實行肉刑，他們就無法從事耕作，對國家財政收入造成一定負面影響。如果讓他們服役，則國家一來可以獲得許多收益，二來不用付報酬，豈不是更好。

這次參加會議的有一百多人，其中絕大多數人認同王朗的意見，魏明帝曹叡出於同祖、父一樣的考慮，顧及天下未定，不宜過早恢復肉刑，第三次擱置此案。王朗的議案比鍾繇案更符合人道主義，事實上王朗的建議對魏國刑法還是產生了一定影響，早在黃初四年（二二三）正月，曹丕就從增加人口的戰略角度考慮，下詔規定：凡民間有私自報仇者，皆滅三族。

在曹魏歷史上，總共有四次「肉刑辯」，第四次辯論是魏少帝曹芳正始年間，征西將軍夏侯玄、河南尹李勝、中領軍曹羲、尚書丁謐等人又討論恢復肉刑，但因反對派力量過大，最終還是不了了之。

終魏一代，還是沒有恢復肉刑制度，依然是「減死一等」作為死刑的次一級刑罰。關於「減死一等」，三國曹魏初期有一個著名案例，就是劉朱逼死兒媳案。曹丕時期，某地有個惡婆婆劉朱，她脾氣暴躁，做事狠戾。劉朱有一個兒子，先後娶了三房老婆，卻都被劉朱逼得精神崩潰，自殺身亡。

劉朱犯案後，官府最終給劉朱的定罪是「減死輸作尚方」，就是免除劉朱的死罪，畢竟三個兒媳不是劉朱親手殺的。但三個兒媳均是被劉朱逼死的，所以死罪可免，活罪難逃，罰到尚方監做苦力。因為這個案例比較特殊，沒有前例可循，曹丕為此專門下了一道《怨毒殺人減死之令》，明確規定了這種案件的定罪原則。

在古代的法律體系中，還有一種特殊的刑罰，就是污辱犯人的人格，從而「齊之以恥」，來達到威懾百姓的作用。比如曹魏施行的「完刑」、「髡（讀昆）刑」、「鉗刑」。

在這三種刑罰中，完刑最輕，只是剪掉犯人的鬢角，但不剪頭髮。被施行完刑的，通常不是什麼重犯，都是些雞毛蒜皮的小案子。髡刑比完刑要重一些，髡刑就是剪去犯人的長髮。

古人都留長髮的，所謂「身體髮膚，受之父母」。如果頭髮被剪了，這是非常丟人的。三國時期最著名的髡刑犯，是蜀漢的彭羕。彭羕就是因為被人誹謗侮辱益州牧劉璋，被剪掉長髮。

鉗刑比較特別，官府特製一個鐵項，套在犯人的脖子上，在服刑期間要一直戴下去。鉗刑的侮辱性並不比髡刑低，剪掉長髮還是個人，可戴上鐵圈算是什麼？狗才戴項圈。鉗刑把人變成了狗，這確實是對人的極大侮辱。

曹魏的法制情況先講到這裏，下面講一下蜀漢的法制情況。雖然曹魏是三國最強大的政權，而且曹魏的法律制度相較比較完善，但歷史知名度卻不如蜀漢。因為諸葛亮嚴法治蜀，成就了歷史上的一段佳話。

建安十九年（二一四），一代梟雄劉備耍盡了陰陽手段，終於將劉璋的益州吞下肚去。在新得益州之後，劉備統治集團有兩件非常重要的事情要做，一是穩定民心，一是制定適用於益州的法律制度。

劉備成立了一個由諸葛亮、法正、劉巴、伊籍、李嚴五人組成的法制小組，制定了成為蜀漢最高法律的《蜀科》。《蜀科》的具體內容今已失傳，但從諸葛亮嚴峻刑法治蜀，招致益州豪強強烈抵制的情況來看，《蜀科》的刑法比較嚴厲，量刑也比較重。

劉備、諸葛亮的法制思想總體來說，是傾向於法家的，以嚴治國。早在荊州時期，龐統因得不到重用，醉酒不理事，被劉備給免了官，可見劉備集團的早期就已經有了一套嚴格的官員獎懲制度。

統治益州之後，劉備、諸葛亮吸取了劉焉、劉璋父子濫施仁政，導致益州「德政不舉，威刑不肅……蜀土人士，專權自恣，君臣之道，漸以陵替」的混亂局面，制定了相當嚴厲的法律。通過打擊豪強的氣焰，限制豪強的不法之舉，來達到穩定益州的目的。

作為益州豪強的代言人，法正認為諸葛亮行法過於嚴厲，而且得罪了當地豪強，不利於對益州的統治。諸葛亮則反駁了法正所謂寬仁治國的謬論，諸葛亮考慮問題確實比法正要全面，他逐條批駁法正。

諸葛亮堅守住自己的原則，有句話他說得非常好：「寵之以位，位極則賤；順之以恩，恩竭則慢。」諸葛亮懂得「物以稀為貴」的道理，實行仁政只有在嚴刑峻法的背景下才有價值。這就像獎勵，如果對所有人都獎勵，那獎勵也就變得一文不值了。

治國在於治吏，治吏在於治人，治人之術，在於賞罰分明。濫賞則人不惜賞，濫罰則人心去矣。諸葛亮深明此理，所以在諸葛亮當政期間，他惜赦如命，從不肯以濫下大赦以爭取民心，這是一種短視行為。

諸葛亮關於大赦的思想是「治世以大德，不以小惠」。比如大仁政和小仁政，濫施寬仁是小仁政，只圖短期利益。而大仁政未必有小仁政那般能讓民眾享受到短期利益，但從長遠利益看，最終享受到大仁政成果的，還是百姓。

諸葛亮堅持自己的法家路線不動搖，他針對社會上反對他惜赦的觀點反駁說：「劉表、劉焉父子每年都要在境內實行大赦，卻並沒有人感激他們，只會讓社會變得更加混亂。」諸葛亮說的有道理，君王主政，手操二柄：一曰賞，二曰罰。賞罰分明才能得人心，不然，劉表、劉璋就是前車之鑒。

諸葛亮死後，他的繼承人費禕並沒有很好地執行諸葛亮的既定方針，胡亂大赦，結果費禕遭到了司農卿孟光的當眾指責。孟光的思路和諸葛亮是一致的，都認為應該惜赦，這樣才能保證大赦的權威性。

大赦的內容一般是除了死刑犯之外，其他一些輕刑犯都可以赦免。如果經常實行大赦，那麼法律的威嚴又如何體現？大赦本身是和現行法律相衝突的一種非常規法律行為，大赦就如同補藥，盡量少吃，當飯吃肯定是不行的。

蜀漢和曹魏一樣，沒有實行肉刑，但大體上的刑罰都差不多，比如有砍頭（棄市）、鞭刑、杖刑、幽閉（徒刑）、流徙。在三國中，內部形勢最為穩定的就是蜀漢，即使統治階層有權力鬥爭，也多是和風細雨的爭吵和拐馬腿，真正拔刀子的幾乎沒有。

蜀漢內部的穩定和魏吳內部血腥屠殺形成了鮮明對比，這不得不說是劉備、諸葛亮治蜀方向是正確的：團結多數人，孤立少數人。按理說，蜀漢用法最嚴，社會形勢卻最穩定，恰恰說明了蜀漢的嚴刑峻法是有成效的。

清人趙藩有句名聯：能攻心則反側自消，從古知兵非好戰；不審勢即寬嚴皆誤，後來治蜀要深思。無論是寬還是嚴，都要有個相對比，寬到極點必為亂，嚴到極點亦必為亂。蜀漢就很好地把握住了這個度，當寬則寬，當嚴則嚴，這才是治國的要務。

諸葛亮堅決推行嚴刑峻法，目標也非常明確，就是「法行則知恩，限之以爵；爵加則知榮」。其實在劉璋統治時期，益州還是有法律的，比如彭羕的髡頭事件。但在劉璋時代，法律對於豪強幾乎沒有什麼限制，豪強們也肆無忌憚地欺上凌下，導致益州社會一片混亂。劉備、諸葛亮以嚴刑峻法治蜀，基本上實現了維護益州穩定局面的目的。

至於東吳，東吳的法律比蜀漢還要嚴厲酷烈。劉備是個嚴守道德底線的君子，他為人寬厚，雖然蜀漢執法較嚴，但蜀漢嚴法主要是打擊豪強地主的，對百姓還算寬仁。孫權則與劉備相反，孫權為人尖酸刻薄，胸無大志。道德對孫權來說毫無約束力，孫權眼裏只有利益，沒有道德。

《三國志．吳主傳》記載了這麼一件事：黃龍五年（二二六）十月，荊州牧陸遜上表孫權，請求孫權「施德緩刑，寬賦息調」。陸遜的這道表章恰好證明了孫權在江東實行的暴政多麼不得人心，東吳法律嚴酷，百姓生活困苦，連陸遜這樣沒什麼道德底線的人都看不下去了，可見事態之嚴重。

陸遜從穩定統治的角度勸孫權發點善心，在天下三分，連年戰亂的歷史大背景下，穩定人心比什麼都重要。但孫權卻駁回了陸遜的表章，孫權的法制思想很簡單，就是鐵血鎮壓，他不管百姓有什麼苦衷，只要敢反對他的統治，統統都要消滅。

孫權認為制定法律的意義就在於「遏惡防邪，儆戒未然」。如果沒有嚴刑峻法，如何威懾不法分子？孫權到底是個官場高手，一個華麗的轉身，把自己打扮成一個仁厚長者。孫權說：「陸公認為刑法太重，可孤實行這些刑法，對孤有什麼好處？社會上那些不法分子為害百姓，孤這麼做也是出於無奈。」

其實早在此前一年，張昭就曾上表，認為「法令太稠，刑罰微重」。請孫權減輕刑罰力度，顧雍也認同張昭的看法。孫權下令有關方面從新審定刑法，但從一年後陸遜的上表來看，孫權只不過是做做樣子，糊弄張昭等老臣的。

不過陸遜的分量到底要比張昭重一些，孫權好歹要給陸遜三分薄面的。孫權可能是在輿論的強大壓力下，修改了一下相關刑法，然後寄給陸遜和諸葛瑾，讓他們再審一遍。這份修改後的東吳刑法施行的情況怎麼樣，史無明載。

三國的刑法從整體上來看，依然沒有脫離漢朝法律的範疇，只不過在細節上有所差別而已。比如說魏蜀吳各自刑法系統中最重的刑罰，肯定是慘無人道的滅族制度。

滅族制度在歷史上普遍存在，是專門針對謀逆者實行的殘酷刑罰，當然，被誅族者是否謀逆，勝利者說了算。滅族的具體施刑手段也不盡相同，有滅三族、滅五族、滅九族等幾種差別。不過在三國時代，普遍實行的是夷三族制度，即處死犯事者的父系一族、母系一族、妻系一族，無論老幼，一個都跑不了。

在三國之中，蜀漢被夷三族的例子只有一個，就是魏延被夷三族，還是個冤案。而魏吳兩國的失敗者被夷三族的例子特別多，粗略統計一下，不算曹操死前夷三族的例子，比如張邈、伏完、邊讓、袁忠、桓邵。

僅魏國正式建立之後，被夷三族的失敗者中，有名有姓的就有二十多人。尤其是王凌反司馬懿失敗，與王凌同反的那些人全部被夷了三族。曹爽被司馬懿除掉後，曹爽的心腹如丁謐、何晏、李勝、桓範等人俱被夷族。

東吳的情況更加糟糕，僅有名有姓的被夷三族的就有十五人，著名的如諸葛恪、滕胤、孫綝等，不太著名的有馬茂、朱貞、朱志、呂據等。其中西陵督步闡降晉，步闡一夥人被夷三族的有數十家，可以想見當時的場面非常血腥慘烈。

三國的具體刑法差別不大，但就法制思想和具體實施的情況來看，蜀漢最寬厚，是真正的以德治國，這不能不說是劉備、諸葛亮仁人之心的體現。至於魏吳，實際上都是以威立國，視民命如草芥。

拋開蜀漢連年北伐導致國困民窮這個因素，蜀漢的法律是最寬仁的，如果由蜀漢統一天下，是最符合廣大百姓利益的。可惜歷史沒有站在劉備這一邊，這是劉備的悲哀，也是歷史的悲哀。

二二、三國文學縱橫談（上）

在中國古代文學史上，如果按時代先後劃分，大致分為六個階段：一、先秦文學；二、兩漢文學；三、魏晉文學；四、隋唐文學；五、宋元文學；六、明清文學。

如果按文體風格來劃分，又可以大致分為「古風時期」和「近風時期」，以唐人韓愈在文壇上的出現為界，之前是「古風期」，之後是「近風期」。之所以這麼劃分，和政治史以及民族性格的改變大有關係。

在中國古代史上，安史之亂是個分水嶺，之前的歷史屬於粗略型發展，粗豪有餘，細密不足。而安史之亂後的歷史則正相反，屬於精細型發展，細密過了頭。中國人的民族性格也由此大受影響，之前的整體民族性格慷慨悲壯，有濃重的俠風。而安史之亂後，尤其是宋朝建立，最終改變了中國人的民族性格。政治史的細密型發展和民族性格的改變，也直接影響了文學發展的走向。

不過無論是在古風文學期，還是在近風文學期，整體的文學體系和思想都是一脈相承的，從而造就了輝煌燦爛的中國古代文學史。而放眼整個中國古代文學，我們不難發現，不管從哪個角度講，兩漢文學都無疑是具有里程碑意義的時代。

兩漢文學上承先秦，下啟魏晉隋唐，可以說是中國文學體系的重要成型期。漢朝的散文、賦、五言詩都極深刻地影響了之後的中國古代文學史，代表作主要有以散文類的《過秦論》《史記》《漢書》，賦類的《七發》《長門賦》《上林賦》，詩歌類的《古詩十九首》等。

兩漢文學的時代上限比較好理解，從劉邦建立西漢開始往後算，但兩漢文學的時代下限則相對比較模糊。在文學史上，魏晉南北朝時代是作為一個獨立的文學範疇。但其中有一個問題，就是開魏晉南北朝文學之先聲的建安文學，嚴格來說應該算是漢朝的，比如著名的文學集團「建安七子」大多數都死在曹丕廢漢建魏之前。

我們講三國文學的發展，就不可能不提到東漢末年的文學概況，這就像講三國不講曹操一樣。在政治史上，公認的三國上限是西元一八四年，黃巾大起義開始的那一年。而在文學史上，三國文學的上限則不好講，一般把東漢大文學家蔡邕被殺的那一年（一九二）當成三國文學的上限。

說句比較刻薄的話，如果不把蔡邕、蔡文姬父子倆、建安七子算進三國文學的範疇，那能扛起三國文學這杆大旗的只有三曹父子了（嚴格說曹操還是東漢人），星光較之前的兩漢，之後的兩晉南北朝，實在過於黯淡。借用一句名言：從哪講起呢（做聳肩攤手狀）？還是從蔡邕講起吧。

蔡邕可不是一般意義上的著名文學家，在東漢末年的文壇，蔡邕是公認的一代宗師，連一代梟雄曹操都是蔡邕的徒弟。雖然蔡邕的仕途坎坷不平，以蔡邕呆頭呆腦的模樣，在鐵公雞琉璃貓盤踞的官場上也混不出來。因為蔡邕得罪了司徒劉郃和將作大匠陽球，被人給參了，最終朝議將蔡邕定為死罪。幸虧善良的大太監呂強可憐蔡邕無罪遭誅，在漢靈帝面前說了幾句好話，蔡邕保住了性命，被處以髡鉗刑，趕到朔方喝涼風去了。蔡邕天生就不是吃官場飯的，他真正的舞臺，還是在文壇上。

歷史沒有記住官場上那個小小的左中郎將蔡邕，卻牢牢記住了一代文壇宗師蔡邕。蔡邕的傳世作品非常多，而且可喜的是量多質優，而且題材範圍非常廣，無論是詩、賦、銘、碑、箴等題材，蔡邕均信手拈來。有時不得不相信有些人的絕世才華確實是天生的，比如蔡邕，再比如李白、蘇軾。

在兩漢文學體裁中，最重要的無疑是賦，能不能寫得一手好賦，是衡量漢朝文人文學水準的重要標準，就如同唐人寫詩、宋人寫詞一樣。蔡邕的賦流傳下來的不算多，只有十幾篇，而且多是短篇，有許多篇的內容都殘缺不全。

因為殘缺不全，蔡邕的賦在文學史上都不算太知名，但有一篇殘賦寫得筆墨極佳，和作賦曹植相比也不遑多讓，就是《協和婚賦》。這篇賦是寫一對新人結婚場景的描寫，行文一唱三歎，文采飛揚，讓人愛不釋手。《協和婚賦》的殘篇如下：

惟情性之至好，歡莫備乎夫婦。受精靈於造化，固神明之所使。事深微以元妙，實人倫之端如。考遂初之原本，覽陰陽之綱紀。乾坤和以剛柔，艮兌感其脢腓。葛覃恐其失時，摽梅求其庶士。惟休和之盛代，男婦得乎年齒。婚姻協而莫違，播欣欣之繁祉。良辰既至，婚禮以舉。二族崇飾，威儀有序。嘉賓僚黨，祈祈雲聚。車服照路，驂騑如舞。既臻門屏，結軌下車。阿傳御豎。雁行蹉跎。麗女盛飾，曄如春華。……其在近也，若神龍采鱗翼將舉。其既遠也，若披雲緣漢見織女。立若碧山亭亭豎，動若翡翠奮其羽。眾色燎照，視之無主。而若明月，輝似朝日。色若蓮葩，肌若凝蜜。……長枕橫施，大被竟床，莞蒻和軟，茵褥調良……粉黛弛落，髮亂釵脫（以下未完）。

在《協和婚賦》殘篇的第一段，蔡邕通過對新人的祝福，從倫理綱常的角度談了婚姻對社會發展的重要性，可以看出蔡邕是個正統的儒家知識份子。隨後蔡邕筆鋒一轉，將鏡頭拉向府宅門外：新人坐著華麗大車快樂地馳來……

第二段，蔡邕將鏡頭對準了美麗的新娘，尤其是「其在近也，若神龍采鱗翼將舉。其既遠也，若披雲緣漢見織女」。華麗得讓人吐血，不愧是文壇宗師。如果不是看到這篇賦的署名是蔡邕，十有八九會認為這是曹植的傑作。第三段是描寫洞房內的擺設，床上鋪著錦被，床頭橫放著一條長枕，洞房裏洋溢著一片喜氣。至於第四段的七個字，純粹是新人行夫妻大禮的激情寫真了。

與其說蔡邕的這篇《協和婚賦》是一篇賦，不如說是一場婚禮的現場紀實。這篇賦的鏡頭感非常強，由遠而近，層層鋪開，而且詞藻華麗，展示了蔡邕駕馭文字的超強功力。

蔡邕不僅賦寫得好，更牛叉的是蔡邕的書法，也是千古一絕。蔡邕的書法理論和書法創作都在文學史上產生了重大的影響，尤其是蔡邕在書法理論上的貢獻。蔡邕有兩篇經典的書法理論文章：《篆勢》《隸勢》，奠定了以後中國書法的主流行態。

最有意思的是蔡邕提出了書法字畫的起源，蔡邕認為古人創作書法字畫是受到了鳥類的影響。鳥兒在雪地上或其他能留下印跡的地方，用爪子來回刨踢，所謂「書畫之始，因於鳥跡」。古人受到了鳥兒用爪子「創作」的啟發，這才有了書畫。

蔡邕對書法發展最大的貢獻就是提出了「九勢」理論，所謂九勢，是指書法創作中的九種筆法：落筆、轉筆、藏鋒、護尾、疾勢、掠筆、澀勢、橫鱗。蔡邕認為書法貴在自然，切不可過於雕琢，而且字寫得不能「筆而藏鋒」，含蓄才能產生美。

客觀來講，蔡邕在歷史上的知名度不算很高，晚輩的陳琳都比蔡邕知名多了。造成這種現象的最主要原因，是蔡邕沒有一部代表性的作品。南朝宋人范曄如果不是寫了一部名垂千古的《後漢書》，誰知道這個會彈琵琶的黑胖子是哪路尊神？可以說范曄成就了《後漢書》，也可以說《後漢書》成就了范曄。

早在范曄作書之前，就已經有許多史家撰寫了《後漢書》，經過歷史的淘汰，范曄的《後漢書》最終大浪淘沙始見金，笑到最後。只是不知道范曄的對手如果是蔡邕，范曄還能笑到最後嗎？恐怕很難。

在東漢末年的官場上，蔡邕是近乎所有人都公認的最有資格撰寫《後漢書》的史學家，除了蔡邕，沒有第二人選。蔡邕也以撰《後漢書》為人生最重要的目標，他在正式撰寫後漢史之前，就已經開始了創作，比如寫成了漢靈帝紀，和列傳四十二篇，如果再給蔡邕十年時間，蔡版《後漢書》必將橫空出世。

可惜，蔡邕在即將達到人生最高峰時，突然掉進了一場可怕的政治漩渦，最終不僅終結了蔡邕的生命，也毀掉了一部偉大的史書。因為蔡邕經常受到權臣董卓的賞識，所以王允在除掉董卓後，對董卓同黨進行政治清算時，把矛頭對準了蔡邕，將蔡邕下獄。

蔡邕被捕的消息傳開後，官場一片譁然，近乎所有的官場名士都向王允求情，請放蔡邕一條生路，不然誰來寫國史？可迂腐的王允卻拒絕了天下士人的求情，結果蔡邕不幸死在獄中。

噩耗傳出來，天下譁然，這可是文壇宗師蔡邕啊，國寶級的人物，說沒就沒了，誰不痛心？士林中人「莫不流涕」，可見蔡邕的江湖地位之高。鄭玄在東漢士林江湖中的地位不用多說，也是國寶級的人物。鄭玄得知蔡邕之死，仰天長歎：「漢世之事，誰與正之！」漢史沒人寫了！

還有一件事情更加可惜，蔡邕生前寫得幾十篇後漢人物的列傳，都在不久後的李傕、郭汜之亂中散失殆盡，連殘本也沒有留下來。所幸的是，後來曹操請蔡邕的女兒蔡文姬將蔡邕的詩文都背誦下來，勉強留下了一部分。如果蔡邕的作品一篇都沒有流傳下來，這將是文學史上空前的災難。不因為別的，只因為他是蔡邕！獨一無二的蔡邕。

在漢朝文學體系中，賦的地位就相當於詩在宋朝前期的崇高地位，而漢詩（五言詩）的地位則相當於早期宋詞的地位差不多。在宋朝相當長的時間內，宋朝文學的主流文學形式還是詩，詞只是「詩餘小技」，這方面的代表人物是陸遊。

漢朝的詩也是如此，要成為公認的大文學家，首先要會寫一手好賦。我們都非常熟悉漢高祖劉邦的《大風歌》和西楚霸王項羽的《垓下歌》，其實嚴格來說，這兩首「詩」都是短賦。

比如東漢大文學家班固的一首《白雉詩》：「啟靈篇兮披瑞圖，獲白雉兮效素烏。嘉祥阜兮集皇都，發皓羽兮奮翹英，容絜朗兮於純精。彰皇德兮侔周成，永延長兮膺天慶。」在梁昭明太子蕭統編撰的《文選》中就被列為賦類。

賦之後才是詩，而且兩漢流行的詩體主要是四言詩，五言詩成型於西漢後期，在東漢中前期的文壇上沒什麼地位。東漢末期，五言詩才開始盛行起來，講到五言詩，就不能不提被明朝大文學家王世貞譽為「千古五言之祖」的《古詩十九首》。

從某種程度上講，《古詩十九首》在中國詩歌史上的地位，就像是中國詞史上的《李後主詞》、中國小說史上的《三國演義》，地位極為崇高。《古詩十九首》的出現，極大地改變了漢代文學體系的版圖，五言詩從此擠掉了四言詩，成為與賦並駕齊驅的主流文體，直接影響了魏晉南北朝的五言詩、七言詩的發展，最終對震撼千古的唐詩產生了極為重大的影響。

在《古詩十九首》中，個人認為最富有藝術表現力的，應該是第十四首《生年不滿百》：「生年不滿百，常懷千歲憂。晝短苦夜長，何不秉燭遊！為樂當及時，何能待來茲。愚者愛惜費，但為後世嗤。仙人王子喬，難可與等期。」

這首《生年不滿百》詩在藝術思想上屬於道家的出世詩，詩中瀰漫了絕望和故作灑脫的情緒，有些像蘇軾的那首名作《臨江仙》：「小舟從此逝，江海寄餘生。」《生年不滿百》可以說是在一定程度上開了魏晉士林的狷狂不羈，厭世超脫的先河。

在東漢末年的五言詩體系中，並行著兩駕馬車，一駕馬車是《古詩十九首》，另一駕馬車就是大名鼎鼎的《漢樂府詩》。樂府是漢武帝劉徹時設立的一個國家音樂機關，專門收採全國各地的音樂作品，供朝廷在大型禮儀活動中使用。到了東漢中後期，樂府逐漸成為一種獨立的文學形式。

客觀來說，《漢樂府詩》在民間的知名度要高於《古詩十九首》，其中有許多我們耳熟能詳的名篇，比如著名的《上邪》、《陌上桑》、《十五從軍征》、《孔雀東南飛》、《江南可採蓮》等。

如果說《古詩十九首》影響了唐五言詩、七言詩的發展，那《漢樂府詩》就可以稱為唐樂府詩的鼻祖。唐樂府詩中有許多名篇至今為人們所熟吟，僅詩仙李白就有樂府詩一百三十多篇，如《蜀道難》、《將進酒》、《梁甫吟》、《戰城南》、《俠客行》、《白馬篇》、《行路難》，還有很多。

在上面提到的四首《漢樂府詩》中，《上邪》篇幅最短。只有三十五個字，但《上邪》的藝術表現力卻讓人震撼。《上邪》的全文如右：「上邪！我欲與君相知，長命無絕衰。山無陵，江水為竭，冬雷震震，夏雨雪，天地合，乃敢與君絕。」

這是一首極著名的愛情詩，詩中的女主人公表達對愛情忠貞的方式非常別出心裁，她對上天發誓，除非高山崩塌、河水枯乾、冬天打雷、夏天下雪、天地不復存在，她才會熄滅愛情之火。這份濃烈的愛，強烈震撼了久已麻木的世俗心靈，除了震撼，更多的是感動。在這個冰冷的世界上，還是有真愛存在的。

如果要在眾多的樂府詩中找一篇從分量上能扛起樂府詩大旗的作品，相信得票最多的一篇，十有八九是《孔雀東南飛》，名氣實在太大了。早在唐朝時，詩仙李白就寫了一首《廬江主人婦》：孔雀東飛何處棲？廬江小吏仲卿妻。為客裁縫君自見，城烏獨宿夜空啼。而且拋開內容不說，僅「孔雀東南飛」這個名字，就已經成為一句家喻戶曉的俗語。《孔雀東南飛》之所以在文學史如此著名，一個最重要的原因：這是一篇催人淚下的愛情悲劇敘事詩。人都是愛哭的感情動物，最容易受到這種悲情的打動，為什麼項羽這麼受歡迎，並不是他武功有多厲害，而是他和虞姬有一段感動千古的愛情悲劇。

《孔雀東南飛》講的是在漢獻帝建安年間，廬江郡小吏焦仲卿的母親不喜歡兒媳婦劉氏，逼兒子休掉了劉氏。劉氏是個氣節非常剛烈的女人，她回到娘家後，為了保持她對焦仲卿的愛，發誓永不再嫁。娘家人可能是替劉氏尋到了一個好婆家，就逼劉氏再嫁。劉氏抵死不從，最終悲涼地投水自盡。當焦仲卿聽到妻子自盡的消息，這個情種號啕痛哭，上吊殉妻。焦仲卿忠貞悲壯的愛情故事傳開之後，「時人傷之」。不知道是哪位大才子，寫下了這首名震千古的《孔雀東南飛。》

《孔雀東南飛》是中國詩歌史第一首長篇敘事詩，不算序言，正文共有二千一百多字。二千多字的詩，在詩歌體系中算得上是龐然大物，沒有高超的藝術表現力，是很難駕馭好這樣超長的詩篇。

這首《孔雀東南飛》和上面講的蔡邕那篇《協和婚賦》的體裁一樣，不過《協和婚賦》更像是一組特寫鏡頭，而《孔雀東南飛》則是以五言詩的形式講述了焦仲卿夫妻殉情的過程，從頭至尾講得非常詳細，可以把《孔雀東南飛》看成是一篇五言體的敘事小說。

因為這個愛情悲劇在封建禮教時代太具有典型性了，純潔的愛情在封建禮教的高壓之下非常的脆弱。劉氏和焦仲卿都無力反抗，他們唯一能做的，就是用死來抗議吃人的封建禮教，用生命來捍衛自己的尊嚴。

長篇敘事詩因為篇幅很長，所以除了敘事之外，作者還有足夠的空間進行評論。《孔雀東南飛》詩中的作者評論卻只有最後兩句：「多謝後世人，戒之慎勿忘。」不過這兩句評論起到了畫龍點睛的效果，達到警醒後世的作用。

二三、三國文學縱橫談（下）

在兩漢文學史和三國文學史上，蔡邕注定是個繞不過去的人物，可以將蔡邕歸入兩漢文學，也可以將蔡邕歸入三國文學。可以說蔡邕死於東漢末年，也可以說他死於三國早期。從這個角度講，蔡邕正好處在兩漢文學向三國文學過渡的關鍵時期，他上承兩漢，下啟魏晉，歷史地位非常崇高。

上面也講了，因為蔡邕沒能留下一部代表作，他在歷史上的知名度還不如他的晚輩。說到蔡邕在三國文壇上的晚輩，主要有兩個文學集團，這兩撥人在文學史上的名氣都震破天。一撥是建安七子文學集團，一撥是三曹父子文學集團，我們先來講一講著名的建安七子。

「建安七子」這個稱呼是魏文帝曹丕提出來的，在曹丕著名的文學批評名作《典論》中提到了當時文壇上七位著名的作家，他們是魯國人孔融、廣陵人陳琳、山陽人王粲、北海人徐幹、陳留人阮瑀、汝南人應瑒、東平人劉楨。

在魏晉文壇上，建安七子和竹林七賢並駕齊驅，難分高下。就各自文學集團中的地位而言，在竹林七賢中，嵇康和阮籍地位稍高一些，其他人氣場相對偏弱。建安七子也有這樣的情況，孔融和王粲的名氣最大，氣場最強。孔融我們講過了，下面講一講王粲。

王粲的家世非常顯赫，他的曾祖父王龔在漢順帝時任過太尉，祖父王暢在漢靈帝時任過司空，屬於漢末官場的一線重臣。王暢是和名臣李膺齊名的士林名士，因為王暢和李膺堅決反對宦官干政，遭到宦官的廢黜，由是在士林中打出了好名聲。王粲出身於清流名門，也決定了他必定要在文壇混飯吃。

王粲可不是一般文人，在王粲十幾歲的時候，他就受到文壇宗師蔡邕高看，每次王粲來蔡府，蔡邕都要親自出門迎接。以蔡邕的身分，如此紆尊降貴，可見王粲的才華足以折服蔡邕。蔡邕甚至把王粲當成了自己在文壇上的繼承人，「吾家書籍文章，盡當與之」。

後來因天下大亂，王粲避難荊州，可能由於王粲身材短小，其貌不揚，得不到向來以貌取人的劉表的重視，鬱鬱不得志。直到曹操南下荊州時，王粲才重新回到中原文壇。曹操用人向來是唯才是舉，何況他又是文壇領袖，自然與王粲惺惺相惜，重用王粲。

王粲在政壇上沒什麼作為，他主要的貢獻是在文壇上，這裏才是他的樂土。在建安七子中，孔融和王粲最為知名，但孔融長於賦、文而短於詩，孔融很少寫詩。

王粲正相反，雖然王粲也寫過佳賦，比如著名的《登樓賦》，還有《浮淮賦》《出婦賦》《寡婦賦》，但真正讓王粲名重天下的，還是他的五言詩。梁人劉勰稱王粲為「七子之冠冕」，從某個角度來看，是有一定道理的。

說到王粲詩的代表作，非那首著名的《七哀詩第一》莫屬，全詩如下：

「西京亂無象，豺虎方遘患。復棄中國去，委身適荊蠻。親戚對我悲，朋友相追攀。出門無所見，白骨蔽平原。路有饑婦人，抱子棄草間。顧聞號泣聲，揮涕獨不還。『未知生死處，何能兩相完？』驅馬棄之去，不忍聽此言。南登霸陵岸，回首望長安。悟彼下泉人，喟然傷心肝。」

這首詩描寫得是董卓死後，李傕、郭汜擁兵作亂，王粲從長安南下荊州避難，看到百姓深陷戰亂的慘狀。其中兩句「出門無所見，白骨蔽平原」成為後世對漢末亂世的經典評語。「路有饑婦人，抱子棄草間。」寫得非常真實，觸動人們心靈最脆弱的那根弦，心酸，悲痛，讓人不忍卒讀。

這首《七哀詩》運用的是樂府詩的白描手法，樸實無華，鏡頭感非常強，就像是一部王粲南逃過程所見所聞的紀錄片。而另外一首在荊州避難時寫的《七哀詩》則顯示了王粲高深的文學功底和文字掌控能力，《七哀詩第二》給人的感覺不像詩，而是一篇五言詩形式的短賦。詩中對仗工整，詞藻華麗，詩如下：

荊蠻非我鄉，何為久滯淫？方舟泝大江，日暮愁我心。山岡有餘映。岩阿增重陰。狐狸馳赴穴，飛鳥翔故林。流波激清響，猴猿臨岸吟。迅風拂裳袂，白露沾衣襟。獨夜不能寐，攝衣起撫琴。絲桐感人情，為我發悲音。羈旅無終極，憂思壯難任。

這首詩最特別的地方，還不在於詩的內容，而是暴露了以王粲為代表的避亂於南方的中原士人的優越感，他們雖然暫時遠離中原，但他們無時無刻不想回到中原。在漢魏時代，中國的經濟、文化中心還在黃河流域，長江流域還沒有大規模開發，所以在絕大多數士人的眼中，中原才是他們的天堂。

西元二〇八年，荊州牧劉表病死，次子劉琮襲位，隨後曹操大舉南下，避難荊州的王粲夥同傅巽、蒯越等人，勸說劉琮投降曹操。其實就算劉琮不降，只要劉琮願意放王粲等人北歸，這些人會立刻捲起鋪蓋，歡天喜地地找曹操要飯吃。江東張昭那夥名士也是這樣想的，可惜他們的春秋大夢被周瑜給攪黃了。

說到建安七子的知名度，孔融和王粲之後，可能就要算得上是陳琳了。甚至從作品的傳播度來看，陳琳還要在王粲之上，因為陳琳曾經寫過一篇在歷史上超級有名的文章《為袁紹檄豫州文》，就是替曹操治癒頭風病的那篇名作。

陳琳是漢魏晉時代文壇中一文成名的典型，雖然陳琳寫過不少精品詩作，但歷史唯獨記住了陳琳這篇名垂千古的檄文。這篇《為袁紹檄豫州文》與隋末祖君彥《為李密檄洛州文》、唐朝駱賓王《為徐敬業討武瞾檄》、明初宋濂《奉天討元檄》可以並稱為檄文史上的四大經典名篇。

陳琳這篇檄文站在袁紹的立場上痛罵曹操，曹操做過的醜事都曬在光天化日之下，連曹操的祖宗八輩也被陳琳給拎出來罵了個遍，罵得真叫狠！不過這篇檄文對後世作出的最大貢獻，是陳琳提到了曹操盜墓的事情，比如曹操設立發丘中郎將和摸金校尉。

一般來說，政治目的極強的檄文在文采上總嫌不足，但以上這四篇檄文之所以能名傳後世，一是文章的氣勢霸道雄壯，一是文章的詞藻華麗驚豔。這四篇檄文的作文者陳琳、祖君彥、駱賓王、宋濂都是當時文壇重將，文筆自不必多說。沒兩把刷子，靠什麼在文化圈子中混？

《為袁紹檄豫州文》氣勢磅礴，最精彩的一段是：「幕府奉漢威靈，折沖宇宙；長戟百萬，胡騎千群；奮中黃育獲之士，騁良弓勁弩之勢；并州越太行，青州涉濟漯；大軍泛黃河而角其前，荊州下宛葉而掎其後：雷震虎步，並集虜庭。若舉炎火以焫飛蓬，覆滄海以沃熛，有何不滅者哉！」寫得何其霸道！可惜袁紹是個銀樣鑞槍頭，最終敗給了曹操。幸虧曹操胸懷博大，沒殺陳琳，要換成是心胸狹窄的孫權，陳琳不知道死過多少回了。

建安七子中的阮瑀是個比較特殊的人物，如果說知名度，他不如孔、王、陳，但若論子孫的知名度，那就太響亮了。竹林七賢兩大領袖之一的阮籍，就是阮瑀的兒子，而另一個狂生阮咸，是阮瑀的孫子。能在建安七子和竹林七賢都打下地盤的，僅阮氏一家，別無分店。

在曹操的幕府中，阮瑀是和陳琳齊名的兩大文案秘書。陳琳因為《為袁紹討豫州文》而名聲大噪，阮瑀詩、賦、文皆能應手，比如詩有《駕出北郭門行》、賦有《箏賦》《止欲賦》。其實阮瑀的文章同樣了得，阮瑀也有一篇相當於檄文的文章，就是《為曹公作書與孫權》，但這篇絕妙的文章卻沒什麼名氣。

這篇書信最有意思的地方是曹操公開抹黑周瑜在赤壁之戰和江陵之戰的功勞，文章雖然是阮瑀寫的，但卻是曹操審閱過的，所以可以代表曹操的態度。曹操說赤壁之戰是曹軍遭到疫疾，自己主動燒船退還，江陵之戰也是曹操主動命令曹仁撤軍的，和周瑜沒半毛錢的關係。

曹操之所以讓阮瑀寫這封書信，主要目的是打算修好與東吳的外交關係，勸孫權聽張昭的和議，與他聯合，共擊劉備。這時孫劉兩家已經聯合，曹操看得著急，就想挑撥孫劉的聯盟關係。

可孫權也不是傻子，孫權和曹操聯合起來滅掉劉備，曹操下一個就會拿他開刀。雖然曹操的戰略目的沒有達到，但阮瑀的這篇好文章卻幸運地保留了下來，為後世研究三國歷史留下了一份重要的文獻，這也是阮瑀對歷史作出的重要貢獻吧。

就像提竹林七賢很少提到山濤、王戎一樣，在建安七子中，徐幹、應瑒、劉楨相對比較陌生，但名氣和能力並不完全成正比，比如賀方回名氣不如周美成，但誰能說賀鑄寫詞不如周邦彥？能進入建安七子的，都是當時文壇最頂尖的才子，沒兩把刷子，進得去嗎？

徐幹賦、詩俱佳，可惜徐幹的賦現在多是殘篇，比如《齊都賦》，其中有兩句寫得最精彩：「皓皓乎若白雪之積。鄂鄂乎若景阿之崇。」徐幹的詩流傳不多，比較有名的是《室思詩》六首，描寫妻子抒發對遠行丈夫的思念，寫得非常真摯動情。

第三首寫得尤其好，詩如下：「浮雲何洋洋，願因通我辭。飄飄不可寄，徙倚徒相思。人離皆復會，君獨無返期。自君之出矣，明鏡暗不治。思君如流水，何有窮已時。」「思君如流水，何有窮已時。」這一句最精彩，將思念比喻成滔滔不絕的江水，江水永遠不會停歇，妻子對丈夫的思念也永遠不會停止，非常的感人。

劉楨也長於寫詩，以《贈五官中郎將（曹丕）四首》最為知名。劉楨的風格相對同時代的其他文學家，他的風格漸趨於悲壯蒼涼，錚錚有不平之鳴。可以說劉楨的詩與唐邊塞詩的風格有些接近，如贈曹丕詩的第三首有兩句寫得很有這種味道：「秋日多悲懷，感慨以長歎。」

至於應瑒，留下來的作品極少，但他的那首《侍五官中郎將建章台集詩》卻達到了很高的藝術境界。應瑒的風格和劉楨比較接近，比較崇高自然流暢的風格，比如這首詩的前幾句：「朝雁鳴雲中，音響一何哀。問子遊何鄉，戢翼正徘徊。」一筆由心聲，自然而出，不見絲毫做作。

建安七子是與三曹、蔡邕父女齊名的漢魏文學集團的代表人物，但在漢魏文壇上活躍的遠遠不只這十二個人，還有許多名動當時的文學家，比如繁欽（繁讀「婆」）、王修、丁沖等。

繁欽是曹操的丞相府主簿，因為長時間在曹丕身邊周旋，所以繁欽和曹丕的私交極好。曹丕本身就是個大才子，能留在他身邊侍從的，也都是當時的頂尖才子。繁欽能詩能賦，雖然他的文名不太響亮，但繁欽有一首詩寫得極好，就是那首描寫女人衝破封建禮教，自主擇偶的《寄情詩》（又名《定情詩》）。

這首《寄情詩》是一篇樂府詩，可能是這首詩與封建禮教嚴重衝突，封建衛道士們自然不會宣傳這首情詩。但無可否認的是，就創作手法來看，繁欽的才氣得到了最大程度上的釋放，如行雲流水，一洩千里，是漢魏詩的極品之作。

這首《寄情詩》的前半段寫得非常「露骨」，這個女人追求愛情的方式大膽而熾烈，當她出門遊玩時，看到一個美男子，兩人一見鍾情，當即就開房間嘿咻了。然後兩人在榻上卿卿我我，說了許多海枯石爛的甜言蜜語。

看得出，詩中的女主人公愛上了這個男人，兩人約定了時間，準備下一次的幽會。兩人分手後，女主人公歡天喜地地在約定時間等待情郎的出現，可從早晨到傍晚，這個男人始終沒有出現。詩的後半段，就是這個傻女人癡情等待的心理過程的描寫。

在上午的時候，女主人公還抱有一絲希望，可能是情郎有事耽誤了時間。女主人公有些埋怨，但這種埋怨是建立在幸福的企盼基礎上的。到了傍晚，「日暮兮不來，淒風吹我襟」。

女主人公終於發現自己上當了，那個男人根本不愛自己，他只是把自己當成一個他感情世界中的過客，滿足了他的欲望，僅此而已。女主人公非常傷心，「自傷失所欲，淚下如連絲。」她在悲壯的夕陽下失聲痛哭，用哭聲宣告這段短暫愛情的結束。

這首詩很長，但這首詩是漢魏詩中難得的愛情詩精品，不忍割愛，還是全篇摘錄下來吧，詩如下：

我出東門遊，邂逅承清塵。思君即幽房，侍寢執衣巾。時無桑中契，迫此路側人。我既媚君姿，君亦悅我顏。何以致拳拳？綰臂雙金環。何以道殷勤？約指一雙銀。何以致區區？耳中雙明珠。何以致叩叩？香囊繫肘後。何以致契闊？繞腕雙跳脫。何以結恩情？美玉綴羅纓。何以結中心？素縷連雙針。何以結相於？金薄畫搔頭。何以慰別離？耳後玳瑁釵。何以答歡忻？紈素三條裙。何以結愁悲？白絹雙中衣。與我期何所？乃期東山隅。日旰兮不來，谷風吹我襦。遠望無所見，涕泣起踟躕。與我期何所？乃期山南陽。日中兮不來，飄風吹我裳。逍遙莫誰睹，望君愁我腸。與我期何所？乃期西山側。日夕兮不來，躑躅長歎息。遠望涼風至，俯仰正衣服。與我期何所？乃期山北岑。日暮兮不來，淒風吹我襟。望君不能坐，悲苦愁我心。愛身以何為，惜我華色時。中情既款款，然後克密期。褰衣躡茂草，謂君不我欸。廁此醜陋質，徙倚無所之。自傷失所欲，淚下如連絲。

和繁欽相比，另一位魏國名臣王修（曹操任命的司金中郎將就是他）留下的作品並不多，但他有一篇教育子女的《試子書》，沒什麼華麗的詞藻，但感情真摯，體現了一個父親對在外打拼的兒子的關心和懷念。

我們都知道劉備那著名的《敕後主詔》，告誡兒子劉禪要「勿以惡小而為之，勿以善小而不為。惟賢惟德，能服於人」。王修在《試子書》中也告誡兒子：「禹不愛尺璧，而愛寸陰，時過不可還。……聞一得三，志在善人。……言思乃出，行詳乃動。」

世界上最大的浪費就是浪費時間，每個人的青春只有一次。王修擔心兒子在外面學壞，就要求兒子多和有德行的高人接觸，學習他們的長處，人存在的過程就是一個不斷學習充實的過程。並勸誡兒子做事不要衝動，無論做什麼事情，都要先考慮清楚再做。衝動是魔鬼，千古皆然。

上面也講了，漢魏文壇的主要人物包括建安七子、三曹和繁欽等人。歷史上有三組著名的父子文學集團：魏國的曹操、曹丕、曹植；梁朝的蕭衍、蕭綱、蕭繹；北宋的蘇洵、蘇軾、蘇轍。

三曹和三蕭都是帝王，這就決定了他們在當時文壇上的領袖地位。蕭衍的文壇領袖地位稍弱一些，畢竟在他的前面還有個老妖精沈約，而曹操在漢魏文壇則獨步天下，蔡邕之後，文壇領袖非曹操而誰？

以曹操為首的曹氏父子文學集團在漢魏文壇上賺盡了風流，與三曹同時代的劉備父子、孫權父子根本就不會寫詩，賦也沒見到一篇。曹操和曹丕的一些文壇事蹟在之前的第十八章、第十九章都講過了，曹植也講了一些。為了節省篇幅，下面講一講曹植的那篇超級名作《洛神賦》。

如果曹操的《短歌行》可以稱為漢魏詩的旗幟性作品，那曹植的《洛神賦》則當之無愧地坐上漢魏賦的頭把交椅，論文采、論影響，漢魏還沒有哪篇賦超過《洛神賦》，曹植的另一篇名作《銅雀台賦》在氣勢上總感覺稍弱一些。

《洛神賦》和一個傳說中的悲劇愛情故事有關，曹植和他的嫂子甄宓的關係一直不清不楚，甄宓死後，曹植帶著複雜的感情，寫下了這篇賦。《洛神賦》本來叫《感甄賦》，也有一說稱為《感鄄賦》（鄄城——曹植封地）。魏明帝曹叡覺得《感甄賦》這個名稱太敏感，為了避他母親甄宓的諱，就強行改名。

在曹植之前的漢魏文壇上，有許多文人都寫過夢見女神的賦，比如王粲、陳琳都寫過，難說曹植沒有受到他們的影響。這類神女賦的共同特點是明虛暗實，都是借用一個虛幻的夢境，來影射世俗的某種感情存在，曹植的《洛神賦》也是如此。

王粲的《神女賦》已經寫得非常華麗，比如這句「戴金羽之首飾，珥照夜之珠璫；襲羅綺之黼衣。曳縟繡之華裳」。曹植在王粲華麗賦風的基礎上更進一步，曹植在《洛神賦》中也借用了王粲的名句，改成了「披羅衣之璀粲兮，珥瑤碧之華琚。戴金翠之首飾，綴明珠以耀軀。踐遠遊之文履，曳霧綃之輕裾」。

不過在《洛神賦》中，公認最經典，也是傳唱最多的是以下這一段：

「其形也，翩若驚鴻，婉若遊龍，榮曜秋菊，華茂春松。仿佛兮若輕雲之蔽月，飄飖兮若流風之回雪。遠而望之，皎若太陽升朝霞。迫而察之，灼若芙蕖出淥波。襛纖得衷，修短合度。肩若削成，腰如約素。延頸秀項，皓質呈露，芳澤無加，鉛華弗禦。雲髻峨峨，修眉聯娟，丹唇外朗，皓齒內鮮。明眸善睞，靨輔承權，瓌姿豔逸，儀靜體閑。柔情綽態，媚於語言。奇服曠世，骨象應圖。」

尤其是後半段描寫美女儀態那幾句，簡直就是《詩經．衛風．碩人》：「手如柔荑，膚如凝脂，領如蝤蠐，齒如瓠犀。螓首蛾眉，巧笑倩兮，美目盼兮」的翻版，華麗到了極致，但不顯絲毫造作，一氣呵成，毫無瑕疵，讓人驚歎。

《洛神賦》之所以能名垂千古而不朽，重要有的兩點，一是詞藻華麗，但更重要的一點，賦中瀰漫著一股浪漫主義的傷感，甚至有些頹廢，恰恰是後一點最能打動人。再加上曹植悲劇性的人生，更渲染了《洛神賦》的悲情特性。一篇優秀的煽情作品，首先要求作者必須要有悲情的人生，不然感動不了讀者。

上面用相當長的篇幅講了漢魏時代的文學概況，在整個三國時代，曹魏的文學最為發達，名家輩出，這還不算曹魏末期的兩大超級才子——嵇康、阮籍。而三國的另外兩個足——蜀漢、東吳的文學則相對有些黯淡無光。

在清人嚴可均編集的《全三國文》七十五卷中，魏文就佔了五十六卷，蜀文只有六卷，吳文稍多，也不過十三卷。蜀文六卷中居然沒有一篇賦或一首詩，幾乎都是政論文或文人間的書信。

《全三國文》是在三國之後一千五年多年以後編集的，時隔千年滄桑，蜀文遺漏的非常多。蜀大將軍文曹掾文立曾經寫過一篇《蜀都賦》，這還可能是文立入晉後寫的。可到了唐朝李善給《文選》作注時，這篇《蜀都賦》只殘存下來四個字：「虎豹之人。」

蜀漢文壇雖然沒有留傳下來賦、詩，但蜀漢的政論文比較發達，比如譙周那篇著名的《仇國論》和費禕的《甲乙論》。譙周是蜀漢的文壇大宗師，文筆沒得說，所以《仇國論》的文學含金量非常高，在三國文學史上還是有《仇國論》的一席之地的。

蜀漢和東吳的文學有一個特別的情況，就是「頭輕腳重」，即中前期基本上沒什麼文學可言，而到了後期，尤其是原蜀漢和東吳的文人降晉後，創作了一大堆優秀的作品，有的作品甚至是千古揚名，比如蜀漢太子洗馬李密入晉後寫得那篇極有名的《陳情表》。

相比於蜀漢文壇的低沉，東吳文壇則相對活躍一些，而且東吳文壇「頭輕腳重」的現象比蜀漢輕許多。在東吳早期，文壇上就活躍著一大批才子佳人，比如張昭、張紘、程秉、闞澤、薛綜、胡琮等人。張昭的傳世文章不多，只有兩篇，一篇是《宜為舊君諱論》，一篇是《徐州刺史陶謙哀辭》。前者屬於政論文，不需要什麼文采，表達出自己的政見即可。而後一篇，客觀來說，文采一般，只是應景的文章，也不必追究得太細。

在東吳早期文壇上，最引人關注的是薛綜，薛敬文是公認的東吳早期文壇宗師，文筆沒得說。薛綜著作等身，他寫過詩、賦、難、論等各種體裁的文章數萬字，可惜歷經滄桑，所存者不過四百餘字。比如留傳下來的《麟頌》《鳳頌》等吹捧神獸（實際上是吹捧孫權）的文章，就寫得相當踐。

在東吳早期文壇上，胡綜是一個關注度並不太高的文人，但胡綜的才華，至少不在薛綜之下。胡綜最有名的兩篇文章是《黃龍大牙賦》和《（與蜀漢）中分天下盟文》。

後人對《中分天下盟文》非常熟悉，蜀漢衛尉陳震在武昌和孫權設壇立盟時讀的就是胡綜寫的這篇文章。胡綜按孫權的意思，將曹操祖孫三代罵了個狗血淋頭，「曹操窮凶極惡，以覆四海，至令九州幅裂，普天無統，民神痛怨，靡所戾止。及操子丕，桀逆遺醜，薦作奸回，偷取天位。而叡么麼，尋丕凶跡，阻兵盜土，未伏厥誅。」罵人罵到這個份上，也是一絕。孫權就是一條變色龍，昨天差點認了曹丕當乾爹，今天就將曹丕罵得臭死，吳大帝果然英雄本色。

到了東吳晚期（約以孫亮至吳亡這段時間），文壇上依然是熱鬧非凡，比較大牌的文人有薛瑩、韋昭（即韋曜）、華覆。他們的文章都非常好，不過因篇幅有限，利用最後一點篇幅，介紹一位在文壇沒什麼知名度的文人——陸景。

陸景雖然沒混出什麼名堂，但他的身分可不一般，他是東吳名將陸抗的次子，標準的豪門貴公子。之所以要講陸景，是陸景寫了一篇非常有深度的文章《誡盈》。從某種意義上來講，《誡盈》或以劃進哲學史，而不是文學史。

《誡盈》全文如右：「富貴，天下之至榮；位勢，人情之所趨。然古之智士，或山藏林竄，忽而不慕；或功成身退，逝若脫屣者，何哉？蓋居高畏其危，處滿懼其盈，富貴榮勢，本非禍始，而多以凶終者，持之失德，守之背道，道德喪而身隨之矣。是以留侯、范蠡，棄貴如遺；叔敖、蕭何，不宅美地。此皆知盛衰之分，識倚伏之機，故身全名著，與福始卒。自此以來，重臣貴戚，隆盛之族，莫不罹患構禍，鮮以善終。大者破家，小者滅身。唯金張子弟，世履忠篤，故保貴持寵，祚鍾昆嗣。其餘禍敗，可為痛心。」

《誡盈》寫得很震撼人心，並不是因為這篇文章如何堆砌詞藻，而是一種清醒的人生態度。庸俗一點說，《誡盈》是一篇官場（名利場）的做人警示錄，每天背上幾遍，給發熱的頭腦澆幾盆涼水，有益無害。

陸景出身豪門，處在官場頂層，見慣了太多的江湖仇殺，權傾一時的諸葛恪就是在陸景的眼皮底子滅族的。血的教訓不可謂不深刻，所以陸景說「隆盛之族，莫不罹患構禍，鮮以善終。大者破家，小者滅身」。說的很可能就是諸葛恪被滅族事件。

人在江湖上行走，最要緊的是要知道自己幾斤幾兩，不要遞個杆子，就真以為能爬到月亮上去，沒這事。做人還是低調些好，不要成天到處吹喇叭，說自己如何如何，有了蛋糕，別忘了給別人分一口。

陸景這篇《誡盈》寫得實在太偉大了，人的社會生存哲學原理基本上都被寫進去了，讓世人警醒。感覺這一段說得最有哲理性：「居高畏其危，處滿懼其盈，富貴榮勢，本非禍始，而多以凶終者，持之失德，守之背道，道德喪而身隨之矣。」說得多好！富貴榮華本不是禍之根源，真正的禍源是不會做人，處事太高調，擠壓了別人的生存空間，換了誰不恨你？

三國的文學大致就講到這裏吧，雖然東吳最負盛名的文人是二陸——陸機、陸雲，不過二陸在一般情況下都被算進了晉朝文學史。二陸成名的時候，東吳已經滅亡了，所以就不講二陸了。

二四、評說三國歷次戰爭

問一個大而泛之的問題：歷史終究是靠什麼推動向前的？答案五花八門，比如人心喪失論，經濟崩潰論，氣候異常論。這些答案都有各自正確的因素，雖然一個時代的結束，有這樣或那樣的原因，但有一個原因，是古代新舊時代交替時的永恆定律，那就是戰爭！換而言之，戰爭才是改變歷史進程的最直接原因。

戰爭是兩個或多個對立的軍事集團解決彼此利益矛盾的終極手段，雖然軍事手段不能解決所有問題，但如果沒有強大的軍事力量，是連半點生存機會都沒有的。我們對武力的理解應該是這樣的：武力就像是一把利刃，我們不會拿這把刀去殺人，但我們會用這把刀自衛。害人之心不可有，防人之心不可無！這是千古至理。

從性質上來說，戰爭實際上也是人類競爭的一種模式，和其他競爭在本質上沒什麼區別。但戰爭與所有競爭都不同的是，戰爭的籌碼是一個民族（或軍事集團）的生存機會，以及成千上萬的血肉之軀。戰爭的標籤是什麼？兩個字：殘酷！

戰爭史是人類歷史的重要組成部分，沒有戰爭對歷史發展的一次次洗牌，歷史也不會是現在這個模樣。不過從另外一個角度來看，戰爭本身也是一種藝術。什麼是軍事家？就是那些把戰爭當雜耍玩出藝術的牛人。

講到中國歷史上的戰爭，就不能不提及漢末三國。由於三國本身特殊的魅力，以及《三國演義》的強力渲染，三國的戰爭史已經家喻戶曉。三國的戰爭史和三國的政治史一樣，都是從西元一八四年黃巾大起義開始算起的。如果不這麼算，那麼震撼歷史的官渡之戰和赤壁之戰就成了東漢戰爭史，豈非滑稽。

如果從西元一八四年算起，截至西元二八〇年晉朝滅吳，三國總共發生過多少場戰役？粗略估計，三國時代大大小小的戰役有六百多場，這還不包括更小的戰役。可以這麼講，沒有三國波瀾壯闊的戰爭史，三國的歷史不會如此精彩。

我們對三國的三大戰役已經耳熟能詳了，官渡之戰拉開了曹操統一北方的序幕；赤壁之戰奠定了三國鼎立的歷史格局；夷陵之戰正式確定了三國鼎立局面的形成。

其實這三場戰役只是三國戰爭史上最著名的戰役，並不能代表三國戰爭史所有的精彩，三國精彩的戰役還有好多。比如袁紹和公孫瓚的界橋之戰、魏吳合肥之戰、魏蜀漢中之戰、吳偷襲荊州之戰、諸葛亮北伐、魏滅蜀之戰、晉滅吳之戰等等。

在上面提到的這些戰爭中，最陌生的就是那場發生在初平三年（一九二）的界橋之戰，這是袁紹和公孫瓚之間的軍閥混戰，在戰爭史上的知名度不高。但不得不提的是，界橋之戰是三國戰爭史上罕見的大規模騎兵會戰，過程和結果都相當精彩。

因為篇幅有限，所以三國戰爭史這一篇只選三場戰爭：界橋之戰、官渡之戰、夷陵之戰，赤壁之戰已經單獨講過了。現在先講一講相對陌生但卻精彩十足的袁紹和公孫瓚的界橋之戰。

之所以要著重講界橋之戰，是因為界橋之戰實際上是官渡之戰的微縮版。我們都知道官渡之戰是曹操消滅袁紹集團、統一河北的關鍵性戰役，而界橋之戰恰是袁紹集團佔領河北的關鍵性戰役。

界橋之戰的勝利，標誌著袁紹河北軍事集團的正式成型，袁紹才有能力和曹操掰腕子。界橋之戰的發生，其實是冀州軍閥袁紹和幽州軍閥公孫瓚之間恩怨矛盾的總爆發，就相當於劉備和孫權徹底翻臉後，爆發夷陵之戰一樣。

在（東漢晚期）三國早期，公孫瓚可不是個等閒人物，他是和袁紹齊名的河北大軍閥。即使在士林中，公孫瓚也是能掛上號的，公孫瓚的老師是當時士林的頂級名臣盧植。當然不能不提公孫瓚師出同門的著名師弟——草根梟雄劉備。

公孫瓚和劉備一樣，身上都有強烈的草根氣質，熱血霸道，這樣的男人比孫權有趣的多。公孫瓚最牛的事蹟就是帶著幾十個弟兄奇襲數百強悍的鮮卑騎兵，因此一戰，鮮卑「不敢復入塞」，從而在一定程度上穩定了北方局勢。

公孫瓚從此在江湖上打出了自己的名聲，不過讓公孫瓚更加出名的是他組成的一支著名的騎兵近衛部隊——白馬義從。這支騎兵部隊清一色的白色戰馬，能被選進白馬義從的都是神箭手，個個英武帥氣，功夫了得。

不過公孫瓚真正的發家致富還是在初平二年（一九一），他率兩萬多步騎兵在勃海郡大敗黃巾軍三十多萬，收降七萬餘人，車甲財物無數，公孫瓚狠狠發了筆橫財，一躍成為河北大軍閥之一。

當時河北的形勢是袁紹據南邊的冀州，公孫瓚打著劉虞的旗號據北邊的幽州。公孫瓚和袁紹都想統一河北，然後再南下爭天下，不過最先動手的卻不是袁紹，而是公孫瓚。

公孫瓚攻擊袁紹的藉口是他的弟弟公孫越在與袁紹的作戰中戰死，他是在為弟弟報仇，實際上公孫越不死，公孫瓚也要南下與袁紹決戰。利益決定一切，藉口都是糊弄傻小子的，千萬別信，誰信誰上當。

對於袁紹來說，公孫瓚是他的統一之路上第一個強敵，翻不過公孫瓚這座山，袁紹就別想征服天下。但公孫瓚可不是一般的散兵游勇，公孫瓚手下的幽州兵戰鬥力非常剽悍，不是袁紹說吞掉就能吞掉的。

公孫瓚這次南下是有備而來，他對冀州志在必得，可以說這次公孫瓚出了血本。公孫瓚迎戰袁紹的戰陣是典型的「羅馬戰陣」，具體布陣是這樣的：三萬步兵列成方陣，左右兩翼是各五千輕騎兵，中間是他嫡系的白馬義從，實際上是重騎兵部隊。白馬義從也分為左右兩部，公孫瓚居中指揮。

論步兵實力，袁紹並不弱，數萬袁軍步兵結陣南線，與公孫軍對峙。不過袁紹並沒有派出騎兵應戰，而是派河北名將麴義率八百死士出場。袁紹這樣安排也是無奈之舉，袁紹騎兵並不多，與其拿少量騎兵和公孫瓚的一萬騎兵硬碰硬，不如以智取勝，麴義就是袁紹取得這場戰役勝利的關鍵人物。

麴義在投袁紹之前，一直生活在西涼地區，對公孫瓚這種陣法再熟悉不過了，之後的馬超也是這樣的玩法。麴義知道自己只有八百人，公孫瓚必然瞧不上這盤小菜，麴義要的就是這個效果。

公孫瓚果然沒瞧上麴義的八百弟兄，公孫瓚準備派騎兵趟平這小股袁軍，可他卻忽視了與麴義八百步兵同時出現的袁軍強弩陣，這一千張強弩機才是袁紹真正的撒手鐧，麴義只是誘餌。

強弩機的發射力度非常勁爆，遠非尋常弓箭可比。袁紹騎兵有限，在平原地區與騎兵的作戰中取勝，最方便的辦法就是強弩勁射，切不可派步兵和騎兵肉搏，這純屬是自殺。

麴義見幽州騎兵結陣南下，他讓弟兄們都伏在楯下不動，因為現在還不是他們表演的時候。公孫瓚的大將嚴綱率輕騎兵只走了幾十步，就發現袁軍恐怖的一千張強弩機，強弩對騎兵的殺傷力，嚴綱當然知道。可這時已經晚了，袁軍成千上萬支強弩箭如烈火流星，直撲幽州騎兵，「強弩雷發，所中必倒」。

幽州騎兵被袁軍強弩射的陣法大亂，這正是麴義出鋒頭的時候，麴義率弟兄們號叫著殺過來，將公孫瓚的部隊殺得潰不成軍。幽州軍一直潰逃到界橋，公孫瓚才勉強站住陣腳。

麴義不會給公孫瓚喘息的機會，「宜將剩勇追窮寇，不可沽名學霸王」。戰爭的一個重要原則就是「持續打擊」，讓敵人沒有哪怕是一分鐘的喘息時間，麴義一鼓作氣，將公孫瓚打得找不著北。

界橋之戰其實是分成兩個戰場，麴義負責和公孫瓚直接單挑，袁紹則鎮後指揮。袁紹見麴義大破幽州騎兵，就有些輕敵，只帶著一百多個弟兄和幾十張強弩機往前亂闖。

沒走多遠，袁紹就迎頭撞上了公孫瓚手下的兩千多騎兵，幽州騎兵不知道對方是袁紹，但估計也是條大魚，笑得嘴都歪了。幽州騎兵都是輕裝部隊，他們最具威脅性的武器就是短弓，兩千多張弓斜向天空，一支支利箭驕傲地飛向袁紹陣營，場面非常的恐怖和壯觀。

謀士田豐勸袁紹找個地方避箭，這時的袁紹非常有英雄氣概，絕不比曹操遜色。袁紹紅著眼，將頭盔摘下來擲在地上，大怒道：「大丈夫當前赴死，而入牆間，豈可得活乎！」袁紹這麼英雄，當然不是說不怕死，而是他手上有制敵利器，還是強弩。

強弩比弓箭笨拙，但殺傷力驚人，袁紹手上的幾十張弩機不算多，但足夠對付這些散騎的。「強弩乃亂發，多所殺傷」。沒過多久，已經將公孫瓚打跑的麴義來馳援袁紹，幽州騎兵見無利可圖，一哄而散。

界橋之戰的戰略意義遠大於這場戰役的戰術意義，界橋之戰中，公孫瓚的傷亡雖然很大，但他的整體實力並沒有受到太大損失，依然還有能力和袁紹保持均勢抗衡。但界橋之戰對於公孫瓚來說最大的傷害就是此戰過後，他奪取冀州的計畫成為泡影，袁紹已經牢牢控制冀州，將公孫瓚的勢力擋在冀州之外。

說到漢末三國具有戰略意義的戰役，我們通常會自然而然地想到官渡、赤壁、夷陵三大戰役，實際上界橋之戰的戰略意義也非常大。而且從過程來看，界橋之戰是典型的陣地攻防戰，從某種程度上來講甚至要比千古第一名戰——赤壁之戰精彩許多。

在冷兵器時代，最震撼人心的戰爭方式就是近距離肉搏戰，將人類競爭的殘酷性展現得淋漓盡致。如果將一場戰爭比喻成一部電影，那界橋之戰有頭有腰有屁股，非常有視覺上的震撼力。赤壁之戰是一部讓人陶醉的文藝片，界橋之戰就是一部讓人大呼過癮的功夫片。

界橋之戰和官渡之戰都是北方逐步走向統一的關鍵性戰役，但因為官渡之戰是最具決定性的統一北方的戰役，再加官渡之戰的雙方是袁紹和曹操，所以官渡之戰的知名度顯然要高於界橋之戰。

在三國戰爭史上，官渡之戰的地位並不比赤壁之戰遜色多少。赤壁之戰的戰前鋪墊遠比黃蓋放的那把火精彩，界橋之戰是經典的陣地攻防戰，但規模很小，而同樣是陣地攻防戰的官渡之戰可以彌補這個空缺。論戰爭過程，官渡之戰跌宕起伏、大開大闔，近乎融合了所有大片的經典元素，官渡之戰想不出名都難。

界橋之戰的戰略意義是袁紹和公孫瓚爭奪河北的統治權，而官渡之戰的戰略意義則是袁紹和曹操爭奪中原的統治權。當時袁紹佔據冀州、青州、幽州、并州，相當於今天的河北、京津、山東北部、山西大部。另外插一句，袁紹是在西元一九九年消滅了公孫瓚，取得了對幽州的統治。

幽州地處農耕文明區和游牧文明區的結合部，這裏最大的特產就是馬多，公孫瓚如果不是控制著幽州產馬地，他哪來的這麼多戰馬？袁紹也是一樣，自從袁紹得到幽州之後，袁軍的騎兵部隊空前暴漲，動輒萬匹戰馬對袁紹來說只是盤小菜。

而袁紹的對手曹操則控制著黃河下游地區，包括今河南、山東中南部、淮河北部地方。從整體實力來看，曹操遠不如袁紹，原因很簡單，曹操控制的中原地區飽受戰亂破壞，「千里無雞鳴，白骨露於野」。別的不說，僅兵源問題就夠曹操頭疼的。

在曹操和袁紹官渡決戰（西元二〇〇年）的前兩年，曹操還和盤踞在徐州的軍閥呂布血戰一場，對徐淮地區的社會破壞力非常大。而河北地區大規模的戰爭不算多，對社會的破壞力沒有中原地區那麼嚴重。河北戶口眾多，土地殷實，再加上戰馬無數，袁紹有足夠的本錢和老朋友曹操掰腕子，鹿死誰手，只有天知道！

官渡之戰前的袁紹到底有多少兵力？歷史上的說法不一，陳壽撰寫的《三國志》中，同時給出了兩個不同的說法。陳壽在《曹操紀》中說袁軍共有十餘萬，而在《袁紹傳》則說袁軍共有數十萬，這兩個資料均是建立在袁紹擊敗公孫瓚，取得幽州基礎上的。而且後來范曄在《後漢書．袁紹傳》中也說袁軍有數十萬。

袁紹在過河南下尋曹操決戰時，共帶了十萬步兵和一萬騎兵，《世說新語》給這個數字擠了一下水分，也有五萬步兵和八千騎兵。不管哪種說法正確，袁軍的數量都遠在曹軍之上，更不用說曹操眼饞得不得了的重甲騎兵。

曹操的實力明顯不如袁紹，曹軍的主力是曹操嫡系的兗州兵和豫州兵，總共三萬不到。另外鍾繇雖然掌控關中兵，但鍾繇需要對付韓遂，曹操不敢動用關中兵。原屬劉備的徐州兵和張繡的南陽軍雖然各有萬人，但都是新附，所以曹操對抗袁紹的主力大約就是三萬多的兗、豫兵。

面對袁紹咄咄逼人的進攻態勢，說曹操心裏不緊張那是假話，但曹操是偉大的軍事家，他知道該如何面對袁紹。曹操在袁曹大戰中最要緊的一招就是派名將臧霸率精銳部隊在青州一線牢牢頂住袁軍，事實證明曹操的用兵如神，如果袁軍從青州突破，以徐州為通道向曹操腹地發動猛擊，曹操將陷入萬劫不復的深淵，只能坐以待斃。

木桶為什麼會漏水？就是因為其中的一根木板斷裂了，而臧霸就是補齊木桶的那根長木板。堵住了袁紹兩路南下的可能性，曹操可以相對安全地面對袁紹的單挑，單挑總比一個打兩個勝算要大一些。

曹操知道他和袁紹的這場兄弟恩怨早晚是要算清的，雖然官渡之戰發生在西元二〇〇年九十月間，但早在西元一九九年的九月，曹操就有先見性的在官渡（今河南中牟東北）一帶構建防禦工事，隨時恭候本初大駕南下。

對於這場戰爭，袁軍陣營中的兩大謀士田豐和沮授都執反對態度，沮授從政治角度勸袁紹先穩定新得的幽州，養精畜銳，再圖後舉。田豐則認為與曹操決一死戰太過冒險，反正曹操光腳不怕穿鞋的，阿瞞正希望一戰定生死。而袁軍實力強大，全可以和曹操玩消耗戰，成天騷擾曹操，時間一長，曹操就會瘋掉的。

袁紹新破公孫瓚，志驕意滿，根本聽不進去兩大謀士的勸告，執意南下。這時的袁曹對峙形勢，像極了幾年後的赤壁之戰前的對峙形勢，袁紹現在面對的優勢局面，就是幾年後曹操面對的情況。孫劉希望與曹操一場定輸贏，他們玩不起持久戰，而曹操如果能聽賈詡的經營荊州戰略，孫劉必死無疑。

同樣的道理，如果袁紹能聽進沮授和田豐的正確戰略主張，曹操將面臨戰不能戰、和不能和的尷尬局面，主動權完全掌握在袁紹手上。什麼時候發動戰爭，完全要由袁紹說了算，曹操只能被動迎戰。

最讓袁紹集團中精英謀士感到萬分可惜的是，當曹操心懷忐忑地東征盤踞在徐州的劉備時，袁紹居然按兵不動。這可是千古難逢的絕佳戰機，消滅曹操的最佳機會失去了，這是袁紹的失招，卻給了曹操翻盤的機會。

袁紹太過自信了，他相信自己手下的數十萬精銳雄兵，無論用什麼戰術，都可以幹掉曹操。建安六年（二〇〇）初，震撼歷史的官渡之戰終於打響了。河北名將顏良奉命南下攻沿河重鎮白馬（今河南滑縣東），白馬是河北通向河南的重要軍事據點，一旦袁軍突破白馬，曹軍將無險可守。

四月，曹操親率主力北上救白馬，不過雙方的實力相差懸殊，如果單挑，曹操肯定不是對手。大謀士荀攸給曹操出了分袁軍而治之的戰術，就是曹操做出偷襲沿河重鎮延津口的假象，誘騙袁軍主力來救延津，「輕兵襲白馬，掩其不備，顏良可擒也」。曹操大喜，果然是好辦法。

袁紹上當了，他派軍隊急救延津，卻讓曹操鑽了個大空子。曹軍陣中一員大將在白馬的萬軍之中一戰斬殺名將顏良，誰呢？關羽。關羽「身在曹營心在漢」，幹掉顏良後，關羽認為已經對得起曹操了，瀟灑地揮揮手，天涯海角尋大哥劉備去了。

曹操成功地解救了白馬之圍，讓被騙到延津的袁紹大為惱火，平白被阿瞞給耍了！袁紹大軍南下，步步緊逼，雙方主力在陽武（今河南原陽東）對峙，曹操正如沮授所說，因為糧草有限，所以曹操力求速戰，曹操沒有和袁紹打持久戰的本錢。

曹操試圖攻擊袁軍，但初戰不利，只好高壘深溝，慢慢尋找機會。袁紹也想一戰解決曹操，曹操不出戰，那就射死阿瞞。袁軍壘土山，利用高度的優勢，用大弩射曹軍。曹軍只好在營中舉著盾牌行走，嚴重影響了部隊的正常備戰。

曹操有的是辦法，他推出了一件新式重型武器——霹靂車，也就是炮車，也稱為發石機。這種炮車可以將幾十斤的大石頭發射三百多步，砸死了許多袁軍，制止了袁軍的射襲。袁紹不服，又挖地道，準備抄曹操的腳下。曹操見招拆招，在營周圍挖起長溝，讓袁軍的地老鼠部隊都見光死。

雖然這樣耗下去未必能分出勝負，但對於財大氣粗的袁紹來說，他能耗得起。曹操不行，「士卒疲乏，百姓困於徵賦」。甚至在曹軍營中發生了許多起叛變投袁事件。最要命的是，曹操沒糧食了，多耗一天，曹操就多一分危險。一旦糧盡，軍心崩潰，曹操只有死路一條。

袁紹也算準了曹操缺糧，準備打一場曹操最害怕的持久戰，不斷地從河北本部運糧至前線。曹操現在最大的問題就是缺糧，我沒東西吃，你也別想吃安生飯，曹操現在能做的，就是破壞袁軍的糧食運輸，讓袁紹感覺到生存壓力，被迫與曹操決戰。

在九月，曹操派徐晃和史渙奇襲袁軍糧隊，燒掉了袁軍的數千車糧草。袁紹的糧食後援非常充足，他完全有本錢和曹操這麼不疼不癢地耗下去。十月，名將淳于瓊奉袁紹之命，率一萬多弟兄押著糧草運往烏巢。烏巢位於袁軍大營北四十里，這次袁紹也學乖了，用重兵在後方護糧，他不信曹操還有本事再燒糧。

現在的形勢對袁紹非常有利，曹操無糧，軍心已經出現渙散的苗頭。這次曹操北上，是基本上掏空家底陪袁紹玩的，許都空虛。河北名士許攸勸袁紹奇襲許都，抄了曹操的老巢，從而瓦解曹軍鬥志，可一舉解決曹操。可愚蠢的袁紹卻只想活捉曹操，他相信自己的實力足以讓曹操變成他的階下囚，不聽。

個性十足的許攸見袁紹不足成大事，一怒之下，投降了曹操。許攸給曹操出的主意其實非常簡單——火燒袁軍前線屯糧中心烏巢，其實曹操未必就想不到襲燒烏巢，只是曹操不清楚袁軍在烏巢的守備情況，只知道袁軍有萬人守糧，他不敢貿然動手，萬一中了袁紹的埋伏怎麼辦。

許攸給曹操交了底——烏巢袁軍雖有萬人，但「屯軍無嚴備」，只要燒掉了烏巢，「不過三日，袁氏自敗也」。曹操現在已經走投無路了，只能冒險賭一場大的。曹操留下重兵守營，自率步騎兵五千人，打著袁軍的旗號，抄小道直奔烏巢。曹軍士兵每人都帶著柴草，準備到時放火用的。

因為時間比較緊迫，曹軍抄到了烏巢，二話不說，直接放火燒糧，沖天的火光將預示著曹操光明的未來……袁軍屯糧主將淳于瓊雖然發現了曹軍，但為時已晚，再加上曹軍士氣正盛，五千曹軍居然圍著一萬袁軍死纏爛打。

袁紹得到了曹軍奇襲烏巢的消息，因為烏巢是袁軍的總後勤基地，按理說袁紹應該先救烏巢。可袁紹卻機械地運用「圍魏救趙」之計先劫曹軍本部，只派少數人馬去救淳于瓊，結果袁軍主力在曹軍本部面前狂攻不下，白白浪費了救援烏巢的絕對時機。

烏巢軍糧被曹操一把火燒得乾乾淨淨，俗說話：手上有糧，心中不慌。袁軍聽說糧草被燒，鬥志全無，再加上河北名將張郃、高覽被迫在陣前投曹，導致袁軍的士氣全盤崩潰。

不過就當時的形勢來看，袁軍的主力並沒有受到損失，只要袁紹能迅速穩定軍心，未必不能和曹操決一勝負。但當形勢對袁紹不利時，他沒有選擇逆風飛翔，而是帶著八百親兵倉皇北逃。主帥陣前逃跑是對軍隊士氣的終極打擊，袁軍的最後一絲取勝希望被袁紹自己給澆滅了。

這場勝利對曹操來說稍有些意外，但沒有人在乎勝利是怎麼來的，只要享用勝利就可以了。曹軍士氣極盛，在曹操的率領下，將七萬袁軍盡數殲滅，包括被曹軍斬殺和被曹軍活埋的。曹操從來不講什麼道德，他只在乎勝利，這正是曹操和劉備的區別。

官渡之戰大獲全勝，是曹操集團統一北方的關鍵性戰役，也標誌著袁紹集團的土崩瓦解。其實雖然在官渡吃了敗仗，袁紹的家底還是非常厚實，但最終袁紹集團被消滅，問題在於袁紹在官渡棄軍逃竄的懦夫行為，嚴重傷害了袁軍的士氣。行軍打仗全憑一口氣，主帥都怕死，還讓弟兄們拿什麼賣命？

客觀地講，曹操笑到最後有一定的運氣成份，袁紹總是在最關鍵的時刻「配合」曹操。但話又說回來，成功總是留給那些努力的人，曹操和袁紹最大的區別，在於曹操會在逆境中創造機會，而袁紹只會在順境中丟掉機會。

從這點上看，曹操的勝利戰爭是一場悲喜劇，對勝利者來說戰爭是喜劇，對失敗者來說則是悲劇。在三國的三大戰役中，曹操、劉備、孫權三大巨頭纏在一起死掐，把他們之間的戰爭勝利關係列個簡表，如下：

戰爭	雙方	勝利者
官渡之戰	曹操vs袁紹	曹操
赤壁之戰	曹操vs孫權、劉備	孫權、劉備
夷陵之戰	劉備vs孫權	孫權

也就是說，在三國三大戰役中，曹、孫、劉均各參加了兩場，結果是曹操一勝一負，劉備一勝一負，孫權兩勝。競爭總是要分出勝負的，作為失敗者來說，戰爭失敗的苦澀只有他們才能品味出來。如果說在三國的一些重大戰役中的失敗者中找出最為悲情的一個，應該是劉備。

劉備這輩子活得太不容易，底層草根出身，歷盡千辛萬苦，才從歷史的夾縫中殺出一條血路，打下了一份不大不小的家業。在三國三大巨頭中，只有孫權是鐵了心搞割據，曹操和劉備都在努力謀求統一。誰知道曹劉命中都注定要遇到孫權這個破壞者，他們的統一大業都壞在了孫權的手上，也許這是歷史的安排。

劉備的人品在赤壁之戰後實現了大爆發，用了差不多十年的時間，由一個四處流浪的落魄小軍閥，變成了坐擁荊、益兩大州的超級軍閥，眼看著離北伐中原就差那一步了。劉備萬沒想到孫權會在這個時候捅他一刀，這一刀捅得太狠了，直接葬送了劉備集團的統一大業。

建安二十五年（二一九），孫權單方面撕毀吳蜀湘水之盟，派兩大打手呂蒙和陸遜偷襲荊州，襲殺關羽。孫權這一違背道德的行為果然激怒了感性的劉備，無論是從兄弟感情，還是從國家利益，孫權襲取荊州殺關羽都是劉備絕對無法容忍的無恥行徑。

劉備幾十年行走江湖，扛的就是「仁義」大旗，仁者愛庶民，義者愛兄弟。劉備決定找孫權討還公道，趙雲勸劉備先攻曹操後攻孫權，從大戰略上也許是正確的，但趙雲卻忽略了劉備的面子問題。如果劉備捨吳而攻魏，劉備的「仁義」名聲是要打折扣的。現在好兄弟關羽被孫權襲殺了，不要說劉備，換了任何一個有血性的男人，這事都不會和孫權拉倒。

蜀漢章武元年（二二一）九月，剛剛失去三弟張飛的大漢皇帝劉備，在一片淒淒慘慘的氣氛上踏上了悲壯的復仇之路。收復荊州是一方面，對劉備來說更重要的是要找背盟的孫權討一個公道：做人不能沒有道德底線！

孫權為了短期利益，襲取荊州，是典型的戰略自殺行為，可惜孫權卻一直為偷到荊州沾沾自喜，早把魯肅「聯劉抗曹」的勸告拋到了九霄雲外。孫權貪圖小利，最終引火上身，招來了這場戰爭。

說孫權心裏不害怕那是假的，否則孫權也不會派諸葛瑾（也只有諸葛瑾出面最合適）去低三下四地向劉備求情。這次劉備東征是出了血本，蜀兵精銳盡出，聲勢非常浩大，擺明了要和孫權玩命的架勢，孫權心裏一直在打鼓。

當然與其說孫權怕劉備，不如說孫權害怕曹丕在這個節骨眼上出兵搗亂，一旦魏蜀合擊東吳，孫權半點活路都沒有。對孫權來說幸運的是，孫權耍了幾套棉花拳，向魏稱臣上貢，弄暈了曹丕，沒有戰略遠見的曹丕最終放棄了攻吳的軍事計畫，讓孫權有能力單獨抗蜀。

蜀軍從永安進入荊州界內，吳蜀邊境的第一個重鎮是巫縣（今重慶巫山），這裏的吳軍布防比較薄弱，劉備留下吳班、馮習等人圍攻巫縣，自己率蜀軍主力四萬餘人順江東進，直抵秭歸（今湖北秭歸）。秭歸距荊州中心江陵不過百餘里，一旦蜀軍突破秭歸防線，後果不堪設想。

孫權也不是白扯的，論軍事實力，東吳甚至要強於蜀漢，孫權隨手就拿出五萬精兵，以鎮西將軍陸遜為大都督，迎戰劉備。陸遜的出場，更激起了劉備的憤怒，當初暗害關羽，就是陸遜出的鬼主意。

劉備此次東征，身邊沒什麼頂尖謀士，好容易有個馬良，還被派往武陵征蠻夷兵去了。除馬良之外，能夠得上謀士級別的，只有黃權。黃權認為劉備親率蜀軍主力孤軍深入太冒險，他勸劉備在後坐鎮，自己替劉備打前鋒。劉備已經被仇恨迷了心竅，聽不進黃權的忠告，反而將黃權打發到江北督軍。

劉備紅著眼要找陸遜尋仇，這時劉備的心態比較驕躁，陸遜是個戰場老手，他知道這時候和劉備硬碰硬是不明智的。陸遜選擇了戰略退卻，將秭歸以西讓給蜀軍，吳軍大幅東撤。陸遜誘蜀軍深入，一方面製造吳軍膽怯的假象迷惑劉備，一方面吳軍跳出了沿江山陵地帶，吳軍集結於平原，有利於反擊。

不得不承認，陸遜這一招極為毒辣，吳軍駐紮在平原與山陵地帶結合部的猇亭，進可攻，退可守。而蜀軍則被吳軍堵在沿江的狹長山陵地帶，而陸遜下了死命令：無論蜀軍如何叫罵，都死守不出。蜀軍戰不能戰，退又沒面子，只能在沿江的狹長山陵地帶紮下幾十個營寨，綿延數百里，這就為後來陸遜火燒連營埋下了伏筆。

劉備在沿江狹長的山陵地帶紮營，幾萬軍隊集中在樹木茂盛之地是犯了兵家大忌的。曹丕這樣的軍事庸才都看出來劉備這麼布陣純屬找抽，劉備好歹也縱橫天下三十年，對這樣的軍事常識他會不懂？但現在的問題是劉備明知道這是陸遜給他挖的坑，他還必須往裏跳，劉備也沒有辦法。

現在劉備唯一能做的，就是盡早誘使吳軍出戰，這和當初曹操在官渡誘使袁軍決戰是同樣的情況。為了將陸遜從洞裏勾出來，劉備不知道殺死了多少個無辜的腦細胞，真是難為劉備了。

劉備先是派吳班帶著幾千人突擊至平地下寨子，勾引吳軍出洞。吳軍將領果然中了計，「皆欲擊之」。只有陸遜看出了劉備的戰略意圖，堅決不許出戰，這就麼耗下去。劉備耗不起，又派出八千人做誘餌，「香餌之下必有伏鉤」，陸遜又不是白癡，才不會上劉備這個當。

陸遜死守夷陵峽口扼住蜀軍東進的戰略是正確的，夷陵以西的長江正處在三峽的險峻地帶。「自三峽下九陵，連山疊嶂，江行其中，迴旋湍激。至夷陵峽口，始漫為平流。夷陵正當峽口」。陸遜從巫山開始大幅東撤，夷陵是底線，陸遜寧可在夷陵和劉備血戰，也不敢放蜀軍過夷陵，否則荊州弄不好就會崩盤。

從西元二二二年的年初退守夷陵，吳軍已經和蜀軍相持了大半年，在當年的六月，陸遜覺得反擊的時候差不多到了，下令準備反擊。不過吳軍將領對陸遜的決定感覺有些不解，他們覺得蜀軍固守沿江要塞，進退兩便，我們貿然出擊，會導致大規模的傷亡。再者蜀軍雖然士氣稍有下滑，但論戰鬥力，如果吳軍硬頂上去，傷亡會非常大。

陸遜胸有成竹，他知道該如何面對「猾虜」劉備。陸遜先是派部隊用常規作戰方式攻擊一下蜀軍，結果沒撈到什麼便宜。其實陸遜這次進攻是在進行嘗試，他發現用常規作戰方式反擊效果不大，於是陸遜立刻改變反擊戰術。什麼戰術，很簡單——火攻。

天氣越來越熱，再加上蜀軍都駐紮在密林深處，這時候放火是再合適不過的。陸遜下令吳軍士兵每人手持一把茅草，點著後朝蜀軍大營投擲，製造混亂，然後趁亂反擊。這招實在狠毒，蜀軍果然沒有防備這一招，被大火燒得暈頭轉向。還沒等蜀軍明白過來是怎麼回事，吳軍的大刀片子都已經架在他們的脖子上。

以孫權為首的東吳軍事集團最擅長偷襲戰，講不講道義是另外一回事，從軍事角度上來看則是非常成功的。蜀軍毫無防備，幾百里的連營被大火燒了個乾淨，吳軍趁亂發起了大反擊，蜀軍傷亡極為慘重，許多蜀漢精英將領死於這場可怕的戰爭，還有大量蜀軍向吳軍投降。

劉備被陸遜突如其來的反擊搞亂了手腳，帶著殘兵爬上馬鞍山，固兵自衛。陸遜則率領吳軍拼命狂攻，如果能活捉劉備，一鼓作氣直搗成都也不是夢想。好在劉備命大，在蜀軍精銳部隊的極力突圍中，勉強為劉備殺出一條血路，劉備狼狽逃回白帝城。

蜀軍在夷陵之戰中是徹頭徹尾的大慘敗，劉備東征帶著的近乎所有的戰船、軍械、軍糧物資，全部打包送給了陸遜。蜀軍東征部隊幾乎被吳軍全殲，「屍骸塞江而下」。在江北岸的黃權所部，因為回歸蜀中的道路被吳軍截斷，黃權不願投降東吳，只好違心地北向投降了坐山觀虎鬥的戰略庸才曹丕。

陸遜替孫權保全了荊州，從而天下三分最終定型，孫權終於滿足了割據江東稱王的偉大理想，這要萬分感謝陸遜。一家歡笑一家哭，孫權激動得張牙舞爪，仰天狂呼亂叫。

而夷陵之戰的慘敗，使實力本就弱小的蜀漢遭到了極為沉重的打擊，統一已成畫餅，最要命的是喪失了大批政界和軍界的頂級精英，以及幾萬精銳部隊。劉備逃回白帝城後，仰天長哭：「吾乃為陸遜所折辱，豈非天耶！」

戰爭就是這麼殘酷無情，劉備的痛哭和孫權的狂笑形成了最鮮明的人生對比。孫權這輩子順風順水，沒受到什麼大的坎坷，他的歷史定位就是一個歷史的破壞者。而劉備歷經坎坷苦難，他渴望重新建立漢朝的統治，可歷史卻並沒有選擇劉備。

在三國的幾大領袖中，劉備是最悲情的，他的經歷讓人心酸，卻又無可奈何。一如一代聖主柴榮之死，打拼來的偌大天下為他人作了嫁衣一樣，心酸而無奈。

半年以後，也就是蜀漢章武三年（二二三）四月，一代草根英雄劉備含恨病逝於白帝城。夷陵之戰帶給劉備的恥辱，並沒有隨著劉備的病逝而煙消雲散，蜀漢從建立到滅亡，其實一直籠罩在夷陵之恥的陰影中。但這卻不能責備劉備，他已經盡力了。

附錄：三國年譜

西元一八四年　漢靈帝光和七年，十二月改元中平

正月，北方爆發以張角三兄弟為首的黃巾大起義，天下大亂。

三月，漢靈帝解禁黨錮，發天下精兵「圍剿」黃巾軍。

五月，騎都尉曹操會同左中郎將皇甫嵩、右中郎將朱儁在長社大破黃巾軍，斬首數萬。

十月，皇甫嵩在廣宗大破黃巾軍張梁部，斬首三萬。此時張角已經病死，官軍開棺戮屍，送張角人頭至洛陽。

十一月，皇甫嵩在下曲陽大破黃巾軍張寶部，斬首十餘萬。

西元一八五年　漢靈帝中平二年

二月，黑山賊張燕歸順朝廷。

三月，涼州北宮伯玉等人作亂，司徒崔烈建議放棄涼州，遭到議郎傅燮嚴厲駁斥，漢靈帝從傅燮議。

十月，課議大夫劉陶上疏彈劾十常侍亂政，被陷害死於獄中。

十一月，破虜將軍董卓破涼州軍閥邊章、韓遂。

此年，琅邪王氏的始祖王祥出生。

西元一八六年　漢靈帝中平三年

六月，荊州刺史王敏擊殺割據南陽的趙慈。

十二月，鮮卑騷擾并州、幽州。

西元一八七年　漢靈帝中平四年

三月，涼州刺史耿鄙被殺，韓遂又起。涼州司馬馬騰擁兵造反，與韓遂合流，縱橫關中。

十月，區星在長沙自稱將軍，朝廷拜孫堅為長沙太守，孫堅擊殺區星，因功封烏程侯。

十一月，朝廷免司徒崔烈，由曹操父親曹嵩繼任。

此年，超級名士潁川陳實病故，海內弔喪者三萬餘人。

魏文帝曹丕出生。

西元一八八年　漢靈帝中平五年

三月，太常劉焉出為益州牧，開蜀中割據之先聲。

五月，馬相號稱黃巾軍，殺前益州刺史郤儉，自稱天子，為益州從事賈龍擊殺。

冀州刺史王芬謀廢靈帝，曹操勸止不聽，王芬事洩自殺。

八月，置西園八校尉，袁紹為中軍校尉，曹操為典軍校尉。

十一月，騎都尉公孫瓚大敗張純於遼東石門。

西元一八九年　漢靈帝中平六年

二月，左將軍皇甫嵩大敗涼州叛軍於陳倉，斬首萬級。

四月，漢靈帝劉宏駕崩，年三十四；十七歲的皇太子劉辯即位，改元光熹，由大將軍何進秉政。

八月，何進與宦官集團的矛盾總爆發，十常侍殺何進，袁紹等人率兵攻皇宮，洛陽大亂。張讓協迫劉辯出宮外逃，被尚書盧植等人責罵，張讓驚恐自殺。劉辯隨後遇上強行進京的并州牧董卓，並改光熹年號為昭寧。

九月，董卓控制朝政，廢劉辯為弘農王，立陳留王劉協為帝，改元永漢。同月，董卓毒死何太后及劉辯，解除黨人禁令。

十二月，董卓廢除光熹、昭寧、永漢年號，仍稱中平六年。

西元一九〇年 漢獻帝初平元年

正月，關東諸侯聯兵討董卓。

二月，為避兵禍，董卓奉漢獻帝遷都長安。

三月，董卓殺太傅袁隗滿門。諸侯聯軍在酸棗怯敵不戰。

五月，董卓廢五銖錢，改行小錢，導致幣制混亂。

西元一九一年 漢獻帝初平二年

正月，關東諸侯欲立幽州牧劉虞為帝，為劉虞所拒。

二月，董卓自封太師，位在諸侯王上。孫堅斬董卓部將華雄，後為袁術嫉妒，不送軍糧。董卓畏孫堅之勇，欲與之和親，被孫堅嚴辭拒絕。

七月，冀州牧韓馥將冀州讓給袁紹。

此年，涿郡人劉備為平原相。

袁術與兄長袁紹不和，詆毀袁紹非袁氏子，二袁互罵。

五斗米教主張魯據漢中自立。

中原名士管寧、邴原避難遼東。

西元一九二年 漢獻帝初平三年

正月，荀彧離開冀州，歸順曹操。

袁紹在界橋大敗公孫瓚。

董卓在長安建郿塢。

四月，司徒王允聯合呂布，擊殺董卓，滅董卓三族。文學家蔡邕因為董卓所賞識，連坐下獄，死於獄中。陳宮說服兗州歸順曹操。

五月，董卓部將李傕、郭汜反擊王允。

六月，王允被殺，呂布出逃。

十月，封荊州刺史劉表為鎮南將軍。

十二月，曹操在濟北大敗黃巾軍，得兵三十萬，號稱青州兵，

袁紹在平原龍湊大敗公孫瓚。

曹植出生。

西元一九三年 漢獻帝初平四年

正月，袁術佔領淮南。

十月，公孫瓚殺幽州牧劉虞。

此年，孫堅攻荊州，為劉表部將黃祖射死。

西元一九四年　漢獻帝興平元年

二月，平原相劉備駐屯徐州小沛。

曹操為報父仇，攻徐州牧陶謙，大肆屠殺百姓。因部將陳宮叛迎呂布，曹操撤軍。

八月，呂布與曹操在濮陽大戰。

十二月，益州牧劉焉病死，其子劉璋襲位。益州將領甘寧反劉璋，不利，逃入荊州（後成為東吳名將）。同月，徐州牧陶謙病死，劉備襲位。孫策替袁術攻廬江，袁術食言。

西元一九五年　漢獻帝興平二年

二月，李傕和郭汜反目成仇，互相攻擊。

四月，漢獻帝立貴人伏氏為皇后。

閏四月，呂布被曹操打敗，逃到徐州投奔劉備。

六月，李傕部將楊奉叛逃，李傕勢力衰落。

十月，沮授勸袁紹迎漢獻帝，號令天下，袁紹不從。

此年，周瑜投奔孫策帳下，與孫策轉戰江東，闢地千里。

袁紹攻陷東郡，殺名將臧洪。

西元一九六年　漢獻帝建安元年

六月，徐州牧劉備攻袁術，呂布趁機偷襲徐州，自稱徐州牧，與劉備言和，使劉備屯小沛。

八月，曹操採納荀彧建議，奉迎漢獻帝入許，挾天子以令諸侯。孫策攻陷會稽，太守王朗投降。

十月，郭嘉拋棄袁紹，投奔曹操。

袁譚攻破北海，北海相孔融逃往許都。

袁術攻劉備，呂布轅門射戟解救劉備。隨後呂布攻劉備，劉備投奔曹操。

禰衡罵曹操，被送往荊州，不久被黃祖所殺。

此年，曹沖出生。

西元一九七年　漢獻帝建安二年

正月，曹操收降張繡，因私通張繡叔母鄒氏，引發張繡叛亂，曹軍大敗。曹操長子曹昂、大將典韋戰死。

袁術在淮南稱帝。

九月，曹操東征袁術。許褚投奔曹操。

此年，鄧艾出生。

西元一九八年　漢獻帝建安三年

四月，李傕被段煨所殺。

十月，曹操東征呂布。

十二月，呂布在白門樓被擒殺。

此年，孫策放王朗投奔曹操。太史慈歸順孫策。

西元一九九年　漢獻帝建安四年

正月，袁紹滅公孫瓚，吞併幽州。

六月，袁術病死。

八月，曹操進軍黎陽，防禦袁紹。
十一月，張繡投降曹操。
十二月，孫策進攻黃祖，大勝。
曹操與劉備煮酒論英雄，放劉備出許都。隨後劉備殺車胄，佔據徐州。

西元二〇〇年 漢獻帝建安五年

正月，董承、王服謀殺曹操，事敗被殺，誅三族。
曹操東征劉備，劉備逃奔袁紹。
二月，袁紹率大軍南下，駐軍黎陽。
孫策被許貢門客所殺，弟孫權襲位。
十月，曹軍在官渡大敗袁軍，取得了官渡之戰的勝利。
此年，魯肅投奔孫權。
益州牧劉璋殺張魯之母。

西元二〇一年 漢獻帝建安六年

九月，曹操敗劉備於汝南，劉備逃入荊州。
漢寧太守張魯欲自封漢寧王，功曹閻圃諫之，止。

西元二〇二年 漢獻帝建安七年

袁紹病死，三子袁尚襲位，與兄袁譚反目成仇。
九月，曹操攻袁譚。

劉備在葉縣大敗魏將夏侯惇。

曹操要求孫權獻質子，孫權不聽。

西元二〇三年　漢獻帝建安八年

二月，曹操攻黎陽，袁尚、袁譚大敗，退守鄴城。

五月，曹操接受郭嘉讓二袁自相殘殺之計，退回許都，二袁果然互相殘殺。

諸葛恪出生。

西元二〇四年　漢獻帝建安九年

二月，袁尚攻袁譚。

五月，曹操圍攻鄴城，城中餓死者過半。

七月，袁尚救鄴城，為曹操所敗。

九月，曹操平定冀州。

曹丕納袁熙妻甄宓。

西元二〇五年　漢獻帝建安十年

正月，曹操攻破南皮，殺袁譚。

四月，黑山賊張燕率眾十餘萬降曹。

十月，并州刺史高幹發動反曹叛亂。

西元二〇六年　漢獻帝建安十一年

正月，曹操消滅高幹，平定并州。

七月，武威太守張猛殺雍州刺史邯鄲商。

西元二〇七年 漢獻帝建安十二年

三月，曹操親征烏桓。

劉備勸劉表趁曹操北征之際偷襲許都，劉表不從。

此年，郭嘉病死，劉禪出生。

西元二〇八年 漢獻帝建安十三年

正月，甘寧叛逃江東，引吳軍攻江夏，殺黃祖。

六月，曹操罷三分，自為丞相。司馬懿進入曹魏政界。

八月，曹操殺孔融。荊州牧劉表死，次子劉琮襲位。

九月，劉琮投降曹操。劉備攜民渡江，在長阪坡被曹操追上，大敗。

十月，劉備與孫權聯合抗曹，孫劉聯軍火燒赤壁，曹軍北撤。吳軍圍攻江陵，劉備南略四郡。

此年，司馬師出生。

西元二〇九年 漢獻帝建安十四年

三月，孫權圍攻合肥不下，撤軍。

曹操派李典駐屯合肥。

周瑜攻克江陵。

孫權將妹妹孫尚香嫁給劉備。

曹操派名士蔣幹勸降周瑜，不果。

西元二一〇年　漢獻帝建安十五年

正月，曹操下《唯才是舉令》。

周瑜勸孫權軟禁劉備，孫權不從。周瑜獻取蜀之計，不久周瑜病死。

交州軍閥士燮歸降孫權。

西元二一一年　漢獻帝建安十六年

八月，曹操西征馬超，在潼關渡河時被馬超打敗。

九月，賈詡獻離間韓遂、馬超之計，曹操趁機反擊，馬超逃走。

十二月，曹操留夏侯淵守長安。

益州別駕張松為曹操所辱，暗中投靠劉備，獻攻蜀之計。劉璋聽信張松建議，迎劉備入蜀。孫權得到劉備入蜀的消息後，企圖偷走阿斗，被張飛、趙雲攔江救下。龐統勸劉備殺劉璋，奇襲成都，劉備不從。

西元二一二年　漢獻帝建安十七年

五月，曹操殺馬騰，夷三族。

九月，張紘勸孫權遷都秣陵（今南京）。

十月，曹操加九錫，荀彧反對，為曹操所恨，荀彧鬱鬱而終。

十二月，劉備聽龐統中計，襲取涪水關，與劉璋刀兵相向。

西元二一三年　漢獻帝建安十八年

正月，曹操親征孫權，不克，曹操感慨道：「生子當如孫仲謀！」

五月，漢獻帝封曹操為魏公。
益州從事鄭谷勸劉璋堅壁清野耗死劉備，劉璋不從。
七月，漢獻帝納曹操三個女兒為貴人。
九月，楊阜在關中大敗馬超，馬超兵敗，隻身逃入漢中投奔張魯。
十一月，曹操置魏國百官。曹操欲恢復肉刑，群臣反對，止。

西元二一四年　漢獻帝建安十九年

三月，漢獻帝被迫提高曹操的政治待遇，魏公位在諸侯王上。
五月，吳軍攻陷皖城。
劉備攻蜀不利，諸葛亮留關羽守荊州，帶張飛、趙雲西征援助劉備。龐統在攻涪城時被亂箭射死。
馬超投降劉備，荊州軍進圍成都，劉璋投降。
七月，荀攸病死。
十一月，伏完謀殺曹操，事洩被殺，伏皇后和兩個皇子被曹操廢殺。

西元二一五年　漢獻帝建安二十年

正月，漢獻帝立曹操次女曹節為皇后。
三月，曹操親征張魯。
五月，孫權派呂蒙偷襲長沙等三郡。
關羽「單刀赴會」。
七月，曹操攻克漢中，司馬懿勸曹操趁勢取益州，曹操不從。

八月，孫權率軍十萬親征合肥，被張遼打敗。張遼在逍遙津險些生擒孫權，吳軍撤退。

十一月，張魯向曹操投降。

西元二一六年 漢獻帝建安二十一年

五月，漢獻帝晉封曹操為魏王。曹操殺崔琰，廢毛玠。

七月，南匈奴單于來朝貢。

西元二一七年 漢獻帝建安二十二年

二月，曹操攻孫權於濡須口。

十月，曹操立次子曹丕為王太子。

劉備納法正取漢中之計，北征漢中。

魯肅病死，呂蒙接任。

西元二一八年 漢獻帝建安二十三年

正月，少府耿紀等人謀殺曹操，事敗，誅三族。

七月，曹操西征，與劉備爭漢中。

西元二一九年 漢獻帝建安二十四年

正月，蜀將黃忠在定軍山斬殺魏軍主將夏侯淵。

三月，曹操自斜谷進漢中。

五月，曹操兵敗，撤出漢中，漢中遂為劉備所有。

七月，劉備自稱漢中王。關羽發荊州兵攻曹仁於樊城，水淹七軍生擒魏軍主將于禁。

孫權妒忌劉備勢大，單方面撕毀雙方盟約，派呂蒙、陸遜偷襲荊州。
十一月，關羽戰敗被殺。
十二月，呂蒙忽得疾病死。

西元二二〇年　漢獻帝建安二十五年，魏文帝黃初元年
正月，魏王曹操病死，王太子曹丕繼位。
十月，曹丕廢漢獻帝，自立為帝，國號魏，改元黃初。
十一月，曹丕封劉協為山陽公，奉漢正朔。

西元二二一年　魏文帝黃初二年，蜀漢昭烈帝章武元年
四月，漢中王劉備在成都稱帝，國號大漢，改元章武，史稱蜀漢。
五月，劉備立夫人吳氏為皇后。
六月，曹丕賜原配甄宓自盡。張飛被部下所殺。
七月，劉備誓報孫權偷襲荊州之恥，盡起國中精銳伐吳。
八月，孫權向曹丕稱臣，受封吳王。

西元二二二年　魏文帝黃初三年，蜀漢昭烈帝章武二年，吳王黃武元年
六月，陸遜在夷陵火燒蜀軍連營七百里，蜀軍慘敗，劉備逃回白帝城。
八月，蜀將黃權還蜀無路，投降曹丕。
九月，曹丕立貴妃郭女王為皇后。曹丕親征孫權，
此年，西晉名將杜預出生。

西元二二三年　魏文帝黃初四年，蜀漢昭烈帝章武三年——後主建興元年，吳王黃武二年

二月，諸葛亮赴永安看望劉備。魏軍攻吳不利，撤軍。

四月，劉備托孤於諸葛亮，病逝。

五月，蜀漢皇太子劉禪在成都即皇帝位，改元建興。諸葛亮總攬蜀漢軍政。

六月，魏太尉賈詡病死。

十月，諸葛亮派鄧艾出使東吳，吳蜀第二次結盟。

此年，嵇康出生。

西元二二四年　魏文帝黃初五年，蜀漢後主建興二年，吳王黃武三年

四月，魏立太學。

九月，曹丕親征孫權。

十月，曹丕撤軍。

東吳太子太傅張溫被廢，卒於家。

十一月，鮮卑酋長軻比能殺扶羅韓，撫羅韓弟步度根降魏，魏軍攻軻比能，不利。

西元二二五年　魏文帝黃初六年，蜀漢後主建興三年，吳王黃武四年

三月，諸葛亮親征南中，平定雍闓等人叛亂。

五月，吳丞相孫邵病死，孫權以顧雍繼任。

七月，諸葛亮七擒孟獲，平定南中。

十月，曹丕親征孫權，不克，撤軍。

此年，鍾會出生。

西元二二六年 魏文帝黃初七年，蜀漢後主建興四年，吳王黃武五年

五月，曹丕病死，皇太子曹叡繼位。

八月，孫權攻江夏，文聘固守。吳軍不利，撤退。

此年，交州軍閥士燮病死。

西元二二七年 魏明帝太和元年，蜀漢後主建興五年，吳王黃武六年

三月，諸葛亮率軍北駐漢中，上《出師表》，準備北伐曹魏。

四月，曹魏恢復五銖錢。

六月，司馬懿為荊、豫都督，鎮宛城。

十二月，曹叡立貴嬪毛氏為皇后。

西元二二八年 魏明帝太和二年，蜀漢後主建興六年，吳王黃武七年

正月，司馬懿奇襲上庸，殺孟達。魏延獻奇襲子午谷之計，諸葛亮不從。蜀軍北伐，關中大震，三郡降蜀。魏將姜維歸順蜀漢。

馬謖違諸葛亮的節度，在街亭被張郃擊敗，第一次北伐失敗。三郡復歸魏。

五月，吳鄱陽太守周魴獻詐降計，誘曹休深入，大敗魏軍。

十一月，諸葛亮上《後出師表》。王郎病死。

十二月，諸葛亮第二次北伐，圍攻陳倉，魏將郝昭堅守，蜀軍不利。

西元二二九年 魏明帝太和三年，蜀漢後主建興七年，吳大帝黃龍元年

春，蜀將陳式攻取陰平、武都二郡。

四月，孫權在武昌稱帝，改元黃龍。吳蜀正式結盟，定分魏之議。

九月，孫權遷都建業，留太子孫登守武昌。

西元二三〇年　魏明帝太和四年，蜀漢後主建興八年，吳大帝黃龍二年

春，孫權派諸葛直、衛溫率軍征臺灣。

四月，魏太傅鍾繇病死。

六月，魏太皇太后卞氏病死。

七月，魏將曹真伐蜀。

九月，曹真撤軍。

十二月，吳軍攻合肥不利，撤軍。

西元二三一年　魏明帝太和五年，蜀漢後主建興九年，吳大帝黃龍三年

二月，孫權殺諸葛直、衛溫。

三月，魏大將軍曹真病死。

六月，蜀軍在木門道射死魏將張郃。

八月，諸葛亮攻祁山，李嚴以糧盡為藉口，騙劉禪召諸葛亮撤軍。

十二月，魏太尉華歆病死。

西元二三二年　魏明帝太和六年，蜀漢後主建興十年，吳大帝嘉禾元年

正月，孫權次子孫慮病死。

三月，孫權遣使通遼東公孫淵。
十月，公孫淵向孫權稱臣。
十一月，魏陳思王曹植病死。

西元二三三年 魏明帝青龍元年，蜀漢後主建興十一年，吳大帝嘉禾二年

二月，曹叡改年號太和為青龍。
三月，孫權封公孫淵為燕王。
六月，魏將秦將打跑鮮卑軻比能。
十二月，公孫淵殺吳使，向魏稱臣。孫權大怒，意欲親征，群眾苦諫，乃止。
此年，《三國志》著者陳壽出生。

西元二三四年 魏明帝青龍二年，蜀漢後主建興十二年，吳大帝嘉禾三年

二月，諸葛亮率兵十萬出斜谷。
三月，漢獻帝劉協病死。
四月，諸葛亮屯兵五丈原。
五月，吳軍十萬大舉北伐。
七月，吳軍不利，撤退。
八月，諸葛亮病死於五丈原。魏延「謀反」被殺，夷三族。

西元二三五年 魏明帝青龍三年，蜀漢後主建興十三年，吳大帝嘉禾四年

正月，魏皇太后郭女王病死。蜀漢廢楊儀為平民，楊儀自殺。

四月，蔣琬為蜀漢大將軍，總攬軍政。曹叡大興土木，修建宮室。

八月，曹叡立皇子曹芳為齊王。

西元二三六年 魏明帝青龍四年，蜀漢後主建興十四年，吳大帝嘉禾五年春，吳鑄當五百大錢。

三月，張昭病死。

五月，武都氐酋長苻健降蜀漢。

十二月，魏司空陳群卒。

此年，晉武帝司馬炎出生。

西元二三七年 魏景初元年，蜀漢後主建興十五年，吳大帝嘉禾六年

六月，蜀漢敬哀皇后病死。劉禪立其妹為皇后。

九月，魏北方發生大水災。

十月，諸葛恪平定山越。

西元二三八年 魏景初二年，蜀漢後主延熙元年，吳大帝嘉禾七年

正月，司馬懿東征遼東軍閥公孫淵。

二月，劉禪立敬哀皇后妹張氏為皇后，立王貴人所生子劉璿為皇太子。

吳鑄當千大錢。

八月，司馬懿平定遼東，殺公孫淵。

九月，吳改嘉禾七年為赤烏元年。

十二月，蜀漢大將軍蔣琬屯兵漢中。

西元二三九年 魏景初三年，蜀漢後主延熙二年，吳大帝赤烏二年

正月，魏明帝曹叡病死，皇太子曹芳繼位，由曹爽輔政。

西元二四〇年 魏少帝正始元年，蜀漢後主延熙三年，吳大帝赤烏三年

正月，蜀漢越巂郡叛亂，張嶷討平之。

西元二四一年 魏少帝正始二年，蜀漢後主延熙四年，吳大帝赤烏四年

四月，吳軍北伐，全琮敗於淮南。

五月，吳皇太子孫登病死。

閏六月，吳大將軍諸葛瑾病死。

此年，名士管寧病死。

西元二四二年 魏少帝正始三年，蜀漢後主延熙五年，吳大帝赤烏五年

正月，孫權立三子孫和為皇太子。

三月，孫權派陸凱抄掠珠崖。

八月，孫權立四子孫霸為魯王。

西元二四三年 魏少帝正始四年，蜀漢後主延熙六年，吳大帝赤烏六年

十一月，吳丞相顧雍病死。

西元二四四年 魏少帝正始五年，蜀漢後主延熙七年，吳大帝赤烏七年

三月，曹爽率兵攻蜀漢中。

五月，魏軍不利，撤退。

蜀漢大將軍蔣琬身體不適，將益州刺史讓於費禕。

西元二四五年 魏少帝正始六年，蜀漢後主延熙八年，吳大帝赤烏八年

正月，吳太子孫和與魯王孫霸爭寵，東吳官場一地雞毛。

二月，吳荊州牧陸遜病死。

八月，蜀漢皇太后吳氏病死。

十二月，蜀漢尚書令董允病死。

西元二四六年 魏少帝正始七年，蜀漢後主延熙九年，吳大帝赤烏九年

二月，魏幽州刺史毌丘儉大敗高句麗軍。

九月，吳以諸葛恪為大將軍，鎮武昌。

十一月，蜀漢首輔蔣琬病死。

西元二四七年 魏少帝正始八年，蜀漢後主延熙十年，吳大帝赤烏十年

五月，魏太傅司馬懿避曹爽勢力，稱病不出。

吳丞相步騭病死。

西元二四八年 魏少帝正始九年，蜀漢後主延熙十一年，吳大帝赤烏十一年

五月，蜀漢大將軍費禕屯兵漢中。

是年冬，司馬懿裝傻騙李勝，曹爽不再防備司馬懿。

西元二四九年 魏少帝正始十年—嘉平元年，蜀漢後主延熙十二年，吳大帝赤烏十二年

正月，曹芳祭高平陵。司馬懿發動高平陵兵變，曹爽集團被全部殲滅，自此，魏國軍政歸司馬懿。魏

將夏侯霸降蜀。

四月，魏改正始十年為嘉平元年。

西元二五〇年 魏少帝嘉平二年，蜀漢後主延熙十三年，吳大帝赤烏十三年

八月，孫權廢太子孫和，賜魯王孫霸自盡。

十一月，孫權立幼子孫亮為皇太子。

十二月，魏東海定王曹霖（曹髦生父）病死。

此年，左思出生。

西元二五一年 魏少帝嘉平三年，蜀漢後主延熙十四年，吳大帝赤烏十四年—太元元年

四月，魏揚州刺史王凌謀廢少帝改立楚王曹彪，司馬懿東征王淩。

五月，王淩自殺。吳立潘夫人為皇后，改赤烏十四年為太元元年。

六月，曹彪被賜自盡。

七月，司馬懿病死，長子司馬師任大將軍，接管權力。

十二月，孫權拜諸葛恪為太子太傅，準備托孤。

西元二五二年 魏少帝嘉平四年，蜀漢後主延熙十五年，吳大帝太元二年—神鳳元年

正月，孫權改封廢太子孫和為南陽王，居長沙。

二月，曹芳立張氏為皇后。吳改太元二年為神鳳元年。吳宮人縊殺潘皇后。

四月，孫權病死，皇太子孫亮繼位，改神鳳元年為建興元年，諸葛恪任首輔。

十一月，魏軍分三路攻吳，魏軍大敗，死數萬。

西元二五三年 魏少帝嘉平五年，蜀漢後主延熙十六年，吳少帝建興二年

正月，魏降將郭循在宴會上殺蜀漢大將軍費禕。

四月，吳諸葛恪發兵二十萬攻魏。

五月，吳軍攻新城。

七月，吳軍不利，撤。

十月，吳武衛將軍孫峻殺諸葛恪，自專朝政。

此年，吳廢太子孫和自盡。

西元二五四年 魏少帝嘉平六年—高貴鄉公正元元年，蜀漢後主延熙十七年，吳少帝五鳳元年

二月，司馬師殺尚書令李豐、夏侯玄等人，俱夷三族。

三月，司馬師廢皇后張氏。

九月，司馬師廢少帝曹芳為齊王。

十月，司馬師迎立高貴鄉公曹髦為帝，改元正元。

西元二五五年 魏高貴鄉公正元二年，蜀漢後主延熙十八年，吳少帝五鳳二年

正月，魏鎮東大將軍毌丘儉、揚州刺史文欽在淮南武裝反抗司馬師的統治。

司馬師出兵滅毌丘儉，夷三族。文欽降吳。

司馬師病死。

二月，司馬昭繼任大將軍，總攬朝政。

七月，吳武衛將軍孫峻殺孫權次女朱公主。

八月，蜀將姜維在洮西大敗魏軍王經部。

西元二五六年 魏高貴鄉公正元三年—甘露元年，蜀漢後主延熙十九年，吳少帝五鳳三年—太平元年

正月，蜀漢拜姜維為大將軍。

六月，魏改正元三年為甘露元年。

七月，魏將鄧艾在段谷大敗蜀軍。

九月，吳大將軍孫峻病死，族弟孫綝襲位。

十月，吳改五鳳三年為太平元年。

此年，晉惠帝皇后賈南風出生。

西元二五七年 魏高貴鄉公甘露二年，蜀漢後主延熙二十年，吳少帝太平元年—吳景帝永安元年

五月，魏征東大將軍諸葛誕在淮南武裝反抗司馬昭的統治。司馬昭奉魏帝及太后出討諸葛誕。

七月，吳大將軍孫率軍北救淮南。

十二月，吳將全懌降魏。

西元二五八年 魏高貴鄉公甘露三年，蜀漢後主景耀元年，吳少帝太平二年—吳景帝永安元年

正月，魏軍攻破淮南，殺諸葛誕，吳軍慘敗。

九月，吳孫廢孫亮為會稽王，迎立孫權六子孫休為帝。

十月，孫休繼位，改元永安。

十二月，孫休殺孫綝，夷族。

此年，蜀漢宦官黃皓專權。

西元二五九年 魏高貴鄉公甘露四年，蜀漢後主景耀二年，吳景帝永安二年

三月，東吳設九卿。

十月，魏置上庸郡。

此年，晉惠帝司馬衷出生。

西元二六〇年 魏高貴鄉公甘露五年—魏元帝景元元年，蜀漢後主景耀三年，吳景帝永安三年

五月，司馬昭派成濟殺魏帝曹髦，迎立曹操孫常道鄉公曹璜。

六月，曹璜即位，改名曹奐，改元景元。

九月，蜀漢追謚關羽、張飛、馬超、龐統、黃忠。十月，追謚趙雲。

秋，吳會稽王孫亮自殺。

西元二六一年 魏元帝景元二年，蜀漢後主景耀四年，吳景帝永安四年

秋，吳派薛瑩出使蜀漢，言蜀漢朝政混亂，民有菜色。

西元二六二年 魏元帝景元三年，蜀漢後主景耀五年，吳景帝永安五年

十月，魏將鄧艾在侯和大敗蜀軍。

嵇康被殺，彈《廣陵散》含笑而死。

西元二六三年 魏元帝景元四年，蜀漢後主景耀六年—炎興元年，吳景帝永安六年

五月，魏軍大舉伐蜀，鄧艾攻沓中，諸葛緒攻武街，鍾會攻漢中。

八月，蜀漢改景耀六年為炎興元年。

十月，鄧艾偷渡陰平，直進平原地帶。魏封司馬昭為晉公，加九錫。

十一月，劉禪投降鄧艾，蜀漢滅亡。

十二月，魏分益州為梁州，治漢中。

阮籍病死。

西元二六四年　魏元帝景元五年—咸熙元年，吳景帝永安七年—吳末帝元興元年

正月，司馬昭收捕鄧艾。鍾會謀反，成都大亂，鍾會、鄧艾、姜維死於亂軍之中。

二月，東吳背蜀吳盟約，出兵攻蜀，不克。

三月，魏封晉公司馬昭為晉王。蜀漢後主劉禪舉家東遷洛陽，封安樂公。

五月，魏改元咸熙。

七月，吳景帝孫休病死，吳立孫和子孫皓為帝，改元元興。

十一月，孫皓殺丞相濮陽興、左將軍張布。

西元二六五年　魏元帝咸熙二年—晉武帝泰始元年，吳末帝元興二年—甘露元年

四月，吳改元甘露。

五月，晉王司馬昭立長子司馬炎為王太子。

八月，司馬昭病死。

十二月，司馬炎廢魏，建立晉朝，改元泰始。

西元二六六年　晉武帝泰始二年，吳末帝甘露二年—寶鼎元年

正月，司馬炎立皇后楊豔。

三月，吳遣大鴻臚張儼、五官中郎將丁忠赴晉吊司馬昭喪。張儼道病卒，丁忠勸孫皓攻晉，陸凱反

對，吳雖然沒有出兵，但與晉斷絕關係。

八月，吳改甘露二年為寶鼎元年。

十二月，孫皓從武昌遷都建業。

此年，東晉名將祖逖出生。

西元二六七年　晉武帝泰始三年，吳末帝寶鼎二年

正月，司馬炎立長子司馬衷為皇太子。

西元二六八年　晉武帝泰始四年，吳末帝寶鼎三年

三月，司馬炎生母王太后病死。

四月，晉太保王祥病死。

九月，晉青、充、徐、豫四州發生大水災。

十月，吳軍攻晉襄陽、江夏，為晉軍所敗，退還。

西元二六九年　晉武帝泰始五年，吳末帝寶鼎四年—建衡元年

正月，孫皓立長子孫瑾為皇太子。

二月，晉分雍、涼、梁州置秦州。晉以尚書左僕射羊祜都督荊州軍事，為滅吳做準備。

十月，吳改寶鼎四年為建衡元年。

十一月，吳左丞相陸凱病死。

西元二七〇年　晉武帝泰始六年，吳末帝建衡二年

四月，吳以鎮軍大將軍陸抗都督荊州。

六月，晉秦州刺史胡烈討鮮卑酋長禿髮樹機能，胡烈兵敗戰死，關西大震。
此年，南匈奴改姓劉氏。

西元二七一年 晉武帝泰始七年，吳末帝建衡三年

四月，晉涼州刺史牽弘討北地胡，牽弘兵敗戰死。
吳軍收復交阯諸郡。
此年，蜀漢後主劉禪病死。西晉名將劉琨出生。

西元二七二年 晉武帝泰始八年，吳末帝鳳凰元年

二月，晉皇太子司馬衷納賈充女賈南風為太子妃。晉安平王司馬孚病死。
八月，吳西陵都督步闡降晉。
十二月，吳將陸抗攻陷西陵，擒殺步闡。

西元二七三年 晉武帝泰始九年，吳末帝鳳凰二年

三月，吳以陸抗為大司馬、荊州牧。
四月，晉為鄧艾冤案平反。

西元二七四年 晉武帝泰始十年，吳末帝鳳凰三年

二月，晉分幽州北部置平州。
七月，晉皇后楊豔病死。吳荊州牧陸抗病死。
此年，魏少帝曹芳病死。後趙皇帝石勒出生。

西元二七五年 晉武帝咸寧元年，吳末帝天冊元年

十二月，晉追尊司馬懿為高祖，司馬師為世宗，司馬昭為太祖。

西元二七六年 晉武帝咸寧二年，吳末帝天冊二年－天璽元年

七月，吳改天冊二年為天璽元年。

十月，晉立前皇后楊豔之妹楊芷為皇后。

此年，東晉元帝司馬睿、東晉開國名相王導出生。

西元二七七年 晉武帝咸寧三年，吳末帝天紀元年

八月，晉大封宗室諸王。

此年，鮮卑、匈奴諸部內附晉朝。鮮卑酋長拓跋力微病死。

西元二七八年 晉武帝咸寧四年，吳末帝天紀二年

十月，司馬炎以皇太子司馬衷昏愚，幾廢之，賴賈充等人偷奸耍滑，欺騙司馬炎，保住司馬衷太子位。

十一月，西晉名將羊祜病死，司馬炎以杜預代羊祜。

西元二七九年 晉武帝咸寧五年，吳末帝天紀三年

正月，鮮卑酋長樹機能攻陷涼州。

南匈奴左賢王劉豹病死，其子劉淵襲位。

十一月，二十萬晉軍六路大舉伐吳。

十二月，晉武威太守馬隆斬樹機能，平定涼州。

西元二八〇年 晉武帝咸寧六年、太康元年，吳末帝天紀四年

二月，晉軍攻克西陵、江陵，諸道並進，直下建業。
三月，晉軍攻克建業，孫皓投降。三國鼎立局面徹底結束，晉朝統一天下。
四月，司馬炎改咸寧六年為太康元年。

三國原來是這樣 / 姜狼著. -- 一版.-- 臺北市：大地, 2012.11
面：　公分. --（History：52-53）

ISBN 978-986-6451-57-7（上卷：平裝）
ISBN 978-986-6451-58-4（下卷：平裝）

1. 三國史　2. 通俗作品

622.3　　101022120

三國原來是這樣（下）

HISTORY 053

作　　者：姜狼
發 行 人：吳錫清
主　　編：陳玟玟
出 版 者：大地出版社
社　　址：114台北市內湖區瑞光路358巷38弄36號4樓之2
劃撥帳號：50031946（戶名　大地出版社有限公司）
電　　話：02-26277749
傳　　真：02-26270895
E - mail：vastplai@ms45.hinet.net
網　　址：www.vastplain.com.tw
美術設計：普林特斯資訊股份有限公司
印 刷 者：普林特斯資訊股份有限公司
一版一刷：2012年11月

大地

定　　價：250元